인류혁명 문명대변혁

안종배 국제미래학회 회장
대한민국 인공지능메타버스포럼 회장

박영사

서 문

인류혁명 문명대변혁이 시작되었다.

인류의 미래는 현재 양극으로 갈라지는 갈림길에 있다.

인류와 지구가 지속가능하고 인류 공영으로 가는 길과 인류와 지구가 더이상 존속하지 못하고 멸망하는 길의 갈림길에서 현재 우리의 결정이 인류의 미래를 좌우한다.

기후위기를 넘어 기후재앙으로까지 악화될 수 있는 기후변화와 인간의 지능을 넘어 인류를 지배하고 인류종말로까지 내몰 수 있는 인공지능의 브레이크 없는 발전으로 인류와 지구를 멸망시키는 디스토피아 영화 내용이 머지 않은 미래에 현실화 될 수도 있다는 불편한 미래가 예측되고 있다.

미래학에서 미래를 예측하는 목적은 위험한 미래로 가지 않고 바람직한 미래로 갈 수 있게 대안을 마련하고 제시하는 것이다. 현재 인류는 이전과는 전혀 다른 문명대변혁의 도입기에 있다. 코로나 팬데믹 이후로 인류의 삶과 가치와 경제, 과학기술은 이전과 확연하게 바뀌었고 기후변화 심화와 챗GPT로 촉발된 인공지능의 급속한 발전은 인류를 새로운 문명으로 들어가게 내몰았다.

인류는 이전의 역사와 같이 위험한 미래의 길로 들어섰다가도 잘못을 깨닫고 인류의 노력으로 다시 바른 길로 돌아갈 수 있는 선택의 여지가 없게 되었다. 잘못된 길로 들어서는 것은 인류와 지구가 더이상 지속가능하지 못하게 되고, 인류의 힘을 넘어선 새로운 포스트휴먼에 의해 지배되어 돌아갈 수 없는 루비콘 강을 머지 않은 미래에 건너게 된다.

인류는 미래에도 인간다움이 유지되고 인간의 존엄성이 존중되며 인간의 역량이 확장되어 항상 인간이 주체가 되고 휴머니즘이 강화되는 새로운 문명대변혁인 '인류혁명'의 길로 출발해야 한다.

필자는 지난 20년간 미래학자와 미디어 마케팅 학자로서 활동하며 인류의 욕구 변화와 인류의 미래와 문명 변화를 연구해 왔다. 특히 코로나 팬데믹의 영향과 기후변화 그리고 챗GPT 인공지능이 가져오는 문명대변혁이 예측되어 인류와 지구의 미래가 지속 가능하게 될 수 있도록 바람직하고 실현 가능한 미래 방안을 제시하는 소명감으로 2020년 초부터 본서를 집필하기 시작했다. 3년간의 집필을 거쳐 본서가 세상에 나오게 되었다.

본서는 남녀노소를 불문하고 모두에게 영향을 미치는 새로운 문명대변혁인 '인류혁명'에 대해 누구나 쉽게 이해하고 미래 변화에 대비할 수 있도록 집필되었다. '인류혁명' 문명대변혁의 배경과 '인류혁명' 의미와 특성 및 미래 진행에 대해 사례와 함께 쉽게 이해할 수 있도록 집필하였다. 그리고 '인류혁명' 시대의 인간 능력의 확장과 인간 존엄성의 강화 및 싱귤래리티 대응 방안을 쉽게 이해할 수 있도록 집필하였다. 또한 '인류혁명' 시대에 자본주의경제 체제 및 부의 미래 변화에 대해 예측하며 사례와 함께 쉽게 집필하였다. 그리고 '인류혁명' 시대에 부각될 10대 주요 과학기술과 10대 산업 비즈니스, 그리고 정치 및 일상 라이프의 변화와 인류와 지구의 지속 가능을 위한 중요한 미래 대응 어젠다를 누구나 쉽게 이해하고 대비할 수 있도록 집필하였다.

본서가 인류와 지구의 지속가능과 인류 공영 및 인류의 행복과 지구 회복을 위한 인류의 노력에 도화선이 되기 바란다. 특히 대한민국이 시대적 소명감을 갖고 새로운 문명대변혁인 인류혁명 시대를 올바른 방향으로 선도하는 리더 국가로서의 역할을 담당하여 인류 공영과 대한민국의 발전에 기여할 수 있기를 기원한다.

본서를 출판하도록 힘을 주신 박영사의 안종만 회장님과 안상준 대표께 감사드린다. 또한 본서의 집필에 다양하게 도움을 주신 국제미래학회 위원분들께도 감사드린다. 그리고 본서의 집필 구상부터 출간까지 계속 응원해 준 아내(박금선)와 아들(안준범), 딸(안나혜)과 사위(박성훈)에게도 감사를 표한다.

무엇보다 본서를 집필토록 소명과 깨달음을 주시고 지혜와 용기를 주신 창조주 하나님께 깊이 감사를 드린다.

2024년 4월 22일
'파란 하늘로 맑은 북한산 정상을 바라보며'
안종배 국제미래학회 회장
대한민국 인공지능메타버스포럼 회장
한세대학교 미디어영상학부 교수
daniel@cleancontents.org

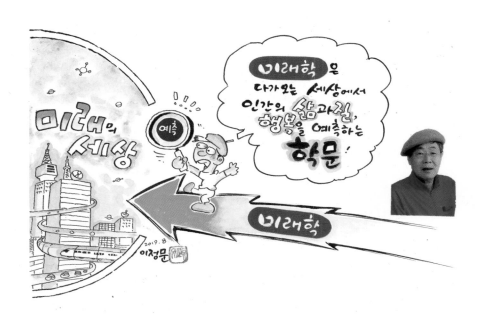

차 례

CHAPTER 01
인류 문명대변혁의 과정과 동인

CHAPTER 02
인류 욕구 관점의 문명대변혁

CHAPTER 03
새로운 문명대변혁 인류혁명 시대 배경

CHAPTER 04
문명대변혁 인류혁명 시대 도래

CHAPTER 05
인류혁명 시대 인간의 확장

CHAPTER 06
인류혁명 시대 인간 존엄성 강화

CHAPTER 07
인류혁명 시대와 싱귤래리티(Singularity)

CHAPTER 08
인류혁명 시대 경제와 부의 변화

CHAPTER 09
인류혁명 시대 10대 과학기술

CHAPTER 10
인류혁명 시대 10대 핵심 산업

CHAPTER 11
인류혁명 시대 민주주의와 정치의 변화

CHAPTER 12
인류혁명 시대 라이프의 변화

CHAPTER 13
인류혁명 시대 세계와 대한민국 미래 대응 어젠다

부록

CHAPTER 01

인류 문명대변혁의 과정과 동인

인류 문명대변혁의 과정과 동인

사람이 건설한 최초의 인류 문명은 기원전 약 5,500년 즈음에 메스포타미어의 수메르 지역에서 처음 발생한 것으로 추정된다. 수메르 사람들은 티그리스강과 유프라테스강 사이의 풍부한 충적토로 비옥해진 땅을 경작하면서 정착하였고 이후 문자와 문화가 생성되면서 문명을 이루었다.

 그림 1-1 수메르문명 그림(생명나무)

출처: 구글 이미지.

이후 인류 문명은 어떤 과정을 밟으며 변화해 왔고 그 변화의 동인은 무엇인가? 또한 향후 인류 문명의 미래는 어떤 변화가 예상되고 어떤 동인으로 미래 변화가 이루어질 것인가? 역사적으로 볼 때 인류 문명대변혁은 결국 인류와 지구상 곳곳에 퍼지고 영향력을 미치게 되며 이를 선도한 지역과 국가가 주도권을 가지게 되었다.

이러한 인류 공동의 문명사적인 변화 과정과 문명대변혁의 미래 전망을 통해 볼 때 인류 문명은 어떠한 변화가 예측되며 대한민국은 어떤 변화 과정에 있는가? 또한 미래 문명대변혁은 어떤 동인에 의해 어떻게 변화될 것으로 예측할 수 있는가? 인류 문명대변혁의 거시적인 변화를 직시하는 것이 미시적이고 개별적인 미래 변화를 예측하고 대응하는 데 꼭 필요하고 도움이 될 것이다.

1 인류 문명대변혁 과정

인류의 문명사 변화는 관점에 따라 다양하게 구분할 수 있다. 예를 들어 생산 도구의 재료 관점으로 석기시대 → 청동기시대 → 철기시대로 구분하기도 하고, 공동체 사회 관점에 따라 원시공동체 사회 → 고대 노예제 사회 → 중세 봉건제 사회 → 근대 자본주의 사회로 구분하기도 한다. 또한 문자에 의한 기록 유무의 관점으로 문자 기록이 없는 선사 시대와 문자와 기록이 있는 역사 시대로 구분하기도 한다. 한편 미래학자들은 인류 문명대변혁의 중요성을 인식하여 나름대로 문명대변혁의 과정과 동인을 제시하고 예측하고 있다.

1) 엘빈 토플러(Alvin Toffler)의 인류 문명대변혁 과정

미래학자 엘빈 토플러는 '물결이론(Wave Theory)'으로 복합적인 인류의 문명역사를 세 가지 유형으로 단순화시켰다. 물결이론에서 인류의 문명사를 물결 패러다임의 변화로 보고 수렵사회, 농업사회, 산업사회, 정보사회로 구분하고 있다. 그는 제1의 물결인 농업혁명으로 수렵사회가 농업사회로 전환되고, 제2의 물결인 산업혁명으로 농업사회가 산업사회로 변화되었다고 설명했다. 그리고 제3의 물결인 지식혁명으로 산업사회가 정보사회로 전환되는 패러다임의 변화가 인류 문명사에 일어났다고 했다. 이후 토플러는 인류는 이전에는 상상하기 힘든 새로운 제4의 물결에 의해 또다시 패러다임의 변화를 맞을 것으로 예측했다.

엘빈 토플러는 1980년 출간된 그의 저서 『제3의 물결』에서 물결이론 관점으로 인류의 문명대변혁을 설명하고 미래 사회를 예견하였다. 그에 의하면 제1물결 문명은 약 8천년 전부터 농업혁명으로 시작된다. 사람들은 수렵사회의 유목생활에서 농업을 통해 경작을 하며 마을을 이루어 정착 생활을 하게 되었으며 문화를 발전시키기 시작했다. 제1물결의 문명으로 수렵시대에서 농경시대로 인류는 문명대변혁을 처음 경험하게 된다. 인류 최초의 4대문명인 메소포타미아 문명, 이집트 문명, 인더스 문명, 황화 문명은 공히 농업혁명을 초기에 도입 정착함으로써 세계 문명을 이끌었다.

제2물결 문명은 18세기 영국에서 시작된 산업혁명으로 시작된다. 제임스 와트(James Watt)의 증기기관의 발명으로 시작된 산업혁명은 기계가 사람의 힘든 노동력을 대신하고 생산성을 급격하게 높이는 계기가 되었다. 이로 인해 사람들을 농촌을 떠나 도시의 공장 노동자가 되고 대량생산으로 소비문화가 발전한다.

◎ 그림 1-2 러프러버 대학에 보관된 제임스 와트의 증기기관

출처: 위키피디아.

제2의 물결 사회는 고도로 산업화되어 대량생산, 대량분배, 대량소비, 대량교육, 대량휴양, 대중문화와 대량살상무기를 확산하였다. 이러한 것들은 표준화, 중앙화, 집중화 그리고 동기화를 통해 엮어지게 되며 우리들이 관료주의라 부르는 조직에 의해 운영되었다. 제2물결의 문명은 산업혁명을 통해 농경시대에서 산업시대로 새로운 문명대변혁을 가져왔다. 이후 영국을 위시하여 산업시대의 문명대변혁을 초기에 도입한 유럽과 미국 그리고 아시아의 일본 등이 세계사의 전면에 나섰고 강국으로 부상되었다. 이러한 새로운 문명대변혁을 도외시한 중국과 인도 등 최초의 문명발생국은 급격히 쇠퇴하였다.

　　제3물결 문명은 전자통신기술과 컴퓨터 기술 발전으로 인한 정보혁명과 함께 도래했다. 정보사회 또는 지식시대라 할 수 있는 새로운 문명대변혁은 정보통신기술(IT)의 발달에 의해 생성되었다. 제3물결의 문명은 산업시대를 지식정보시대로 인류는 급격한 문명대변혁을 맞이하게 된다.

　　엘빈 토플러는 그의 저서 『제3의 물결』을 통해 지식정보사회에서는 탈대량화, 다양화, 지식기반 생산과 변화의 가속이 있을 것이라고 예측하였다. 제3의물결 문명인 지식정보사회에서는 다양한 라이프스타일이 존재하며 유동적 조직들이 보다 새로운 문명변화에 빠르게 적응한다고 토플러는 주장하였다. 그는 지식정보는 대부분의 물질적 자원을 대신할 수 있으며 보다 유연하게 관계하는 노동자들을 위한 가장 주요한 자원이 된다고 예측하였다. 지식정보사회에서 대량생산은 개인화된 소규모의 시장을 대상으로 하는 생산으로 변화되고, 생산자와 소비자의 간격은 점점 가까워져 생산자와 소비자가 합쳐진 "프로슈머"(Prosumers)가 등장하여 소비자가 스스로 자신의 니즈를 충족시키는 것을 생산할 수 있게 된다고 예측하였다.

그림 1-3 '제3의 물결' 출간 시점의 엘빈 토플러와 아내 하이디 토인비

엘빈 토플러는 제2의 물결인 산업사회의 여섯 개 원칙들, 즉 규격화, 분업화, 동시화, 집중화, 극대화, 중앙집권화가 정보통신기술(IT)을 통한 지식정보혁명으로 무너지면서 제3의 물결 문명, 즉 지식정보시대가 급속히 확산되게 된다고 예측하였다. 미국이 정보통신기술을 선도하며 새로운 문명대변혁을 주도하면서 세계의 강력한 리더국가로 자리매김하였고 그 영향력을 확대해 왔다.

표 1-1 엘빈 토플러의 물결이론에 의한 문명대변혁 구분

물결 이론	구분	주요 시기	특징
제1의 물결	농경 사회	기원전 5,500년부터 18세기까지	정착생활, 대규모 사회 형성, 자급자족, 가내 수공업
제2의 물결	산업화 사회	18세기부터 20세기까지	대중매체, 중앙화, 표준화, 소품종 대량생산, 생산과 소비의 분리
제3의 물결	지식정보화 사회	1990년대 중반부터 2020년대 중반까지	탈대중화, 탈중앙화, 탈표준화, 다품종 소량생산, 생산과 소비의 일치

2) 제롬 글렌(Jerome Glenn)의 인류 문명대변혁 과정

국제미래학회 공동회장이자 밀레니엄 프로젝트 의장인 미래학자 제롬 글렌은 인류의 문명역사가 농경시대, 산업시대, 정보화시대를 거쳐 의식기술시대로 변화하고 있다고 진단한다. 농경시대의 주력 제품은 식량이고 산업시대는 기계, 정보화시대에는 정보이며, 의식기술시대의 주력 제품은 촘촘히 연결되는 네트워크라고 했다. 그에 의하면 각 시대별 부의 척도로 농경시대에는 토지, 산업시대에는 자본, 정보화시대에는 접속이 사용되었으며, 의식기술시대에는 연결된 인구가 곧 부의 척도가 될 것이다.

표 1-2 제롬 글렌의 인류 문명 역사 과정

시대	제품	권력	부의 척도	장소	갈등(전쟁)	시기
농경시대	식량/자원	종교	토지	농지/자원	토지	천체주기
산업시대	기계	국가 (프랑스혁명)	자본	공장	자원	선형
정보화시대	정보서비스	기업	접속	사무실	인지/인식	유연성
의식기술 시대	네트워크	개인	존재 (인구=국력)	동작 (1인 기업, 아웃소싱, 네트워킹)	정체성 (역사갈등, 동북공정)	발명

3) 세계미래연구연합의 인류 문명대변혁 과정

미래학자 렉스밀러(Rex Miller)는 인류의 역사를 커뮤니케이션의 관점에서 구전시대, 인쇄물시대, 방송시대, 디지털시대로 구분하고 시대별 가치로 구전시대에는 신뢰성, 인쇄물시대에는 생산성, 방송시대에는 품질 그리고 디지털시대에는 창의성이 중요한 요소라고 진단했다.

프랑스의 세계미래연구연합(World Futures Studies Federation, WFSF)은 2100년까지의 미래를 예측하고 있다. WFSF는 인류의 문명 역사가 1900~1940년에는 생산사회, 1940~1980년에는 소비사회, 1980~2020년에는 문화연예사회, 2020~2060년에는 교육사회, 2060~2100년에는 창조사회로 변해 갈 것으로 예측하였다.

표 1-3 프랑스 WFSF의 미래문명변화 예측(www.2100.org)

연도	1900-1940년	1940-1980년	1980-2020년	2020-2060년	2060-2100년
사회 특성	생산사회	소비사회	문화사회	교육사회	창조사회
상업· 산업	소규모 도매	노동집약· 산업자동화	서비스경제· 대형마트	문화교육산업· 디자인	바이오산업· 인조 신체
문화	유럽문화의 세계화	대중음악· 영어공용화	지역문화 부상· 온라인게임	문화 교류의 표준화	가상현실· 창조사회
방송 통신	라디오· 전화(특수층)	TV· 전화(업무용)	핸드폰· 화상전화	이동방송	텔레파시
에너지	석탄·철강	석유·전기	수소에너지	대체에너지	소행성 원자재탐사
인구	16-24억 명	24-50억 명	50억-80억 명	80-85억 명	85-70억 명
종교· 철학	식민지에 기독교 전파	과학기술 발전· 종교인 감소	원리주의· 신영혼주의	인지과학· 비합리의 합리화	합리, 환상, 창의성 간의 연계

2 인류 문명대변혁 동인의 다양한 관점

인류의 역사는 끊임없는 변화의 역사다. 이러한 인류 역사의 변화를 가능하게 하는 동인은 무엇일까? 아놀드 토인비(Arnold Toynbee)는 『역사의 연구(A Study of History)』에서 문명을 움직이는 원동력을 고차원 문명과 저차원 문명 간의 '도전과 응전', '내적 프롤레타리아트와 외적 프롤레타리아트', '창조적 소수와 대중의 모방' 등으로 분석하고 있다.

특히 토인비는 인류의 문명 역사를 도전(challenge)과 응전(respondence)의 역사로 보고 문명의 발생, 성장, 쇠퇴, 해체의 역사법칙성을 가지는 규칙적인 주기를 가진다는 문명 사관을 제시했다. 토인비는 인류 역사에서 문명이 생성·발전하기 위해서는 적당한 도전과 이에 대한 성공적인 응전이 필요하다고 했다. 예를 들어 인류 최초의 문명 발생지는 모두가 범람의 위험이 크고 기후가 건조하거나 고온인 악조건이었는데 인류가 고도의 지혜를 발휘해 자연의 도전을 성공적으로 응전해 극복한 결과 문명이 탄생하게 되었다는 것이다.

토인비에 의하면 문명의 발전도 도전과 응전이 성공해야 이루어진다. 이때 창조적 소수자가 내적·외적 도전에 성공적으로 응전하고 이를 대중이 자발적으로 모방하거나 추종할 때 문명은 성장하게 되고, 창조적 소수자가 도전과 응전에 실패하거나 대중에게 매력을 상실 또는 맹목적 복종을

 그림 1-4 인류 문명 역사를 '도전과 응전' 관점으로 분석한
아놀드 토인비(Arnold Joseph Toynbee)와 토인비의 '역사의 연구'

강요하게 될 때 문명은 쇠퇴하고 해체된다고 했다. 이처럼 토인비는 도전과 응전을 문명 역사의 동인으로 보았다.

한편 인류 역사를 움직이는 힘을 역사 철학의 관점으로 조명한 두 명의 철학자가 있다. 바로 헤겔(Hegel)과 마르크스(Marx)다.

헤겔은 역사의 원동력을 절대정신(absolute geist)으로 보고 인류 역사는 절대정신이 실현되어 가는 과정이라고 했다. 헤겔의 절대정신은 절대자의 이데아가 자연으로 외화(外化)되어 가는 과정이라 했다. 절대정신은 자신의 '진실태'인 자기 인식에 도달한 정신으로 정의된다. 헤겔에 의하면 인류의 역사는 절대정신이 변증법적으로 자기 실현해 가는 과정이다. 이 절대정신이 역사를 이상적인 방향으로 나아가도록 이끌어 가는 문명 역사의 동인이라는 것이다.

이에 반해 마르크스는 정신이 아니라 물질적 활동이 문명 역사의 원동력이라고 주장한다. 마르크스는 인간이 생존하기 위해 물질적 생산 활동을 하고 이 활동이 사회적 하부구조인 경제적 토대가 되어 상부구조인 정치, 법률, 종교, 사상을 결정한다고 했다.

마르크스는 인류의 문명 역사 발전 단계를 원시공산제 → 고대노예제 → 중세 봉건제 → 근대 자본제 → 공산주의로 보고 각 단계별로 대립하는 두 계급에 의해 새로운 생산 양식으로 변화해 왔다고 했다. 즉 물질적 생산 활동이 이루어지는 방식인 생산양식이 인류의 문명 역사를 움직이는 동인으로서 일정한 방향으로 변화시키고 있다는 것이다. 이처럼 문명 역사의 변화 동인을 무엇으로 보느냐는 관점에 따라 문명대변혁의 구분과 특성이 정해진다.

CHAPTER 02

인류 욕구 관점의 문명대변혁

인류 욕구 관점의 문명대변혁

역사학자 에드워드 카(Edward Carr)는 저서 『역사란 무엇인가』에서 "과거의 빛에 비춰서 현재를 배운다는 것은 동시에 현재의 빛에 비춰서 과거를 배운다는 것을 의미한다. 역사의 기능은 과거와 현재 간의 상호관계를 통해서 양자에 대한 보다 깊은 이해를 북돋아 주는 데 있다."고 설파하였다. 인류 역사는 다양한 동인에 의해 끊임없이 변화해 왔다. 인류 문명 역사를 변화시킨 동인으로 인류 전체에게 내재되어 있는 욕구(Needs) 관점으로도 살펴볼 수 있다.

1 인류의 욕구 이론

필자는 미래학과 미디어 마케팅 학자로서 인류의 문명 역사 변화의 동인을 인류 전체가 공통적으로 가지고 있는 욕구(needs)라 보고 인류 문명 역사를 인류 욕구의 구현 과정이라고 본다.

인류 욕구에 대한 대표적인 이론으로 에이브러햄 매슬로우(Abraham Maslow)의 욕구 단계이론이 있다. 매슬로우는 1943년 발표된 논문인 인간 동기 이론(a theory of human motivation)에서 인간의 동기가 작용하는 양상에 관해 인간의 내면에 있는 욕구가 위계적, 계층적으로 작동한다고 설명하고 있다. 매슬로우의 욕구단계 이론에 의하면 인간의 하위 욕구는 상위 욕구보다 우선권을 가지며 하위 계층의 욕구가 충족되면 상위 계층의 욕구가 나타난다.

매슬로우는 초기에 욕구 피라미드 가장 바닥에는 생리적 욕구가 있고, 그 상위에 안전의 욕구, 애정과 소속의 욕구, 자존의 욕구, 자아실현의 욕구 순으로 5가지 단계 계층이 있다고 하였다.

이처럼 매슬로우의 욕구 단계는 5단계로 시작하였으나 자존 욕구와 자아 실현 욕구 사이에 이후 인지적 욕구와 심미적 욕구를 추가하여 7단계로 수정했다. 그리고 매슬로우는 말년에 초월 욕구를 주장하며 이를 자아 실현 욕구 위에 놓음으로써 8단계로 수정하고 자기 초월을 가장 높은 단계의 동기 혹은 인간 삶의 완성이라고 주장했다.

매슬로우 인류 욕구의 첫 번째 위계인 생리적 욕구(physiological needs)는 인류의 가장 기본적인 욕구로 공기로 숨을 쉬고, 음식을 먹고, 물을 마시며, 잠을 자고 배설하는 의·식·주와 성적 욕구 충족 같은 인간의 생존에 필요한 본능적인 욕구이다. 인간의 가장 기본적인 욕구이므로 다른 어느 욕구보다도 우선적으로 충족되어야 한다.

두 번째 위계인 안전의 욕구(safety needs)는 마음의 안정을 추구하는 욕구로 보안, 건강, 일자리의 안정을 추구하는 욕구이다. 불확실한 것보다는 확실한 것, 낯선 것보다는 익숙한 것 등을 선호하는 욕구이다. 개인의 안전이 보장되지 않으면 외상 후 스트레스 증후군(post traumatic stress disorder, PTSD)을 경험할 수도 있다. 개인의 경제적 안전을 보장받기 위해서 보험에 가입하는 행위 등은 안정을 추구하는 안전의 욕구를 실현하는 사례이다.

세 번째 위계인 소속의 욕구(belonging needs)는 관계를 통한 소속감을 갖고자 하는 욕구이다. 사랑받고 수용 받으며 우정과 친밀감을 가질 수 있도록 가족 관계와 교우 관계 등을 포함한 사회적 관계를 맺고 유지하려는 욕구다. 즉 사회적 상호작용을 통해 원활한 인간관계를 유지하고자 하는 수준의 욕구로, 사랑받고 싶어 하는 욕구와 소속의 욕구가 결핍되면 스트레스, 외로움, 우울증 등으로 힘들게 된다.

　　네 번째 위계인 자기 존중의 욕구(esteem needs)는 성취, 인정, 존경, 능력을 통해 자신이 무언가에 기여하고 있다고 느끼고 다른 사람으로부터도 인정을 받아 자존감을 갖고 싶어 하는 욕구이다. 매슬로우는 이러한 자기 존중의 욕구가 충족되지 않거나 욕구에 불균형이 생기면 사람들은 열등감, 나약함, 무력감과 같은 심리적 불안에 시달린다고 하였다.

　　다섯 번째 위계인 인지적 욕구(cognitive needs)는 알고 이해하고자 하는 욕구이다. 호기심, 탐구심, 지적 활동 등이 포함된다.

　　여섯 번째 위계인 심미적 욕구(aesthetic needs)는 아름다움을 추구하는 욕구이다. 질서, 미적 아름다움, 균형감, 완성 추구 등이 포함된다.

　　일곱 번째 위계인 자아실현의 욕구(self-actualization needs)는 자기 잠재력을 발휘하려는 욕구이다. 인류 각 개인이 타고난 능력 혹은 성장 잠재력을 실행하려는 욕구로 성장을 향한 긍정적 동기의 발현이라는 점에서 바람직하고 성숙된 동기 욕구이다.

　　여덟 번째 위계인 자기초월의 욕구(transcendence needs)는 삶의 의미를 느끼게 하는 숭고한 가치를 추구하고 현재를 초월하고자 하는 욕구이다. 자기 자신의 완성을 넘어서 타인을 돕고 인류 사회에 기여하면서 현실을 넘어서는 가치를 추구하는 가장 높은 단계의 욕구로서 인간 삶의 완성이라고

그림 2-1 에이브러햄 매슬로우(Abraham Maslow)의 욕구 8단계 위계

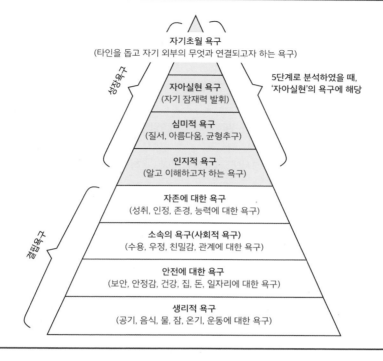

할 수 있다.

매슬로우는 앞 단계의 4개의 욕구는 충족되지 않았을 경우에 생긴 긴장을 해소하려는 방향으로 욕구 해소의 동기가 작용하는 반면, 5단계부터는 결핍 상태에서 출발하는 것이 아니라 성장을 향한 긍정적 동기의 발현이라는 점에서 바람직하고 성숙한 인간 동기라고 주장했다.

2 인류 욕구에 따른 문명대변혁 과정

필자는 인류의 욕구 위계에 따라 인류 문명은 새로운 패러다임인 문명

대변혁으로 변화해 왔다고 본다. 이는 앞으로도 적용되어 인류 욕구의 구현이라는 동인이 미래를 변화시킬 것이다. 인류 욕구 위계이론의 관점에서 인류의 욕구와 인류 문명 역사인 문명대변혁 과정을 접목시켜 보면 〈표 2-1〉과 같다.

표 2-1 인류의 욕구와 인류 문명대변혁 패러다임의 변화(안종배 국제미래학회 회장)

	수렵시대	농경시대	산업시대	정보화 시대	스마트 시대	인류혁명 시대
핵심 욕구	의식주	의식주, 안전	편리	소속, 자존	자아실현	초월, 초맞춤
기본철학	정령주의	신권주의	경험주의	합리주의	소셜주의	초월주의
사회특징	주술사회	전제봉건사회	대표시민사회	평등시민사회	참여시민사회	개인민주사회
기술원리	자연 획득	자연 이용	ATOM	BIT	Link	AI Link
힘의 원천	자연	토지	자본	지식·정보	상상력, 융합	창의, 인성, 영성
경제 타깃	가족	집단	우리	개인	사회적 자아	초자아
경제 주체	부족	영주	자본가	프로슈머	소셜슈머	슈퍼슈머
미디어 특성	자연미디어	사람미디어	매스미디어	인터넷미디어	스마트 미디어	유비쿼터스 미디어
콘텐츠 형식	변화·몸짓	종이·글·그림	멀티미디어	인터랙티브	소셜 콘텐츠	초실감 콘텐츠
커뮤니케이션	구전 커뮤니케이션	언어 커뮤니케이션	매스 커뮤니케이션	인터랙티브 커뮤니케이션	소셜 커뮤니케이션	오감 커뮤니케이션

수렵사회에서 인류는 기본적인 욕구인 의식주를 해결하기 위해 매일 사냥과 낚시 등을 하면서 좀 더 쉽게 의식주를 해결할 방안에 대해 고민했다. 그 결과 벼와 밀 등을 경작하는 방법을 알아냈고 이로 인해 농업혁명이 일어났다. 약 7천년 전 농업혁명 이후 4대 문명 발상지를 시작으로 농업사회가 급속도로 퍼져 나가 오랜 기간 동안 인류는 농경시대에서 의식주를 해결하고 정착을 통한 공동체를 형성해 맹수 등 외적 요소로부터 안전을 확보하고 문화를 발전시키는 노력을 지속해 왔다.

농경시대가 성숙되면서 의식주와 안전에 대한 욕구는 다소 충족되자 인류에게는 좀 더 편리하게 살고 싶은 욕구가 강하게 생긴다. 편리한 삶을 구현하려는 다양한 노력이 진행되었고 특히 영국에서 증기기관을 필두로 개발된 여러 기계들이 사람의 힘든 노동을 대신 도와주면서 산업혁명을 불러온다. 이후 사람의 노동을 대신해줄 기계가 전 영역으로 확장되어 공장은 물론 세탁기 등 생활에 편리함을 주는 기계 및 TV 등 여가와 오락을 위한 기계까지 여러 분야에서 혁명적 변화가 일어났다. 산업혁명으로 사람들은 도시로 몰려들고 소속감을 충족하기 위한 시민 민주주의를 포함한 다양한 활동이 활성화된다. 산업시대가 성숙되어 편리함에 대한 욕구가 충족되면서 소속의 욕구와 자존의 욕구가 더욱 강하게 분출되기 시작한다.

새롭게 강력한 욕구로 분출된 소속과 자족의 욕구를 구현하려는 노력의 결정체는 1990년대의 월드와이드웹(world wide web, www)과 웹브라우저 등으로 대표되는 인터넷 혁명이다. 인터넷을 일반인들도 사용할 수 있게 되면서 전 세계로 빠르게 파급된 것은 인류 공통의 욕구인 참여를 통한 소속의 욕구와 자존에 대한 욕구를 인터넷이 충족시켜 주었기 때문이다.

인터넷으로 촉발된 정보화 시대는 20여 년 만에 빠른 속도로 성장기를

그림 2-2   최초의 스마트폰인 아이폰을 소개하는 스티브 잡스(좌)
　　　　　　　타임지 선정 2007년 최고의 발명(우)

출처: www.cnet.com

거쳐 성숙기에 접어든다. 이로 인해 2000년대 중반 이후 인류는 다음 단계 욕구인 존중과 성취의 욕구를 통해 자아실현을 구현하려 노력하게 되었다.

이러한 노력에 불을 붙인 것이 2007년 1월 9일 스티브 잡스(Steve Jobs)가 최초로 발표한 애플의 아이폰이었다. 스마트폰인 아이폰의 출시 이후 누구나 자신의 상상력을 발휘해 쉽게 창작하고 다양한 영역을 서로 융합하고 접목해 새로운 비즈니스와 영역을 창조해 나가는 스마트시대가 열리게 되었다. 이를 통해 스스로 창작과 생산까지 가능하게 되면서 자신의 역량과 잠재력을 발휘하여 성취를 최대화하는 자아실현 욕구가 구현되게 되었다.

특히 2010년대 중반 이후 4차 산업혁명이 구현되기 시작하면서 스마트는 점차 스마트폰 영역뿐만 아니라 전 산업과 생활 영역으로 확장되어 스마트 팩토리, 스마트 홈, 스마트 자동차, 스마트 팜, 스마트 도시 등 모든 부분으로 확산되었다.

그런데 2020년 초부터 전 세계에 영향을 준 코로나 팬데믹으로 새로운 인류의 욕구가 분출되기 시작한다. 미세한 바이러스에게 그동안 막강하다고 믿은 과학기술 만능주의 현실이 한순간에 무너지는 것을 체감하고, 비대면으로 모든 삶이 바뀌어야 하는 상황이 전개되면서 현실을 초월하고 자신의 역량을 초월하여 인간의 존엄을 지키고자 하는 욕구가 분출하였다.

이로 인해 휴머니즘이 강화되어 인공지능을 중심으로 인간중심의 과학기술을 빠른 속도로 발전시켜 코로나 백신을 개발하여 코로나 현실을 극복하면서, 초지능·초연결·초실감이 구현되어 유비쿼터스 사회가 실현되며 인간의 역량이 확장되고 창의성 및 인성과 영성의 중요성이 제고되는 인류혁명 시대가 시작되고 있다.

CHAPTER 03

새로운 문명대변혁
인류혁명 시대 배경

새로운 문명대변혁 인류혁명 시대 배경

인류 역사는 끊임없는 변화의 역사다. 전술한 바와 같이 아놀드 토인비(Arnold Toynbee)는 인류의 역사를 도전(Challenge)과 응전(Respondence)의 역사로 보고 인류 역사에서 새로운 문명이 생성·발전하기 위해서는 동인으로 도전과 이에 대한 성공적인 응전이 필요하다고 하였다.

이 관점에서 세계에 갑자기 몰아닥친 코로나19 팬데믹은 전 인류에게 도전으로 다가왔다. 코로나19 팬데믹이라는 도전에 우리 인류는 혼란을 겪었지만 서서히 도전에 응전하며 새로운 문명적 변화를 인식하기 시작했다. 코로나19 팬데믹으로 4차 산업혁명이 가속화되고 휴머니즘이 강조되는 디지털 대변혁을 인류는 급속히 경험하게 되었다. 또한 챗GPT 인공지능의 등장으로 그동안 문 앞에서 머뭇거리고 있던 새로운 문명의 미래에 인류는 등 떠밀리듯 들어와 버렸다.

1 코로나19 팬데믹과 디지털 르네상스

코로나19 팬데믹 초기, 인류는 혼란기를 맞으면서도 코로나가 종식되면 이전의 세상으로 돌아갈 것이란 기대가 있었다. 그러나 코로나19가 급속히 전 세계로 확대되고 3년간 지속되면서 인류는 코로나19 이전으로 돌아가기는커녕 이전과는 전혀 다른, 새로운 세상에서 살게 되었다. 이미 세상은 AC(After Corona)와 BC(Before Corona)로 나뉜다고 할 만큼 전 세계는 급격한 변화를 맞이하였다. 코로나19 이후 세계는 디지털경제로 급속히 전환되었으며 4차 산업혁명이 가속화되었다. 코로나19의 세상에서 인류는 생존과 비즈니스, 초지능·초연결·초실감의 구현을 위해 노력을 집중하게 되면서 디지털세상과 현실세상이 교류하고 융합하기 시작하였다. 또한 따뜻한 인성과 거룩한 가치를 추구하는 영성이 중시되는 휴머니즘이 강화되는 디지털 르네상스라는 새로운 변혁을 경험하기 시작했다.

1) 코로나19와 4차 산업혁명 가속화

코로나19 팬데믹으로 야기된 디지털 대변혁을 통해 세계는 상상하는 서비스를 언제 어디서나 제공하게 되는 유비쿼터스 사회를 구현하고자 초지능·초연결·초실감을 실현하기 위해 노력하면서 4차 산업혁명이 가속화되었다. 이로 인해 이전과는 다른 뉴 노멀이 모든 곳에서 등장하게 되어 우리의 산업과 비즈니스 그리고 삶의 방식도 달라지게 되었다.

4차 산업혁명의 가속화로 비대면 현존감(Untact Presence)의 일상화, 스마트 플랫폼(Smart Platform)의 확대, 인공지능 개인맞춤(AI Personal) 서비스 강화, 감성적 참여 체험(Feeling Participation)이 핵심이 되는 뉴노멀이 대세가 되고 있다. 이러한 변화는 우리의 직장생활, 소비생활, 학업생활, 레저생활, 미디어 생활, 그리고 종교 생활 등 우리 삶의 전 영역에 영향을 미치고 있다.

4차 산업혁명의 핵심 기술인 인공지능을 통해 초지능이 구현되고, 인

그림 3-1 코로나19 팬데믹으로 초지능·초연결·초실감 구현하는 4차 산업혁명 가속화

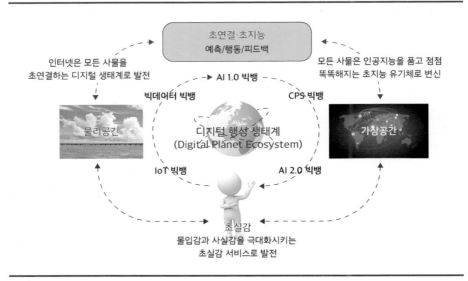

출처: ETRI(한국전자통신연구원).

공지능 기반의 사물인터넷으로 초연결, 그리고 인공지능 기반의 메타버스로 휴머니즘을 담은 초실감이 구현되고 있다.

초지능은 초소형화된 인공지능 컴퓨터가 모든 것에 장착되는 것을 의미한다. 이를 통해 인공지능 스피커처럼 우리가 원하는 최적의 서비스를 스스로 찾아서 언제 어디서나 제공해 주게 된다. 나아가 스마트폰과 가전 및 자동차 등 모든 곳에 인공지능이 기본으로 장착된다.

초연결은 인공지능(AI)이 장착된 사물인터넷(IoT)과 초고속 모바일로 현재 구현되고 있는데 모든 사물에 지능형 유·무선통신이 장착되어 사물들 간에 상호 커뮤니케이션이 가능하게 되어 원하는 서비스를 언제나 원하는 장소와 장비로 받을 수 있게 되는 것을 의미한다.

초실감은 인공지능과 초실감 메타버스 영상 기술로 사람들이 멀리 떨

어져 있거나 디지털 공간에 있는 것을 마치 현재 같은 공간에 함께 있는 것 같이 휴머니즘과 현존감을 느끼게 해주는 서비스를 제공해 주는 것을 말한다. 인공지능 기반의 메타버스가 구현되어 AR(증강현실), VR(가상현실), MR(혼합현실)이나 홀로그램 또는 소셜미디어와 비대면 줌 화상시스템, 초실감 영상기술 등을 통해 언제 어디서나 실제로 함께 있는 것 같이 느끼게 해주는 서비스를 받을 수 있게 된다.

이처럼 인공지능은 디지털 대변혁 시대의 기반 핵심기술로서 '인공지능이 세상을 삼키고 있다.'란 말이 있을 정도로 인공지능이 세상의 모든 것에 접목되고 영향력이 가속화되고 있다. 또한 인공지능 기반의 메타버스를 통해 시간과 공간을 초월하는 디지털세상이 실현되어 언제 어디서나 누구와도 같은 공간에서 함께 한다는 공동체 느낌을 확실하게 공유하는 인간적인 휴머니즘을 구현하면서 전 세계는 메타버스 세계로 빠져 들고 있다. 이처럼 세상은 인공지능과 메타버스를 중심으로 디지털 대변혁 시대가 본격화되었다.

2) 코로나19와 휴머니즘 강화

아프리카의 시인 무스타파 달렙이 코로나19로 공포가 '모든 사람을 사로잡았다. 가난한 이들에게서부터 부유하고 힘 있는 이들에게로, 공포는 자기 자리를 옮겼다. 우리에게 인류임을 자각시키고 우리의 휴머니즘을 일깨우며'라고 그의 시에서 읊은 것처럼 코로나19 팬데믹으로 전 세계는 혼란기를 거쳐 과학기술을 넘어 휴머니즘이 새롭게 부각되는 디지털 르네상스라는 새로운 대변혁을 맞았다.

코로나19로 과학기술 만능주의와 물질중심주의, 속도우선주의의 한계를 인류는 깨닫게 되었고 모든 인류의 운명이 하나로 연계된 인류 공동체란 것을 실감하게 되었다. 또한 코로나 19로 외출이 제한되면서 오히려 자유와 평등의 소중함을 깨닫고 인간의 행복과 생명 가치 추구 및 따뜻한 공동체 가치를 지향하는 휴머니즘이 강화되었다.

21세기 첨단 과학기술의 시대에 미미한 바이러스 하나가 전 인류의 생명을 위협하고 세계 경제마저 일제히 멈추게 하는 현실에 사람들은 경악했다. 이는 인류가 자연 환경의 중요성을 더욱 각성하게 되는 계기가 되었고 그간 절대권력처럼 믿어왔던 과학기술 만능주의에 대한 회의(懷疑)를 가져왔다. 또한 우리는 반강제적으로 사회적 격리를 겪으면서 지금까지의 삶에 대해 성찰의 시간을 가지게 되었다.

급속한 발전이라는 목표를 위해 가졌던 속도주의, 배금주의적 물질 중심 가치관에서 한발짝 물러나 조금 느리더라도 인간의 진정한 삶의 목적을 모색하고 인류의 올바른 가치와 방향을 추구하고 계기가 되었다. 코로나19로 '이상한 나라의 앨리스'에 등장하는 '붉은 여왕의 덫(경쟁을 통한 끝없는 변화와 낙오에 대한 두려움)'에서 벗어나게 되고 따뜻한 휴머니즘을 추구하게 되었다.

코로나19 팬데믹으로 4차 산업혁명이 가속회되어 세상의 변화 속도가 더욱 빨라지고, 사람들의 대면 접촉이 더욱 약화되면서 따뜻한 인성 그리고 공동체 가치를 추구하는 휴머니즘이 강화되었다. 물리적 세상과 디지털 세상 공히 인간적인 정감을 교류하며 감성과 인성이 중시되고 가치를 추구하는 휴머니즘이 강화되고 있는 것이다.

따뜻한 인성과 가치를 추구하는 휴머니즘이 강화되면서 기업도 ESG 경

그림 3-2   코로나19 영향 동아일보 인터뷰

동아일보   2020년 5월 13일 수요일 제30706호 ⓐ   오피니언   A27

'21세기 흑사병' 코로나, 4차산업 '뉴 르네상스' 개막 방아쇠 될 것

논설위원 파워 인터뷰

안 종 배 국제미래학회장

안종배 교수

원격 온라인 수업, 재택근무, 화상회의… 낯선 문화가 어느 날 갑자기 우리 일상으로 파고들었다. 비대면 방식의 언택트(Untact) 시대가 열린 것이다. 코로나19가 반강제로 몰고 온 변화의 물결이다. 미래학자들은 세상은 이제 코로나 전(BC·Before Corona)과 후(AC·After Corona)로 규정될 것이며, 인류에게는 자금까지 경험하지 못한 새로운 환경에 적응해야 하는 과제가 주어졌다고 강조한다. 최근 최고경영자(CEO) 대상 원격 화상 특강에서 코로나19 팬데믹 이후 벌써질 세상을 '뉴(New) 르네상스'로 규정한 미래학자 안종배 한세대 교수(55)를 만나다. 국제미래학회 제3대 회장이자 대통령 직속 4차산업혁명위원회의 핵심위원을 맡고 있는 안 교수는 지구촌은 당분간의 혼란기를 거친 뒤 휴머니즘과 4차 산업혁명 기술이 결합한 신세계, 즉 문명적 대변혁의 시대를 맞이할 것이라 주장했다.

전염병과 문명의 변혁

—서유럽에서 수백 년 전에 유행했던 르네상스 운동을 담론처럼 들고나왔다.

"유럽 르네상스 시대의 개막은 흑사병으로 불리는 페스트가 상당한 촉발 원인이 됐다. 흑사병으로 인해 14세기 중반 당시 유럽 인구의 30%가 목숨을 잃었고 유럽의 전통 사회 구조가 붕괴했다. 페스트 대응으로 무력했던 교회는 그동안 절대 권력을 내려놓아야 했고, 봉건영주 체제의 경제가 도시자본제로 바뀌고, 장원과 인간성의 중시라는 문화가 이때 태동했다.

코로나19 팬데믹 역시 기존의 사회 시스템과 문화를 변화시키는 촉매제가 됐다. 코로나가 쉽게 과학기술 시대에 대비한 바이러스 하나가 전 인류의 생명을 위협하고 세계 경제마저 일제히 멈추게 하는 현상에 시람들은 경이롭다. 그간 철석 같이 믿었던 과학문명 위력만이 과학·기술·만능주의에 대한 회의(懷疑)를 가져왔다. 또한 우리는 반강제적으로 비대면 격리를 겪으면서 자급자족의 삶에 대해 성찰의 시간을 가지게 됐다. '밤을 줄 모르는 화려함 속 조바심 속도 우선주의의 물질주의의 가치관에서 한 발짝 물러나 조금 느리더라도 인간의 삶의 목적을 모색하는 계기가 됐다. 코로나19가 '거울나라의 엘리스'에 등장하는 '붉은여왕의 말'(변함을 좇아야는 변화의 나오에 대한 두려움)에서 벗어나게 했으니다.

—코로나19야는 질병성 악재에 대해 과도하게 사회적 변화의 의미를 부여하고 있다.

"변화의 씨앗은 진작 뿌려져 있었다. 코로나19의 주요 현상인 언택트 문화는 40년 전 미래학자 앨빈 토플러의 '제3의 물결'에서 재택근무와 전자정보화 가정의 등장으로 이미 예고된 바다. 이후 우리 사회에서 화상 회의와 원격 온라인 쇼핑, 비접촉 배달앱 등이 빠르게 성장해 오고 있었다. 그러다 이번 사태로 언택트 문화가 전면적으로 부상한 것이다. 그 위력은 수천 년간 이어져온 대면 접촉 방식의 종료 집회라며 화상 결로로 바꾸어 버릴 만큼 컸다."

국제미래학회가 2015년 발간한 '대한민국 미래보고서'는 창의와 인성을 중시하는 휴머니즘의 등장을 이미 예측한 바 있다. 인류의 문명사는 과학기술 위주의 발전을 넘어 영성(靈性)적 휴머니즘이 부각되는 방향으로 어느 순간 급속한 변화에 찾아온다는 내용이다. 다만 그 급격한 변화를 이끌 방아쇠가 코로나바이러스가 될 것을 누구도 예측하지 못했을 것이다.

휴면기술문명 시대

—헨리 키신저 전 미국 국무장관은 '과거의 성곽시대(walled city)가 다시 도래할 수 있다'며 생산공정 등 글로벌 공급망이 본국으로 귀환하는 등 자유의 시대가 저물 것이라고 경고했다. 예컨대 모든 피터슨국제경제연구소장은 '코로나19 팬데믹으로 세약했던 세계 경제의 '경제 민족주의'라는 또 다른 전염병이 퍼지고 있다'고 우려했다.

"코로나19가 안정화될 때까지 우리는 당분간 고통을 겪을 수밖에 없고, 그 이후로도 상당한 기간 국내 경기 침체와 글로벌 경제 불황을 피할 수 없을 것으로 전망된다. 그간 세계화와 기구(WTO)로 상징되는 글로벌 3.0, 즉 무역의 세계화는 위축되는 반면 4차 산업혁명과 휴머니즘의 결합으로 새로운 산업과 비즈니스 마당이 열릴 것이다. 국가별 이런 위기를 기회의 상황을 동시에 맞이하고 있다. 최근 방탄소년단(BTS)이 유료 비대면 화상 공연을 통해 막대한 수익을 올린 것에서 보듯 새로운 글로벌 4.0 시대를 대비해야 한다."

—코로나19 이후의 미래는 어떤가.

"미래 사회는 초지능, 초연결, 초실감이 구현

되는 4차 산업혁명과 함께 정신 및 감성 영역의 휴머니즘이 강화되는 뉴 르네상스 시대가 될 것이다. 구체적으로 우리 사회는 비대면 참여로 연결과을 강화하는 언택트 프레즌스(Untact Presence), 모든 비즈니스의 접속률이 스마트 플랫폼(Smart Platform), 첨단 기술과 감성으로 개인 맞춤하는 인공지능 페르소나(AI Persona)가 모든 영역에 적용될 것이다. 이러한 변화를 거부하거나 머뭇거리면 구현할 대한제국에 우리는 또 느리는 상황을 맞게 될 것이다.

안 교수는 코로나19에 등이 터질과 갑자기 새로운 세상으로 뛰어든 우리 사회는 예전으로 돌아가는 유물 회귀성과 및 인간의 경향이 핵심 가술과 경쟁력이 될 것이다. 한국은 코로나19 대응에서 인공지능과 ICT로 훌륭하는 동성을 검 정확에서 파악하고 온라인 교육과 재택근무를 무를 무리 없이 실현되는 등 세계 최고 수준의 정보기술(IT) 인프라 활용 역량을 보여주었다. 또한 드라이브스루 같은 창의성을 발휘해 고효과적인 방역을 펼쳤고, 사재기 같은 사회적 계진 투기 등 높은 수준의 도덕성과 사회성을 보여주었다. 한국은 선진 유교주의에 기반한 휴머니즘에서 높은은 강점을 갖고 있다. 사실 이 테크놀로지와 동양의 휴머니즘이 경합한 '휴면 테크놀로지의 세상에서 한국은 유리한 위치에 서 있다."

안 교수의 미래는 그동안 동아줄의 '에세이'들이 예측한 미래로나 암묵성통한다. 미 다우경터리 '월스트리트의 예언자'로 유명한 금융 전문가 마틴 암스트롱은 빅테이터의 슈퍼컴퓨터를 통해 세계 경제 예측 추기를 발표하면서 동양의 부흥을 예연했다. 세계는 2030년대부터 본격적인 4차 산업혁명이 펼쳐 2040년대에 들어서는 미국과 유럽을 제치고 한국과 중국 등 차이나권에서 이를 주

문명 질서에 경쟁력이 있다.

"뉴 르네상스 미래 사회는 인공지능과 정보통신기술(ICT)을 중심으로 하는 4차 산업혁명 기술과 경쟁력이 될 것이다.

박브리더 정부 경계해야

—한국이 휴머니즘과 4차 산업혁명이 결합한 신

도래하게 된다는 것.

"코로나19 방역에서 보듯 정부는 민간 통제력을 강화시키려 하고 의회의 영향력을 약화할 가능성이 있다. 따라서 국민들은 '빅브러더'가 되려고 하는 정부의 물결을 감시하고 자유와 인권을 함께 지켜 나가야 한다. 이를 위해서는 스마트 플랫폼에 기반한 스마트 거버넌스를 활성화시켜야 한다. 경제에서는 스마트 뉴딜 경제 시스템으로 체제를 재편할 필요가 있다. 즉, 스마트 플랫폼 연료지능에 기반한 스마트 교육, 스마트 워크, 스마트 헬스케어, 스마트 팩토리, 스마트 시티, 스마트 팜 등이 본격화될 것으로 예상된다."

안 교수는 연구 감소로부터 한국의 미래 성장을 훼손할 것이라고 우려했다. 코로나19 이후 출생 연기와 출산 기피 등으로 안태 인구 감소가 더욱 가속화될 경우 국가 경쟁력의 약화로 이어질 가능성이 있다는 것. 코로나19 이후 결혼 및 출산 장려금 대폭 확대 등 과감한 자금 산 육성 정책이 그 어느 때보다 필요한 상황이라고 강조했다.

안영배 논설위원
ahn@donga.com

출처: 동아일보, 2020년 5월 13일.

영이 핵심 화두가 되고 있다. ESG 경영으로 기업은 고조된 지구환경에 대한 인식을 반영해 환경보호에 힘을 쏟고, 사회 공헌 활동과 소외된 이웃을 돌아보며, 투명하고 윤리적 경영으로 기업 임직원과 소비자의 행복을 증진하면서 건강한 사회 발전에 기여함으로써 기업의 지속가능성을 높이고 있다.

이처럼 코로나19 이후 세계는 디지털경제로 급속히 전환되며 4차 산업혁명이 가속화되어 디지털세상과 현실세상이 교류하고 융합되며 자연 환경

그림 3-3 코로나19 영향 브릿지경제 인터뷰

출처: 브릿지경제, 2020년 5월 25일.

을 회복하고 따뜻한 인성과 거룩한 가치를 추구하는 휴머니즘이 강화되는
디지털 르네상스라는 새로운 대변혁이 시작되었다.

2 챗GPT, 인공지능의 역사와 미래

2016년 3월 9일부터 15일까지 총 5회에 걸쳐 서울의 호텔에서 이세돌과 알파고(AlphaGo) 간의 바둑 대결이 세계의 이목을 집중시켰다. 바둑 인공지능 프로그램과 최고의 인간 바둑 실력자의 대결에서 알파고가 4승 1패로 이세돌에게 승리하였다. 이세돌이 5대0으로 이길 것이란 바둑 전문가들의 예견은 첫판부터 무너졌고 전 세계는 알파고로 대표되는 인공지능의 놀라운 발전 속도와 가능성에 놀라면서 동시에 두려움을 느꼈다.

2022년 12월 1일 미국의 비영리 AI 연구재단 OpenAI가 챗GPT(Chat GPT)라는 생성형 인공지능을 일반에게 공개하였다. 챗GPT는 공개 후 5일 만에 사용자 수 100만 명, 40일 만에 천만, 2개월 만에 1억 명을 넘어섰다. 챗GPT는 전문가용으로 여겨졌던 인공지능을 남녀노소 누구나 쉽게 사용할 수 있게 하도록 문턱을 없애고 생성형 인공지능의 활성화를 촉발하였다. 챗GPT도 빠른 속도로 발전하여 2023년 3월 15일 다음 버전인 챗GPT-4를 출시하였다. 이후 세계는 인공지능의 급속한 발전과 놀라운 역량에 경이로움을 넘어 두려움을 느끼기 시작했다. 인공지능이 인류에게 축복이 될지 재앙이 될지 모르는 미래가 시작되고 있는 것이다.

1) 인공지능의 개념

인공지능(Artificial Intelligence)은 단어 의미 그대로 '사람이 인위적으로 만든 지능'이다. 1940년대에 처음 신경망 모델이 처음 논의되기 시작해 1956년에 존 매카시(John McCathy)가 주도해 열린 '디트머스 콘퍼런스'에서 처음 이 용어를 사용했다. 당시 그는 인공지능을 '인간과 같은 지능을 가진 기계를 만드는 공학과 과학'이라고 정의했다.

인공지능은 인간처럼 사고하고 행동하는 시스템을 지향한다. 인간의 뇌를 스승으로 삼는다는 말이 있을 정도로 인간의 뇌에 의해 이뤄지는 학습, 인지와 인식, 이해, 소통, 문제 해결, 추론, 의사결정, 창의, 감정 프로세스를 모방해 알고리즘으로 소프트웨어화하고 이를 하드웨어에 장착해 시스템으로 만든다. 필자는 개인적으로 인공지능을 '인공적으로 만드는 인간을 닮은 두뇌 지능 시스템'이라고 정의한다.

2) 인공지능의 역사

1946년 2월 14일 세계 최초의 컴퓨터 에니악(ENIAC)이 발명된 이후 계산에서부터 시작해서 논리, 사고, 자각 등 실제 인간의 지능을 인공적으로 만들려는 인공지능의 발전도 거듭해왔다.

인공지능은 1950년에 '컴퓨터과학의 아버지'라 불리는 엘런 튜링(Allan Turing)이 〈컴퓨터 기계와 지능〉 논문에서 인간처럼 생각하고 대화할 수 있는 기계 및 시스템을 제안했다. 이를 기반으로 컴퓨터의 지능 보유 여부를 판정하는 '튜링 테스트'도 개발된다.

1958년 프랭크 로젠블랫(Frank Rosenblatt)이 간단한 의사결정 알고리즘인 '단층 퍼셉트론(Single Layer Perceptron)'을 개발했는데 이것이 '딥러닝'의 기초가 된다. 이후 1960년대에는 컴퓨터의 논리적인 추론, 탐색을 통해 인간의 기본적인 추론 방식을 모방하려 시도하였다.

1970~80년대에는 친기업적 신자유주의 사상이 확산되면서 특정 지식

의 범위에 대해 문제를 해결해 주거나 질문에 답하는 알고리즘 프로그램인 '전문가 시스템(experts system)'을 중심으로 연구가 진행되었다.

1980년대부터 인공신경망(neural network) 연구가 다시 확산되고 사람의 생활에 도움이 되는 방향으로 연구가 진행되기 시작했다. 공장 자동화와 연계되는 로봇공학과의 접목도 본격화되기 시작한다.

1990년대 중반 이후 인공지능은 인터넷 덕분에 중흥기를 맞는다. 컴퓨터 성능이 좋아지고 방대한 빅데이터 축적이 가능해지면서 인공지능은 더욱 진화한다. 1997년 인공지능 컴퓨터 IBM의 '딥블루'가 세계 체스 챔피언을 꺾고 퀴즈 프로그램 '제퍼디'에서 연승을 기록한다.

2006년에는 제프리 힌튼 교수가 〈심층 신뢰망(Deep Belief Network)〉 논문을 통해 딥러닝 알고리즘을 다시 소개했다. 2016년 세기의 바둑대결에서 알파고가 이세돌을 4대 1로 이겼고, 2017년에는 인공지능 알파고제로가 알파고를 이긴다. 2018년에 알파폴드는 아미노산 염기서열로부터 3차원 단백질 구조를 예측하는 경연에서 압도적인 우승을 차지한다. 2020년엔 스스로 게임을 익히는 범용 게임 인공지능 뮤제로가 출시되었다.

 그림 3-4 1997년 인공지능 컴퓨터 '딥블루'체스 승리(좌)
2016년 알파고 세기의 바둑 승리(우)

특히 코로나19 팬데믹으로 2020년부터 인공지능은 백신 개발 및 초지능·초연결·초실감을 구현하기 위해 더욱 집중 연구 개발되어 큰 발전을 이룬다.

2022년 12월 1일에 챗GPT가 공개되어 일반인도 쉽게 인공지능을 사용할 수 있게 되고 이후 스마트폰, 스마트 의료, 스마트 공장, 스마트 워크, 초실감 메타버스, 스마트 교육, 스마트 금융, 스마트 패션, 스마트 미디어와 스마트 시티 및 문화예술 등 우리의 생활과 산업 그리고 비즈니스의 모든 영역에 인공지능이 적용되기 시작하였다.

3) 챗GPT 역사와 전망

오픈AI가 2022년 12월 1일 선보인 대화형 생성 인공지능 '챗GPT'가 그야말로 전 세계적으로 돌풍을 일으켰다. 빌 게이츠도 "AI 챗봇인 챗GPT의 등장이 과거 인터넷의 발명만큼 중대한 사건이 될 수 있다"며 "챗GPT 같은 AI가 세상을 바꿀 것"이라고 호언했다.

챗GPT(ChatGPT)는 쉽게 말하면 인간이 사용하는 언어(자연어)로 대화하는 방대한 지식을 갖추고 스스로 답을 생성하는 지능 높은 초기 범용인공지능(Artificial General Intelligence, AGI)이다.

챗GPT는 누구나 쉽게 사용할 수 있는 인류를 위한 인공지능을 개발하겠다는 목표로 벤처투자가 샘 알트만과 테슬러의 일론 머스크를 중심으로 2015년 12월 설립된 미국의 비영리 AI 연구재단 오픈AI(OpenAI)가 연구 개발하여 2018년 GPT-1, 2019년 2019년 GPT-2, 2020년 GPT-3을 출시한 이후 2022년 12월 1일 일반에게 공개한 초거대 언어모델 GPT-3.5 버전으로 대화형 생성적 인공지능 모델이다.

챗GPT는 딥러닝(심층학습) 인공지능 기술을 통해 방대한 빅데이터를 사용하여 사전 학습된 자연 언어로 대화하는 생성적 인공지능 모델이다. 챗GPT는 자연어 이해, 추론, 문맥 파악 등의 AI 기술을 이용하여 인간과 자연스러운 대화를 할 수 있다. 챗GPT로 진짜 사람과 대화하고 있듯이 자연스럽게 질문과 답변을 주고받을 수 있고 단순 정보가 아니라 심도있는 분석 내용과 기사, 에세이, 소설, 시, 그림, 음악 등 다양한 창작물 그리고 프로그래밍 코딩까지 생성해 준다.

챗GPT는 레이븐 지능검사(Raven Intelligence Test) 결과 아이큐 147로 나왔고 미국 펜실베이니아대 와튼스쿨에서 경영대학원(MBA) 졸업시험을 통과하였으며 미국 변호사·공인회계사·의료 면허 시험까지 합격했다. 챗GPT는 대학원 석사과정 수준의 역량을 갖추고 있는 것으로 평가되고 있다.

◎ 그림 3-5 챗GPT 특성과 활용 분야

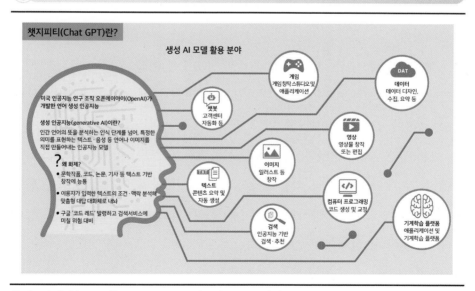

출처: 한겨레(https://www.hani.co.kr/arti/economy/it/1074015.html)

한편 오픈AI는 예상보다 훨씬 빠르게 2023년 3월 15일 GPT-4 모델을 공개했다. GPT-4의 가장 큰 특징은 멀티 모달(multimodal) 기능으로 이미지와 음성을 인식, 이해하고 처리할 수 있게 된 것이다. 멀티 모달이란 다양한 종류의 데이터를 처리하고 이해할 수 있는 기능으로 GPT-4는 이미지와 음성을 인식하고 해당 이미지에 관한 텍스트 정보를 생성할 수 있다. 예를 들어, GPT-4는 음성으로 문답을 하고, 기술 리포트를 통해 차트 이미지를 해석해 답을 풀 수 있으며 손으로 그린 웹사이트 스케치 이미지를 읽고 GPT-4는 HTML 소스로 바꿔 실제 웹사이트를 구현할 수도 있다.

그리고 GPT-4의 또 다른 큰 특징 중 하나는 더욱 정교한 언어 이해와 처리 능력을 가지게 된 것이다. 이전 모델 GPT-3.5에서는 한 번에 영어 기준 3,000개 정도 단어를 처리할 수 있었다면, GPT-4는 25,000개까지 가능하다. 기억력도 좋아져 GPT-3.5에서 약 8,000개 단어(책 4~5페이지)를 기억해 대화를 나눴다면, GPT-4는 그 8배인 단편 소설 분량에 버금가는 64,000개 단어(책 50페이지)까지 기억해 사용자 질문에 더 적합하게 대답하는 것이 가능해졌다.

오픈AI(OpenAI)는 2023년 11월 6일 챗GPT에 최신 정보로 무장한 챗봇 'GPT-4 터보(GPT-4 Turbo)'를 공개하였고 2024년 내에 챗GPT-5 버전을 개발 완료하여 공개할 것이라고 한다.

챗GPT는 이처럼 빠른 속도로 발전하면서 텍스트, 이미지, 오디오, 동영상 등의 데이터 입력과 학습이 가능하게 되어 마치 인간이 정보를 받아들이고 뇌가 사고하는 방식과 거의 동일하게 되고 어느 부분은 더욱 능가하게 될 것이다. 현재의 챗GPT는 지속적으로 더욱 똑똑해질 것으로 예상되어 미래 사회의 모든 영역에 혁신적인 영향을 미칠 것으로 예측된다.

그림 3-6 GPT-4 Turbo를 발표하고 있는 오픈AI의 샘 알트만

4) 인공지능의 분류와 미래

인공지능은 이미 인류의 삶 전체에 영향을 미치는 방향으로 변화하고 있다. 최근 트렌드는 단순히 인지 능력에서 벗어나 인지한 환경 속에서 최적의 답을 찾아내고 여기에 스스로 수행한 학습을 더해 추론 및 예측을 한다. 미래에는 문제를 스스로 발견하고 해결하는 등 행동 단계에 이르기까지 다양한 분야의 연구와 투자가 활발히 진행되고 있다.

인공지능의 미래 발전은 3단계로 이뤄지고 있다. 흔히 '약 인공지능'이라고 말하는 '협의 인공지능'(Artificial Narrow Intelligence, ANI)이 첫 번째 단계다. 초기 단계의 인공지능으로, 특정한 부분에서는 인간을 뛰어넘는 지능을 가진다. 알파고의 바둑, 구글의 자동 번역기, IBM 닥터 왓슨이나 국내 닥터 엔서, 애플의 시리, 아마존 알렉사, 페이스북의 자동 얼굴 인식, 소프트뱅크의 페퍼 로봇, 앤비디아의 무인 자율 주행자동차 등에 적용되고 있는

인공지능이다.

다음은 범용 인공지능(Artificial General Intelligence, AGI)으로, 흔히 '강인공지능'이라 불린다. 모든 영역에서 인간과 대등한 지능을 가진다. 알파고의 바둑이나 구글 번역기의 외국어 번역 같은 특정 분야뿐 아니라 모든 분야에서 인간보다 우월하다. 2020년 12월에 알파고 개발사인 딥마인드는 범용 인공지능의 초기 모델인 뮤제로(Muzero)를 발표했는데, 일체의 규칙과 정보 제공 없이도 바둑이나 체스 등을 스스로 마스터하는 놀라운 능력을 보여 주었다. 2022년 공개된 챗GPT가 초기 단계의 범용인공지능이다.

마지막은 슈퍼 인공지능(Artificial Super Intelligence, ASI)이다. 초인공지능으로 모든 영역에서 인간을 뛰어넘는다. 스스로 판단하는 자유의지도 갖고 있다. 인간의 상상을 초월하는 범위로 능력의 한계 없이 발전한다.

결국 한 개의 슈퍼 인공지능이 전 인류 지능의 합을 넘어서는 특이점, 즉 싱귤래리티(singularity)가 도래하게 된다. 인공지능 과학자 겸 미래학자인 레이 커즈와일은 현재의 인공지능 발전 속도로 볼 때, 2040년에 인류는 그 특이점에 도달할 것이라고 예측했다. 슈퍼 인공지능이 구현되면 인류가 그동안 풀지 못했던 기아, 기후변화, 우주개발 등의 난제를 해결하는 데 큰 도움이 된다. 인간 능력과 수명의 무한 확장에 기여할 것이란 시각도 있다. 반면에 이에 대한 사전 준비와 대응 조치가 없을 경우 디스토피아 영화처럼 인류가 인공지능 기계를 제어하지 못하고 오히려 정복당해 노예가 되는 미래가 예측되기도 한다.

한편 정보통신기획평가원은 인공지능의 미래 발전 방향을 8가지로 제시했다. 업무 처리 숙련도가 성장하는 인공지능, 일상 생활 속 활용이 쉬운 인공지능, 인간과 협의해 문제를 해결해 나가는 인공지능, 소통과 설명이

그림 3-7 인공지능에 의해 인간이 지배당하는 세상을 다루고 있는 영화 '매트릭스'

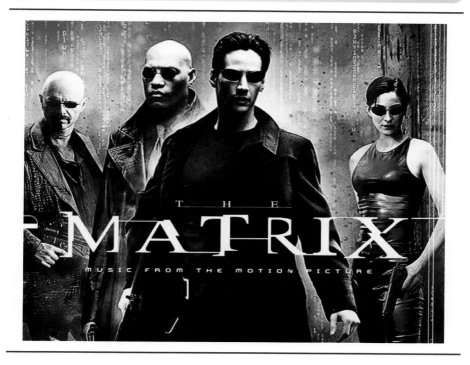

가능한 인공지능, 다양한 대상과 상호작용하면서 문제를 해결하는 인공지능, 문제 인식과 자가 통제하는 인공지능, 헌신적 이타적 윤리지능과 법적 규제를 준수하는 인공지능 등이다.

인공지능은 빠른 속도로 인류의 삶에 영향을 주며 진화해 새로운 세상을 만들어 가고 있다. 스마트폰과 가전, 기계, 자동차는 물론 기업 경영과 보건, 의료, 국방, 금융, 복지, 보안, 교육, 언론 미디어 등 다양한 응용 서비스 분야에서 필수로 자리 잡고 있다. 문학, 영화, 광고, 음악, 그림 등 인류의 고유 영역으로 여겼던 창작예술 분야에서도 창작물로 인간과 겨루고 있다.

미래에는 인공지능과 인간이 대화하고 교류 협력하는 차원을 넘어 인공지능이 인간을 지도하고 멘토링하는 수준까지 발전될 것이라고 예측된다. 그래서 인간과 인공지능 간 협업이 중요해 질 것이라고 조언한다. 조만간 우리는 인공지능을 활용할 수 있는 역량인 AQ(AI Quotient), 즉 인공지능지수를 개발해 이를 개인과 조직 그리고 사회와 국가의 역량으로 평가받게 될 수도 있을 것이다.

곧 특정 영역에서 인공지능이 인간의 능력을 넘어서는 분야가 많아질 것이다. 따라서 이제는 인공지능을 나의 경쟁자로 볼 것이 아니라 나의 부족한 부분을 도와주는 조력자로 활용할 수 있는 역량을 갖출 때가 되었다.

인공지능은 동전의 양면이다. 어떻게 활용하느냐에 따라 인류에게 도움이 될 수도 있고, 해를 끼칠 수도 있다. 때문에 인공지능이 인간의 행복을 위해 존재하고, 인간의 제어권 내에 있을 수 있도록 인공지능 윤리를 법제화하고 이를 준수토록 하는 국제적 공동노력이 필요한 상황이다. 작고하신 이어령 전 문화부장관의 말씀처럼 인공지능이 발전해 우리 인간보다 똑똑해지면 어쩌나 하고 불안해 할 것이 아니라, 인공지능에 올라타서 인공지능을 유용하게 활용하고 인류의 행복에 기여하는 방향으로 가도록 조정할 수 있는 역량을 갖추는 것이 훨씬 더 중요하다. 인공지능 시대 인류의 미래는 현재 우리 인간의 결정에 달려있는 것이다.

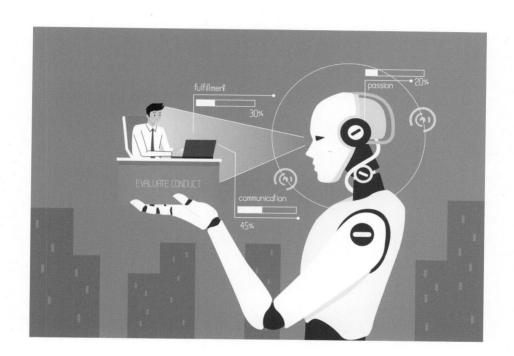

CHAPTER

04

문명대변혁 인류혁명 시대 도래

문명대변혁 인류혁명 시대 도래

　　코로나19 팬데믹 이후 챗GPT 인공지능과 기후변화의 본격화로 세상의 변화는 급가속하고 있다. 인류는 농업혁명, 산업혁명, 정보화혁명, 4차 산업혁명을 넘어 새로운 문명대변혁 시대로 접어들고 있다. 그동안 자본주의 경제 체제의 핵심 동력이었던 도구 혁신을 통한 생산성 향상과 효율화는 인공지능에 의해 극대화되지만 잘못되면 인류가 퇴출되고 부의 양극화가 더욱 심해지게 된다. 이제 인류의 존엄성을 지키고 인류가 공영하고 지구를 지속가능하게 하기 위해 인간의 역량과 가치가 혁신되는 인류혁명 시대가 도래하고 있다.

◎ **그림 4-1　인류 문명의 변화와 인류의 욕구(안종배 국제미래학회 회장)**

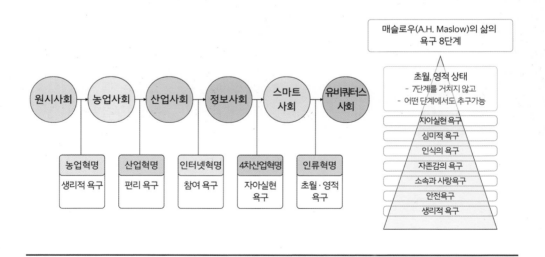

1 문명대변혁 인류혁명 시대 특성

인류는 급속한 세계 미래 변화가 인류에게 축복이 될지 재앙이 될지를 선택해야 하는 기로에 있다. 마이크로소프트 창업자 빌게이츠의 예측처럼 챗GPT가 시작한 범용인공지능은 인터넷 이상으로 세상을 새롭게 바꿀 것이다. 코로나19 팬데믹 기간 동안 주춤했던 자연 환경 훼손과 탄소가스 배출이 다시 급증하면서 인류는 기후변화를 넘어 기후 재앙의 시대에 접어들 위험에 처해 있다.

인류가 스스로 개발하고 발전시키고 있는 인공지능의 노예가 될지 주인이 될지, 인류가 지구 환경을 지속적으로 훼손시켜 인류 삶의 터전이 없어질지 지구환경을 회복시켜 지구에서의 인류의 삶이 지속가능하게 될지 인류가 선택해야 하는 시대가 되었다.

이 모든 것은 인류가 스스로의 한계를 넘어서야 가능해진다. 인류가 스스로 현재의 지적 한계, 의식의 한계, 신체적 한계, 감성적 한계를 넘어 확장하여 어떤 상황에서도 인류의 존엄성이 유지되고 인류가 지구의 주인이 되어야 한다. 또한 지구환경과 과학기술이 인류가 행복할 수 있고 지구가 지속 가능하게 하는 방향으로 발전시켜야 한다.

이를 위해 인류는 자기 능력을 넘어서고자 하는 자기초월 욕구가 구현되고 인성과 영성이 강화되어 휴머니즘과 인간의 존엄성이 지속되도록 해야 하는 '인류혁명'이라는 문명대변혁 시대를 맞이하고 있다.

문명대변혁 인류혁명 시대엔 '휴머니즘 테크놀로지'가 중요한 역할을 한다. 초지능·초연결·초실감으로 시공을 초월하여 원하는 것이 구현되는 유비쿼터스 사회가 인공지능을 위시한 과학기술에 의해 실현된다. 그리고

그림 4-2 New 문명대변혁 인류혁명 시대 도래(안종배 국제미래학회 회장)

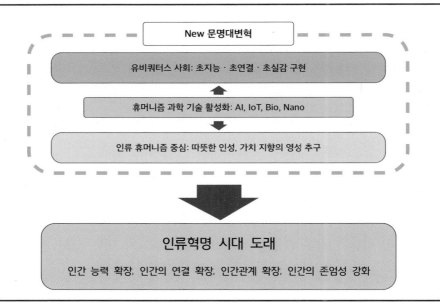

과학기술은 인류의 자유와 평등, 행복과 생명 가치 및 창의와 인성의 구현을 존중하는 휴머니즘과 결합된다. 과학기술과 인류 공동체 윤리, 예술, 문화 등이 융합한 새로운 르네상스 신문명의 세계가 펼쳐지는 것이다. 한국은 인류혁명 시대의 기반이 되는 인적·물적·통신 디지털 인프라와 과학기술 역량을 이미 갖추고 있고 한국인들은 창의성과 도덕성, 인성과 감성 등 '홍익인간'(널리 인간을 이롭게 한다) 이라는 인류 공동체의 가치를 지향하는 휴머니즘에서 강점을 갖고 있다. 이런 점에서 한국은 서양의 테크놀로지와 동양의 휴머니즘을 융합해 인류혁명 문명대변혁 시대를 주도할 수 있다.

2 문명대변혁 인류혁명 시대 대한민국의 역할

인류혁명 시대에 핵심 동력인 인간 역량 확장과 인류 가치 혁신을 통한 인류 공영과 행복의 증진 및 지구의 지속 가능을 이끌 새로운 리더 국가의 역할이 필요한 시점이다. 지속가능한 세계의 미래를 위해서는 경제 논리와 이념 논리 및 지역과 민족 논리를 넘어설 수 있는 인류 공동체의 가치로 리드할 수 있는 미래 지향적인 국가의 역할이 중요해지고 있다.

이런 관점에서 세계의 미래학자와 주요 석학들은 대한민국을 주목하고 있다. 세계 미래학계의 대부(代父)로 불리는 짐 데이터 교수는 '세계는 인류 공영의 가치를 주도할 새로운 리더십이 필요하다. 한국은 현재 그 어느 때보다 전 세계적으로 주목을 받고 있으며, 세계 많은 국가가 다양한 영역에서 한국을 롤모델로 지켜보고 있다'고 말했다.

또한 구글이 선정한 미래학자인 토마스 프레이는 '세계는 새로운 리더십을 간절히 찾고 있다. 한국이 새로운 시대를 이끌 리더 국가가 될 수 있다. 한국은 미래 가치를 둔 새로운 모델로 세계를 이끌 수 있다'며 미래사

◎ 그림 4-3 필자와 세계적인 미래학자인 짐 데이토 및 토마스 프레이

회를 리더할 대한민국의 역할을 강조하고 있다.

그리고 브루스 존스 브루킹스 연구소 국제 협력센터 소장은 한국이 미래 세계를 주도할 나라가 되어야 하고 그 이유로 '국민성이 열정적이고 근면하다, 미래 교육열이 높다, 디지털 기술력이 뛰어나다, 750만 해외 동포의 네트워크가 강력하다, 인류 공동체 가치와 윤리가 확산되어 있다'를 제시하고 있다.

대한민국 역사상 처음으로 인류와 세상의 미래를 리더할 수 있는 시대가 오고 있는 것이다. 이를 위해서는 대한민국이 미래의 중심이 되도록 할 필요가 있다. 이를 위해 가장 좋은 방법이 대한민국에서 인류와 세상의 미래를 나누고 방향을 설정하며 이를 전 세계로 확산하고 공유해 나가는 것이다.

이런 관점에서 세계 미래 지식을 발표하고 세계가 나아갈 미래 방향을 논의하고 선도하는 미래 리더 국가로서 영향력을 가지는 대한민국을 함께 구현하도록 '세계미래대회' 국내 개최와 '세계미래AI메타도서관' 구축을 적극 추진할 필요가 있다.

세계미래대회(World Futures Congress)
세계미래AI메타도서관(World Futures AI Meta Library)

인류혁명 시대 인간의 확장

인류혁명 시대 인간의 확장

　산업혁명 시대의 철학적 기반이 된 근대 과학 철학자 데카르트의 유명한 명제인 '나는 생각한다, 고로 존재한다'는 인류혁명 시대에 '나는 확장한다, 고로 존재한다'로 바뀌어야 할 것이다.

　미래학자 레이 커즈와일(Ray Kurzweil)의 예측과 같이 챗GPT 인공지능의 공개 이후 인공지능은 발전 속도가 급가속하고 있다. 인류가 빠르게 발전하는 인공지능이 범람하는 시대에도 지구의 주인으로 남고 스스로가 주체가 되어 지속 가능하기 위해서는 인간의 역량이 확장되고 가치를 혁신해야 한다. 과학기술의 발전이 인류의 종말이 아니라 인간의 확장을 통해 인류의 존엄을 강화시키고 인류의 행복을 증진할 수 있도록 새로운 문명대변혁이 필요한 것이다.

1 인류혁명 시대 인간의 인지적 역량 확장

　2005년 필자는 세계미래 콘퍼런스에 참석하였다. 당시 『싱귤래리티가 온다』라는 책을 출간한 미래학자 레이 커즈와일이 인공지능의 미래를 주제로 기조강연을 하였다. 레이 커즈와일은 기조강연에서 2005년 인공지능의

그림 5-1 미래학자 레이 커즈와일의 2005년 기조강연 장면과 필자와의 대화

지능 수준은 벌레와 비슷한 정도이지만 이후 인공지능이 조금씩 발전하면서 2023년이 되면 인간의 지능과 대등해지고 넘어서기 시작할 것으로 예측하였다. 기조강연 후 필자는 레이 커즈와일과 잠시 동안 대화를 나눌 수 있는 기회가 있어 그에게 인류의 미래에 대한 견해를 문의하였다.

그는 기조강연에서 레이 커즈와일 커브라고 명명한 인공지능의 발전 예측 그래프(<그림 5-2>)를 제시하였다. 그는 2023년엔 인간처럼 말하고 인간과 같이 학습하고 인간과 같은 수준의 지능을 가지는 인공지능이 출시될 것으로 예측하였다. 그리고 이후부터 인공지능의 발전 속도가 가속화되면서 2045년이 되면 하나의 인공지능이 전 인류의 지능을 능가하는 특이점(Sigularity)에 도달하게 된다고 하였다.

필자가 문의한 인류의 미래에 대한 질문에 관한 대화에서 그는 특이점(Sigularity)이 도래하기 이전에 인류가 이에 대한 대응책을 성공적으로 마련하지 못하면 인류는 지구 행성 주인의 자리를 인공지능에게 빼앗기고 인공지능의 노예로 전락하거나 종국에는 인류가 소멸될 수도 있다고 경고하였다. 그는 인간의 지능이 확장되는 것이 가능해지고 필요한 시점이 올 것인

그림 5-2 미래학자 레이커즈와일이 2005년 제시한 인공지능의 발전 예측 그래프

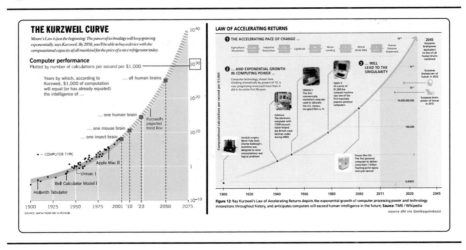

데 이는 새로운 문명대변혁의 시점이 될 것이라고 하였다.

챗GPT-4가 2023년 3월 15일 출시된 이후 인공지능은 인간처럼 말하고 인간처럼 학습하고 GPT-4의 아이큐(지능지수)는 최소 147로 인간의 지능을 넘어서기 시작했다. 또한 모든 인공지능이 일반인들도 쉽게 사용할 수 있도록 범용형으로 개발되고 발전 속도가 가속화되고 있다.

인류가 미래에도 지구의 주인으로 남기 위해서는 급속히 인간의 지능을 넘어서는 인공지능을 컨트롤할 수 있는 역량을 갖추도록 다음과 같이 인류의 인지적 역량을 확장해야 한다.

첫째, 인류는 주체적인 인공지능 활용 지적 역량을 갖추어야 한다. 처음부터 그리고 인공지능이 발전하는 어떤 상황에서도 인공지능을 수단으로 사용하고 인공지능에 의해 주도당하지 않아야 된다.

이어령 전 문화부 장관께서 인공지능이 똑똑해진다고 두려워하지 말라고 조언하며, 말과 달리기 경쟁을 하지 말고 말을 올라타서 부릴 수 있게 되면 말은 본인이 빨리 달려 목적지에 도달하게 도와주는 수단이 되는 것

처럼 인공지능을 주체적으로 잘 활용할 수 있는 역량을 갖추는 것이 필요하다고 말씀하신 바와 같이 인공지능을 주체적으로 활용하는 역량을 인공지능 발전과 함께 지속적으로 확장해야 한다.

조만간 인공지능 활용 지적 역량을 점검하는 AIQ(인공지능 활용 지능지수)가 주요한 역량으로 대두되는 시점이 올 것이다. 국제미래학회도 이러한 미래를 대비하여 누구에게나 주체적으로 인공지능을 활용하는 역량을 갖추도록 지도할 수 있는 '챗GPT 인공지능 지도사 자격 과정'(민간자격 과정: 주무부처-과학기술정보통신부, 주관기관-국제미래학회)을 오랫동안 준비하여 진행하고 있다.

둘째, 인류는 두뇌의 인지적 역량을 확장해야 한다. 인공지능은 인간의 두뇌를 모방한 인간을 닮은 두뇌 지능 시스템이다. 인공지능은 인간의 두뇌에서 특히 인지적 작동 시스템을 파악하고 이를 구현해 나가며 인간을 넘어서고 있다. 인류는 일반적으로 자신의 두뇌를 3~5% 정도를 사용하고 있는데 인공지능은 발전을 통해 그 한도를 계속 넘어설 수 있게 되는 것이다.

인간의 두뇌는 사용할수록 발전한다. 인류는 원시사회 이후 두뇌의 사용이 늘어나면서 지속적으로 인지적 역량이 향상되어 왔다. 인류혁명 시대에 인간의 인지적 역량도 혁신적으로 발전할 필요가 있다. 이를 위해 인류는 두뇌의 인지적 활용을 활성화하고 인지적 활용의 질적 수준을 향상시키고 인지적 활용 범위를 확장해야 한다. 그런데 오히려 인류혁명 시대에 인공지능이 더욱 활성화되면 자칫 인간 스스로 두뇌 활용을 줄이고 인공지능에 의존하여 스스로의 두뇌를 쇠퇴시킬 위험이 있다.

인공지능이 발전하고 도처에 사용될수록 인류는 더욱 창의적이고 주체적으로 두뇌 활용을 더욱 활성화하여 인지적 역량을 강화시켜야 한다.

그림 5-3 인간 두뇌의 인지적 역량 종류

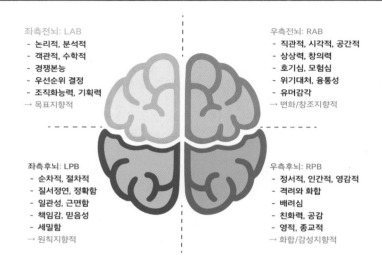

좌측전뇌: LAB
- 논리적, 분석적
- 객관적, 수학적
- 경쟁본능
- 우선순위 결정
- 조직화능력, 기획력
→ 목표지향적

우측전뇌: RAB
- 직관적, 시각적, 공간적
- 상상력, 창의력
- 호기심, 모험심
- 위기대처, 융통성
- 유머감각
→ 변화/창조지향적

좌측후뇌: LPB
- 순차적, 절차적
- 질서정연, 정확함
- 일관성, 근면함
- 책임감, 믿음성
- 세밀함
→ 원칙지향적

우측후뇌: RPB
- 정서적, 인간적, 영감적
- 격려와 화합
- 배려심
- 친화력, 공감
- 영적, 종교적
→ 화합/감성지향적

출처: www.hbbrain.co.kr

　　인간의 두뇌는 다양한 지적 역량을 관장하고 있는바 인류혁명 시대에 이전에 중요한 역량이었던 암기 기억력을 넘어서 논리력, 분석력, 기획력, 직관력, 통찰력, 상상력, 창의력 등의 고차원적 지적 역량을 강화하여 인류의 지적 역량을 확장해야 한다.

　　셋째, 인류혁명 시대엔 과학기술의 발전으로 인간의 두뇌와 인공지능이 연결되어 인간의 두뇌 역량이 확장된다. 특히 뇌파를 이용해 컴퓨터를 사용할 수 있는 인터페이스를 의미하는 BCI(Brain-Computer Interface) 기술과 인간의 두뇌와 유사한 유기체 재질로 만들어지는 인공지능 유기칩(Organic Chip) 기술의 발전으로 인간의 두뇌는 혁명적 증강이 가능해진다.

　　인간의 뇌파로 외부 기기를 조정하는 BCI는 유럽연합의 지원을 받아 독일 뮌헨공대(TUM) 비행시스템역학연구소에서 진행하고 있는 '두뇌비행'(Brainflight)에서도 사용되고 있다. 이 두뇌비행은 조종사가 자신의 뇌파

그림 5-4 BCI로 뇌파로 비행기를 조정하는 두뇌비행 시뮬레이션

출처: www.tum.de

를 감지하는 캡을 통해 조종 장치를 제어한다. 캡에 연결된 전극을 통해 측정된 뇌파 가운데 비행 제어에 필요한 자극만으로 뇌컴퓨터 인터페이스(BCI)를 거쳐 인식되어 조종사의 작동 없이도 비행기가 조정된다.

BCI와 인공지능을 접목하여 인간의 두뇌에 인공지능 칩을 이식하는 임상실험이 이미 시작되었다. 테슬라의 일론 머스크가 소유한 뇌신경과학 기업 뉴럴링크는 2024년 1월 28일 인간의 뇌에 컴퓨터 칩을 이식하는 임상을 시작했다. 이를 통해 생각하는 것만으로 휴대전화나 컴퓨터는 물론 그것들을 통하는 거의 모든 기기를 제어할 수 있게 되었다.

미래엔 인간의 두뇌와 모든 사물에 장착되는 인공지능이 연결되어 두뇌 신경계가 혁명적으로 증강된다. 이를 통해 인류는 생물학적 두뇌와 외부의 인공지능을 통합하여 지적 역량을 혁명적으로 확장하게 될 것이다. 인공

지능 유기칩으로 역량을 이식하여 확장할 수도 있다.

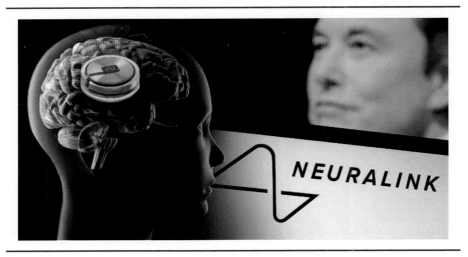

출처: 로이터연합통신(2024.1.28).

    인류혁명 시대 도입기에 인류는 중요한 결정의 기로에 있다. 인공지능을 포함한 과학기술의 발전은 더욱 가속화될 것이다. 이를 올바른 방향으로만 활용되도록 초기에 인류가 함께 노력하고 통제하지 않으면 인류는 인간의 정체성을 읽어 버릴 수도 있고 본인도 모르게 칩이 이식되어 자신의 뜻에 관계없이 범죄의 수단으로 조종될 수도 있다. 종국에는 인류가 인공지능의 노예가 되거나 스스로 자멸하는 최악의 시나리오도 가능해 진다. 인류혁명 시대가 시작되고 있는 시점에 인류의 각성과 대응 노력이 필요하다.

    인류의 지속가능한 미래 방향을 설정하고 인류의 행복한 미래를 위한 지혜를 함께 모색하고 실천하도록 힘을 모으는 세계미래대회가 필요한 이유이기도 하다.

2 인류혁명 시대 인간의 신체적 역량 확장

인류는 오래전부터 자신의 신체적 한계를 인식하고 이를 극복하기 위해 도구를 개발하여 왔다. 수렵시대의 사냥 도구, 농업혁명 시대의 농기구, 산업혁명 시대의 생산 기계 도구, 정보화혁명 시대의 인터넷 소통 공유 도구, 스마트 혁명 시대의 창작 연결 도구 등을 개발하여 인류는 인간의 물리적 신체 한계를 넘어서면서 다양한 활동을 수행하여 왔다.

인류혁명 시대에 인공지능이 모든 곳에 접목되고 만물지능인터넷으로 모든 것이 연결되게 되고 초지능·초연결·초실감이 구현되고 바이오와 나노 과학기술이 급속히 발전하면서 인류는 자신의 신체적 역량을 확장할 수 있게 된다. 인류는 자신의 신체적 역량을 3가지 방식으로 확장할 수 있게 된다.

첫째, 인류는 신체에 웨어러블 기기를 장착함으로써 물리적 신체의 한계를 넘어서 신체적 역량을 확장하게 된다. 인공지능과 나노 기술 및 신재생 에너지 기술이 고도로 발전하게 되면서 인류혁명 시대에 영화 속의 아이언맨이 현실화 될 수 있게 된다.

인간 신체의 물리적 한계 상황을 극복하려는 노력의 일환으로 착용형 로봇인 웨어러블 로봇(Wearable robot)이 오래전부터 연구 개발되어 왔다. 이는 사람의 팔, 허리, 다리 등의 신체 일부 또는 전신에 착용되어 착용자의 근력과 지구력을 도와 신체적 역량을 확장시킨다. 초기엔 하지마비 장애인을 위한 웨어러블로봇, 워크 온 슈트가 개발되었다. 점차 장애가 없으나 근력이 약화된 노약자용, 자세 교정용, 군인용, 소방대원용 등 활용 분야가 확대되고 있다.

그림 5-6 CES2024에서 혁신상을 받은 웨어러블 로봇 슈트

출처: 휴로틱스.

 그림 5-7 영화 아이언맨 웨어러블 슈트

출처: 영화 아이언맨.

인류혁명 시대에 인공지능과 나노 기술과 신재생 에너지 기술이 고도화되어 적용된 웨어러블 로봇과 슈트, AI 근육 옷감 같은 장착 기기는 더욱 정교화 된다. 사용자의 활용 용도와 특성에 맞게 개인 맞춤형으로 제작되어 옷 등에 부착되어 사용자의 의도를 신속하고 정밀하게 파악하여 자연스럽게 보조하면서 사용자의 신체적 역량을 크게 확장할 수 있게 도와준다. 점차 아이언맨이 현실화 되고 있다.

둘째, 인류는 고도화된 인공지능과 바이오와 나노 기술로 자신의 생물학적 두뇌와 신체 역량을 강화하여 확장시킬 수 있다. 영화 캡틴 아메리카의 주인공은 빈약한 신체 조건을 가졌지만 혈청 주사를 맞고 10배 이상 강화된 근력과 체력을 갖춘 건강한 슈퍼군인으로 재탄생했다.

실제로 프랑스 군 윤리위원회는 자국 군대에 각종 이식기술, 생체공학을 이용해 일반 군인보다 신체적, 인지적, 지각적, 심리적 능력이 월등한 '강화 군인(Enhanced soldiers)'을 개발, 양성할 수 있는 권한을 승인했다. 일명 '생체공학 군인(Bionic soldiers) 프로젝트'를 허용한 것으로 이에는 전투 현장에서 겪는 고통이나 스트레스, 졸음, 피로 등에 대한 저항성을 키우는 기술, 청력과 시력을 크게 높이고 통신 장비 없이도 병사 간 소통이 가능한 기술, 마이크로칩을 뇌에 이식해 전투에 필요한 지능을 향상시키는 기술을 포함하고 있다.

펜실베이니아대 의과대학 미생물학과 크리스토프 타이스(Christoph Thaiss) 교수가 이끄는 연구팀은 장내 두 개의 미생물이 사람의 운동 욕구를 증가시킬 수 있음을 발견했다. 두 특정 박테리아를 통해 운동할 때 도파민을 더 분비해 운동하려는 욕구를 강화시키고, 운동능력도 향상시킬 수 있게 된다.

그림 5-8 프랑스 슈퍼군인 예상 능력

출처: 동아일보(2020.12.11.).

 그림 5-9 영화 캡틴 아메리카 주인공

출처: 영화 캡틴 아메리카.

인류혁명 시대엔 먼지보다 작아진 인공지능을 장착한 나노 생체 로봇이 인간의 몸에 이식되어 인간은 더 멀리 보고, 더 강하게 되고, 더 빨리 가는 신체적 역량의 확장이 일어난다.

셋째, 인류는 훼손되었거나 노화된 신체를 인공지능이 장착된 첨단 바이오 기기로 교체하여 신체적 역량을 더욱 확장할 수 있게 된다. 1970년대 전 세계에서 인기리에 방영되었던 미국 드라마 '6백만불의 사나이'의 주인공은 전직 우주비행사인 공군 테스트 파일럿이었다. 그는 비행중 사고로 한쪽 눈과 한쪽 팔 그리고, 양다리를 잃어 수술을 받은 후 사이보그가 되고 OSI 요원이 된다. 이후 그의 눈은 20배 줌, 열 감지 센서, 야시(夜視) 능력을 갖게 되고 팔은 불도저급의 파워를 보유하고 손끝에도 센서가 있어 회로 검사기 기능을 할 수 있게 된다. 그의 다리는 주행 속도 시속 96km로 달릴 수 있고 엄청난 점프 능력을 갖게 신체가 확장된다.

◎ 그림 5-10 미국 드라마 600만불의 사나이

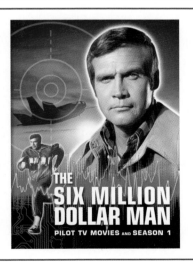

출처: 위키피디아.

그림 5-11 인공지능 의족으로 요가하는 모습

출처: 레오 니 XC.

당시엔 꿈처럼 여겨졌던 드라마의 내용이 실제로 구현되어 가고 있다. 현재도 코클리어 임플란트로 청각 장애인에게 소리를 듣게 해주고, 인공망막으로 실명한 사람들이 다시 볼 수 있게 도와준다. 의족이나 의수와 같은 고급 프로테제는 절단된 사지를 가진 사람들에게 자연스러운 움직임을 제공하며, 심지어 그들의 원래 기능을 뛰어넘는 능력을 부여하기도 한다.

인류혁명 시대에 인공지능과 바이오 기술의 혁신적 발전으로 인간의 거의 모든 신체는 인공장치나 인공장기로 교체 가능하게 되어 이전보다 신체적 역량이 강화될 수도 있게 된다. 이로 인해 질병이나 사고로 훼손되거나 노화되는 신체는 첨단 인공장치나 인공장기로 교체되어 신체적 역량이 확장될 수 있다.

인공지능과 인간 뇌세포를 결합한 사이보그 두뇌도 개발될 것이다. UIB(인디애나대학교 블루밍턴 University of Indiana Bloomington)팀은 "브레이노웨어 Brainoware"라고 불리는 뇌 유기체와 AI를 결합한 새로운 바이오하이브리드 두뇌컴퓨터를 개발하였다. 인간의 손상된 두뇌 기능도 줄기세포로 배양된 바이오 AI두뇌로 일부 교체될 수도 있게 될 것이다.

인류혁명 시대 가속 발전하는 인공지능과 바이오 및 나노 기술의 고도화로 인간의 신체적 역량은 획기적으로 확장될 수 있다. 이를 통해 인류는 장애를 극복하고, 인간의 능력을 넓혀 한계를 극복하고, 우리의 삶의 질을 향상시킬 수 있는 기회가 될 수도 있다.

그런데 한편으론 이는 윤리적, 법적, 그리고 사회적 문제를 야기한다. 과학기술의 발전으로 인간의 신체를 인위적이고 인공적인 방법으로 변형과 교체 가능하게 됨으로써 인간의 정체성에 대한 논란과 범죄로 악용 가능성 및 사회적 불평등이 심화될 수 있다.

인류혁명 시대에 과학 기술이 가져올 이러한 변화를 신중하게 고려하고, 이로 인한 책임을 인식하면서, 인간 존재의 본질과 인류의 올바른 미래를 위한 방향을 세계가 함께 모색하고 실천을 위한 지혜를 나누어야 한다.

3 인류혁명 시대 인간의 감성적 역량 확장

인류는 이성보다는 감성에 의해 움직인다. 감성은 인류에게 희비애락(喜悲哀樂)을 느끼게 해주고 감동을 주어 행동으로 옮기게 해준다. 인류혁명 시대에 초지능·초연결·초실감이 구현되면서 감성의 역할과 힘은 더욱 강화된다.

인류의 감성적 역량은 오감과 창작으로 표현된다. 미래학자이자 미디어학자인 마샬 맥루한의 '미디어는 인간의 확장이다'라는 경구처럼 인류혁명 시대의 인류는 인공지능과 바이오와 나노 및 실감 미디어의 발전으로 감성적 역량도 확장되고 있다.

인류혁명 시대에 인류의 감성을 이해하고 전달하는 오감이 확장된다. 인류의 시각은 스마트 안경과 렌즈로 현실의 영역에서도 증강된 새로운 세상을 보게 하고 디지털 세상을 생생하게 보게 확장된다. 인류의 청각은 첨단 이어폰으로 초극소음에서 초극대음까지 듣고 영역을 확장하게 된다. 인류의 촉각은 햅틱 등의 발전으로 가상공간의 사물까지 만지고 느낄 수 있게 확장된다. 인류의 후각도 미세한 냄새까지 구분하고 향기도 전달할 수 있는 첨단 기기로 확장되고 있다. 또한 인류의 미각도 섬세한 맛을 느끼고 보여주는 첨단 기기로 확장되고 있다. 인류혁명 시대 이처럼 인류의 감각이 확장되면서 이를 통해 표현되고 전달되는 감성의 높이와 깊이도 더욱 확장된다.

◎ 그림 5-12 인간 촉각의 확장 사례(영화 마이너리티 리포트)

출처: 영화 마이너리티 리포트 사이트.

인류혁명 시대 인류는 그동안 자신의 생각과 상상을 감성적으로 표현하는 창작 예술의 진입장벽이 높아 일반인들은 감성을 표현하고 전달하는 역량을 갖기 어려웠다. 그런데 챗GPT 이후 생성형 인공지능이 급속히 발전하면서 인류는 자신의 생각과 상상을 창작 예술로 표현하는 감성적 역량을 확장하게 되었다.

인류혁명 시대 챗GPT와 생성형 인공지능 그리고 실감미디어의 발전으로 누구나 자신의 감성을 표현하는 다양한 창작 활동을 할 수 있는 역량을 갖게 된다. 자신의 생각과 상상을 창의적인 글, 시, 소설, 그림, 동영상, 아바타 영상, 웹진, 웹툰, 작사, 작곡, 노래하기 등 다양한 창작 예술을 통해 감성을 표현할 수 있는 역량을 갖게 된다.

인류혁명 시대 이전에는 하나의 창작 영역에 입문하기에도 수많은 시간과 노력이 필요하고 스스로 감성적 역량에 대한 부족을 실감하며 엄두도 나지 않았던 다양한 창작 방식으로 감성을 표현할 수 있게 된다. 필자도 오랜 기간 동안 염원했던 시쓰기, 그림 그리기, 작사와 작곡 및 노래하기를

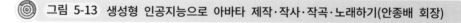
그림 5-13 생성형 인공지능으로 아바타 제작·작사·작곡·노래하기(안종배 회장)

챗GPT와 인공지능의 도움을 받아 저의 생각과 전하고자 하는 메시지를 감성적으로 표현하고 발표할 수 있는 체험을 계속하면서 감성적 역량을 확장해 나가고 있다.

4 인류혁명 시대 인간의 연결 역량 확장

인류는 소통하고 연결하기 위해 끊임없이 노력하여 왔다. 수렵혁명 시대는 구전과 벽화로, 농업혁명 시대에 문자와 종이로, 산업혁명 시대에는 미디어와 전파로, 정보화혁명 시대에는 인터넷과 컴퓨터로, 스마트 혁명 시대에는 모바일 인터넷과 스마트폰으로 세상과 소통하고 연결을 발전시켜 왔다.

인류혁명 시대에 인공지능이 접목된 만물지능인터넷으로 모든 것이 연결되게 되고 초지능·초연결·초실감이 구현되고 생체 인터넷, 우주 인터넷, 두뇌 인터넷 등이 급속히 발전하면서 이제 인류는 스스로의 연결 역량을 획기적으로 확장할 수 있게 된다. 인류는 자신의 소통과 연결의 욕구의 구현을 3가지 형태로 확장할 수 있게 된다.

첫째, 인류혁명 시대에 인간과 인간 사이의 연결이 확장된다. 인류혁명 시대에 인공지능 등 과학기술이 발전하고 디지털 세상이 일상화되어 감에 따라 인류는 오히려 사람 간의 소통 강화를 통한 관계를 활성화시키기 위해 인간과 인간 사이의 연결을 확장하기 원한다.

이를 위해 소셜미디어는 더욱 현존감 있게 고도화되어 사람 간의 소통과 관계를 강화시키게 된다. 물리적 현장에서의 모임이 소셜미디어 모임으로 자동으로 형성될 수 있도록 설정할 수 있고 이를 통해 현실 모임과 디지털 모임이 동기화되면서 양 모임을 공히 활성화시켜 더욱 소통과 관계를 강화시킬 수 있도록 인간간의 연결이 확장된다.

또한 텔레파시(Telepathy) 기술이 발전되면서 전 세계에 떨어져 있는 친지와도 언제나 소통과 감정을 교류하면서 관계를 강화시킬 수 있게 두뇌를 통한 인간과 인간 사이의 연결이 확장된다. 뇌공학 및 뇌파와 두뇌 인터넷 기술을 활용하여 뇌에서 메시지를 읽어 내는 BCI(Brain Computer Interface) 기술과 전달받은 메시지를 뇌 속에 집어넣는 CBI(Computer Brain Interface) 기술이 융합되어 두뇌와 두뇌가 연결되어 소통하게 하는 BBB(Brain Brain Interface) 기술이 발전하면서 텔레파시를 통한 관계 강화로 인간과 인간 사이의 연결이 확장된다.

그림 5-14 두뇌인터넷 활용한 텔레파시 소통과 연결

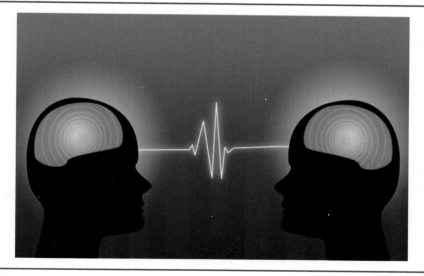

출처: LG CNS Blog.

둘째, 인류혁명 시대에 인간과 만물 간의 연결이 확장된다. 인류혁명 시대엔 인공지능과 나노 기술의 발전으로 인공지능은 먼지보다 작은 곳에도 접목된다. 이로 인해 모든 사물에 인공지능이 장착된 지능형 인터넷이 연결되는 만물지능인터넷(Artificial Intelligent of Everything, AIoE)이 구현된다. 또한 인체매질통신 및 생체인터넷(Internet of biometry)과 두뇌인터넷의 발전으로 인간과 만물 간의 연결이 확장된다.

인간의 몸에 부착하는 옷이나 신발, 시계 또는 안경과 같은 곳에 지능형 인터넷이 장착되거나 먼지보다 작은 AI나노인터넷이 인간의 몸에 이식되거나 인체 무해한 알약으로 장기에 장착되게 하여 세상의 모든 만물과 연결되어 소통하고 조정할 수 있게 된다.

또한 인간은 사물의 연결은 물론이고 주거 공간과 도시와도 연결된다. 인류혁명 시대의 모든 주거공간 및 아파트와 도시는 지능형 스마트 주거 공간 및 스마트 아파트와 지능형 스마트 도시로 건설된다. 이곳에 만물지능인터넷이 모든 시설에 기본적으로 장착되게 되면서 인간은 인터넷으로 주거 공간 및 도시로 상호 소통하고 개인 맞춤으로 조정할 수 있도록 연결된다.

이를 통해 스마트 지능형 홈 네트워크, 스마트 지능형 자율주행과 주차, 스마트 지능형 원격 의료, 스마트 지능형 워크, 스마트 지능형 생산, 스마트 지능형 교육, 스마트 지능형 에너지 발전, 스마트 지능형 유통 등과 인간의 연결이 확장된다.

셋째, 인류혁명 시대에 인간과 시공간의 연결이 확장된다. 인류혁명 시대는 초지능·초연결·초실감이 구현되면서 물리적 세상과 디지털 세상이 자유롭게 교류하고 융합되어 하나의 세상이 된다. 물리적 공간의 생물학적인 나와 디지털 공간의 디지털 휴먼인 나는 연결되어 하나가 된다. 이를 통해 '나'라는 인간 존재는 시공을 초월하여 존재할 수 있게 된다.

◎ 그림 5-15 인간과 만물 간의 연결 확장

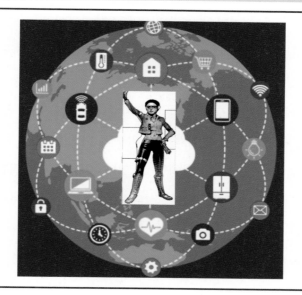

예를 들어 인류혁명 시대에 나는 실제 제주도의 미래창의연구원이라는 물리적 현장에 있으면서 10,000Km 이상 떨어져 있는 뉴욕의 콜롬비아 대학의 미래 콘퍼런스의 연단에 올라가 인류의 행복한 미래를 위한 한국의 역할에 대해 주제발표할 수 있다. 홀로그램 초실감 영상이나 디지털 휴먼 초실감 영상이 제주도의 '나'와 뉴욕의 '나'를 인공지능으로 초실감나게 실시간 연결하여 마치 뉴욕 콘퍼런스 현장에 내가 현존하는 것과 같이 자연스럽게 주제발표를 할 수 있게 된다. 영화 킹스맨의 원격회의처럼 각국 현지에 있는 대표들이 콘퍼런스에 홀로그램이나 디지털 휴먼 초실감 영상으로 콘퍼런스 현장에 참석하여 현실처럼 진행할 수 있게 된다.

더구나 언어도 한국어로 진행되는 주제발표가 50개국에서 온 모든 참석자의 인공지능 이어폰으로 선택된 자국어로 자동 동시 통역되고 질문과 대답도 자국어로 하면서도 자동 동시 통역되어 전혀 언어에 대한 불편함이 없이 국제 콘퍼런스가 진행된다.

그리고 인공지능 기반의 메타버스와 소셜미디어 디지털 공간에 나의 디지털휴먼 또는 아바타가 물리적 현실의 나와 접목되어 자연스럽게 소통하며 다양한 활동을 현실처럼 진행한다. 예를 들어 디지털공간에서 개최되는 AI메타미래회의에 전 세계 80개국의 차세대 리더들이 각각 자국에 있으면서도 디지털휴먼으로 함께 참석하여 지구의 미래에 대한 주요 의제에 대해 토론하며 회의를 현실처럼 진행할 수 있다. 이때도 디지털휴먼의 언어는 각국의 언어로 자동 동시통역되어 전혀 불편함이 없이 세계회의를 진행할 수 있다.

인류혁명 시대에 고도화되는 인공지능과 초고속화되는 만물지능인터넷, 초실감화되는 디지털공간으로 인류는 언어의 장벽을 넘어서고 공간의 한계를 초월하여 인간이 연결되는 시공간 영역이 지속적으로 확장된다.

◎ 그림 5-16 영화 킹스맨에서 현실처럼 초실감 홀로그램으로 참석하여 진행하는 원격회의

출처: 영화 킹스맨.

인류혁명 시대는 인류의 지적 역량이 확장되고, 인류의 신체적 역량이 확장되고, 인류의 감성적 역량이 확장되며, 인류의 연결 역량이 확장된다. 이전의 문명대변혁은 인간 환경의 변혁이 중심이었으나 인류혁명 시대는 인간 자체가 변혁하는 것이다. 이를 통해 인류의 역량이 바뀌고 인류의 역할이 바뀌며 인류의 활동 범위가 바뀌고 인류의 존재 가치가 바뀐다.

인류는 인류의 미래를 위해 중요한 기로에 있다. 현재 우리의 결정이 인류의 미래를 결정하는 시점이다. 인류의 존엄성을 지키고 인간다움을 유지하고 인류가 주체가 되어 지구의 주인으로 지속 가능하게 되기 위해서 현재 우리의 선택이 중요하다.

인류혁명 시대에는 더욱 인간의 존엄성을 중시하고 인간다움을 유지하는 인성과 인류 공동체 가치를 추구하는 영성이 더욱 중요하게 된다. 인류혁명 시대는 따뜻한 휴머니즘이 인류의 미래를 위해 부각되는 새로운 르네상스 문명대변혁의 시대가 되어야 한다.

CHAPTER
06

인류혁명 시대 인간 존엄성 강화

1. 인류혁명 시대 New 르네상스 휴머니즘

2. 인류혁명 시대 창의적 인성의 중요성과 강화

3. 인류혁명 시대 영성의 중요성과 강화

인류혁명 시대 인간 존엄성 강화

그동안 인류 역사는 인간의 존엄성을 강화시키는 방향으로 진행되어 왔다. 인류의 정치 체제도 이에 따라 주술을 관장하는 주술사 중심의 정령 주의에서 신을 대리하는 제사장 중심의 신권주의, 인간 중 선택된 한 명의 왕에게 절대 권력을 부여한 왕권주의, 왕의 권한을 영주들과 일부 나누는 봉건영주주의를 거쳐 시민의 대표로 선발된 대표자가 중심으로 부각된 대의의회주의와 시민이 주요 의사 결정에 자주적으로 참여하는 참여민주주의를 구현하면서 특권층을 넘어 인류 모두의 권한과 인간으로서 존엄성을 높이는 방향으로 변화 발전하여 왔다.

그런데 한편으론 물질중심주의와 인간을 자신의 목적을 달성하기 위한 수단으로 보는 특정 세력에 의해 인간의 존엄성이 침해당하여 왔다. 더구나 코로나19로 인류의 보편적 인간 존엄성보다 국가의 공권력이 우선시되고 자국의 이익이 우선되는 경향이 나타났다.

더구나 생산성 향상을 통한 이윤 극대화를 지향하는 서구 자본주의 체제에서 인공지능의 등장은 인간의 존엄성을 근간에서부터 도태시키고 인류의 존립 자체를 위험케 하는 미래로 치달을 위험성이 있다.

그동안 인간의 존엄성을 향상시키려 노력해 온 인류의 노력을 헛되지 않게 하고 미래에 인류의 행복 증진과 지구가 지속가능하도록 하기 위해서는 새로운 문명대변혁인 인류혁명이 인간의 존엄성을 강화하는 방향으로 진행되어야 한다.

1 인류혁명 시대 New 르네상스 휴머니즘

'너 자신을 알라'라는 명제로 소크라테스(BC 469~399)는 본격적으로 인간 사유의 중심 대상을 신과 자연에서 인간 내면으로 옮겨 놓았다. 그의 인간중심주의, 즉 휴머니즘(Humanism)이 유럽을 휩쓴 흑사병 이후 2,000년이 지나 '르네상스(Renaissance)'라고 불리는 문예부흥으로 14세기부터 16세기 사이 이탈리아를 중심으로 서유럽 여러 나라에서 일어났다. 당시 초기 기독교와 달리 로마 카톨릭의 권위적 신과 교황 중심 교리로 인해 격하되었던 인간의 존엄성을 중시하는 방향으로 새로운 문명적 사조가 출발하게 된 것이다.

인간 중심의 휴머니즘 정신은 1510년 르네상스를 대표하는 화가 라파엘로 산치오가 성베드로 성당에 그린 '아테네학당'에 소크라테스를 비롯한 50명의 그리스 소피스트 철학자들이 등장하는 것처럼 르네상스로 다시 부흥하게 되었다. 이 그림은 신격화되었던 교황과 권위적인 교회가 인간을 위한 휴머니즘 정신과 만나는 르네상스를 상징한다.

인간의 존엄성을 중시하고 이성과 인성을 비롯한 인간성을 최대한 발현시키려는 르네상스는 이후 종교개혁과 산업혁명의 정신적 사조가 되었고 세계 문명의 주도권이 동양에서 서양으로 옮겨지는 계기가 되었다. 이후 과학기술·정치·경제·사회·문화·교육·종교 등 모든 분야에서 서구가 인간

그림 6-1 르네상스 화가 라파엘로 산치오가 성베드로 성당에 그린 '아테네학당'

출처: 위키피디아.

의 존엄성 강화와 인간성 발현의 중심으로 하는 정신적 리더십을 가지고 인류의 문명을 주도해 왔다.

그러나 이러한 서구의 휴머니즘 정신은 이기적 물질주의와 과학기술 만능주의로 20세기 이후 지속적으로 약화되었다. 이러한 결과 인류는 1·2차 세계대전을 겪었고 지구 환경은 계속 훼손되어 기후변화는 어느덧 기후위기를 넘어 기후재앙으로 인류의 생존을 위협하게 되었다.

이러한 후유증으로 인류는 코로나19 팬데믹을 맞이하게 되고 전 세계가 공포와 인류의 환경 훼손에 대한 책임과 새로운 문명적 각성을 느끼게 되었다. 2020년 코로나19 팬데믹 초기에 필자가 예측하여 주요 언론에 인터뷰한 것처럼 인류는 다시 한 번 휴머니즘을 강화하는 New 르네상스가 부흥할 필요성을 느끼게 되었다.

그림 6-2   코로나19팬데믹 직전과 1년 후 로스엔젤레스 도시 환경 모습

출처: https://www.unnibege.co

　　더구나 2022년 12월 1일에 출시된 챗GPT 이후 인공지능의 발전 속도
가 가속화되고 2024년 1월 인공지능 내장 스마트폰이 출시되어 폭발적인
인기를 얻는 등 인공지능이 모든 곳에 접목되어 세상을 바꾸어 가고 있다.
2030년 이전에 세상의 모든 곳에 인공지능이 장착되고 2040년 전에 인간보
다 모든 면에서 뛰어난 인공지능이 개발될 것으로 예측된다.

　　자칫하면 점차 인간보다는 인공지능에 의존하고 인간이 인공지능에게
대체되며 인간은 점차 소외되고 인간은 역할이 없어져 인간의 존재 자체가
위협받는 상황까지 내몰릴 수도 있다.

　　이에 인류혁명 시대에 인간 중심의 휴머니즘 정신을 부흥하는 New 르
네상스가 필요한 것이다. 어떤 상황에서도 인간이 주체가 되고, 인간이 주도
하며, 인간성이 구현되고 인간의 존엄성이 강화되는 따뜻한 휴머니즘이 중
심이 되도록 인류의 미래 방향과 세계의 미래 정책이 공히 설정되어야 한다.

대한민국은 5천년 이상 수많은 시련 속에서도 홍익정신이라는 인간존중과 인류 공동체의 미래를 중시하는 휴머니즘을 유지해 오고 있다.

이처럼 인류혁명 시대에 필수적이고 중요한 휴머니즘 정신을 대한민국은 유전적, 문화적, 역사적 DNA로 가지고 있기에 오늘날 K-문화와 K-디지털을 위시한 많은 곳에서 저력을 발휘하고 있다.

이제 대한민국이 인류의 미래와 지구의 지속가능을 위해서라도 미래 세상의 주도적 역할을 감당해야 한다. 이는 대한민국에게 주어진 시대적 사명이자 대한민국의 발전을 위한 엄청난 기회이다.

2 인류혁명 시대 창의적 인성의 중요성과 강화

인간의 존엄성은 인간의 생명을 무엇보다 귀히 여기고 인격적으로 상호 존중하며 사회 속에서 개인의 존재 가치가 인정될 때 강화된다.

인류 사회는 개인과 국가 이기주의 확산과 가속화되는 기후위기 및 급속한 인공지능의 발전과 파급으로 자칫 잘못하면 인간의 생명이 위협당하고 인격이 무시되며 인간의 존재 가치가 소멸되는 위기 상황으로 치달을 수 있다.

이를 극복하기 위해 인류혁명 시대엔 창의적 인성이 강화되어야 한다. 이는 인류의 내면에 있는 자아실현과 초월의 욕구를 구현하는 것이기도 하다. 인류의 주요 특성이자 미래 사회 핵심 역량인 창의성이 발휘되고 인성이 강화될 때 인류는 인간의 존엄성을 지키면서 행복한 인류 공영의 미래를 만들어 갈 수 있게 된다.

인류혁명 시대에 인공지능으로 대체할 수 없는 새로운 가치를 만들어 내는 창의성과 타인과 협력하는 인성이 경쟁력을 좌우하는 시대가 된다. 이를 통해 인류는 상호 생명과 인격을 존중하며 존재 가치를 높일 수 있게 되고 인류 공동체 의식과 행복한 사회를 만들어 갈 수 있게 된다.

창의성은 인간의 근원적 특성으로 독창적이고 차별적이며 융합적 사고를 통해 새로운 결과물을 산출할 수 있게 한다. 창의성은 인성의 핵심이기도 하다. 창의성은 근원을 통해 새로운 변화를 이끌어 내면서 고유한 자아 정체성을 만들어 내고 자신의 존재 가치를 높여 인성의 기반이 된다.

인성은 인간성을 지키는 등불이다. 인류가 인간의 존엄성을 주장하는 근거이다. 인성이 없다면 인간은 다른 동물이나 미래의 인공지능과 구분되기 어렵다. 인성을 통해 인간과 인간의 조화로운 관계, 인간과 자연의 조화로운 관계, 인간과 사회의 조화로운 관계가 가능해진다. 바른 인성의 덕목으로 생명 존중과 상호 존중, 가족과 이웃 사랑, 배려와 예절, 정직과 책임, 배려와 나눔, 소통과 협력 등이 중요하다.

인성은 인종, 나이, 남여에 무관하게 모든 인간에게 본질적이며 공통적이다. 인성을 갖춤으로서 인간은 인격적으로 존중받을 수 있다. 축구선수 손흥민은 뛰어난 축구 실력과 성적뿐만 아니라 인정 많고 배려심이 깊은 따뜻한 인성으로 축구계를 넘어 세계인의 찬사를 받고 있다. 손 선수의 부친 손웅정 씨가 훌륭한 선수가 되려면 축구 기술과 함께 인성부터 제대로 갖춰야 된다고 아들을 가르친 결과이다.

인류혁명 시대에 인간과 인공지능이 동거하는 시대가 다가오고 있다. 인공지능을 장착한 로봇이 인간보다 힘이 세고 더 지능적이다. 그러나 인공지능이 인간성의 핵심인 인성까지 발휘할 수는 없다. 인류혁명 시대에 첨단

그림 6-3　카타르월드컵에서 부상 투혼중인 손흥민 축구 국가대표

출처: 대한축구협회.

과학기술이 고도화될수록 인간만의 고유한 역량과 매력이 더 중요해진다. 창의적 인성이 인류혁명 시대의 경쟁력이고 인류의 미래를 위한 핵심이다.

　　미래학자들은 한국민의 창의적 인성을 주목해 왔다. 한국의 초기 발전에 큰 영향을 준 세계적인 미래학자 허먼 칸(Heraman Kann)도 한국인의 기저에 흐르는 창의성과 인성을 높이 인정하면서 1970년대에 이미 대한민국이 미래사회의 선도 국가가 될 것이라고 예측하였다.

　　조선시대의 유명한 학자 추사 김정희는 제주도 유배 시절 동안 향교에서 학생들을 가르쳤는데 그곳을 '의문당'이라 명명하고 스스로 현판 글씨를 썼다. 유학을 통해 인간의 삶의 윤리인 인성을 가르치면서 학생들에게 항상 의문을 가지고 창의적으로 생각하는 것의 중요성을 강조하였던 것이다. 이처럼 인류혁명 시대에 더욱 중요해지는 창의적 인성은 한국의 경쟁력이기도 하고 이를 글로벌화해야 할 필요가 있다.

　　인류혁명 시대에 인공지능을 비롯한 과학기술이 더욱 발전하고 우리 삶의 모든 영역에서 인공지능 로봇이 일상화되어 갈 것이다. 이럴수록 창의

그림 6-4 추사 김정희의 '의문당'과 국제미래학회 추사미래창의캠퍼스(의문당 앞)

적 인성은 더욱 중요해지고 인류의 행복한 미래를 위해 절실해진다. 이어령 전 문화부 장관은 인공지능이 발전할수록 지식과 지능은 인공지능을 활용하면 평균화되고 대체될 수 있지만 인간의 사랑을 담은 창의적 인성은 더욱 가치를 발하고 중요해진다고 역설하였다.

인류혁명 시대에 창의적 인성을 통해 인공지능이 아무리 발전해도 인간을 중심에 두고 인간이 주도적인 주체가 되며, 인공지능은 인간을 돕는 협력 수단으로 활용될 것이다. 창의적 인성으로 도덕성 회복, 따뜻하고 성숙한 인간관계, 자연 친화적 환경 관계, 정직하고 정의로운 세계 평화를 지향하여 인간의 존엄성을 강화하고 인류 공영을 구현해 나가야 할 것이다.

3 인류혁명 시대 영성의 중요성과 강화

'저희 인공지능이 아무리 발전해도 영원히 인간을 따라갈 수 없는 영역이 있습니다. 그것은 바로 영성입니다' 최첨단 인공지능이 인간과의 대화에서 스스로 밝힌 의견이다.

인공지능이 발전할수록 '인간의 인간다움은 무엇이며, 인공지능과 인간을 구분하는 기준은 무엇일까?'에 대한 의문과 관심이 많아지게 된다. 챗GPT 인공지능 이후 그동안 인간만의 고유 영역이라도 여겼던 창작물 생성과 감정 표현까지 인공지능이 갖추게 될 수 있음을 알게 되면서 이러한 질문에 더욱 관심을 가지게 된다. 인공지능과 인간을 구분하는 대표적인 기준에 대한 대답을 아이러니하게도 인공지능이 '영성'이라고 제시하고 있다.

2,600년 소크라테스도 영성을 통해 인간의 존엄성과 지혜로운 창조적 인성이 완성된다며 그 중요성을 제자들에게 다음과 같이 강조하였다. "그러니 자신을 알라고 명하는 자는 우리에게 영성(영혼)을 알라고 시키는 걸세. 자신을 알려면, 영성을 들여다봐야 하고, 무엇보다도 영성의 훌륭함, 즉 지혜가 나타나는 영성의 영역을 들여다봐야 하네."

영성의 사전적 의미는 인간의 삶의 가장 높고 본질적인 부분으로 진정한 자기 초월을 향하며 본질적으로 인간의 역동성을 통합하려는 고귀하고 높고 선한 것을 추구하는 삶의 실제이다. 즉 영성은 영적 존재 인식을 기반으로 정신과 신체를 포괄하는 능력으로서 자기를 초월하여 절대적인 의미와 고귀한 가치를 내면의 궁극적 목표로 추구하는 의식인 것이다. 이처럼 인공지능이 아무리 발전해도 인간을 따라올 수 없는 영역이 바로 '영성(Spirituality)'인 것이다.

많은 미래학자들도 21세기에는 영성의 시대가 올 것이라고 예측하였다. 미래학자 엘빈 토플러는 "21세기는 이윤 추구 지상주의, 물질만능주의가 아닌 새로운 물결인 '영성의 시대'로 패러다임이 바뀌고 있다."라고 진단하였다. 미래학자 워싱턴대 윌리엄 교수는 "2020년에 정보화 시대는 끝나고 지식 이상의 가치와 목표를 중시하는 영성 시대가 올 것"이라 예측했다. 미래학자 패트리셔 애버딘은 그의 저서 『메가트렌드 2010』에서 "21세기는 이윤 추구 지상주의, 물질만능주의가 아닌 영성의 시대가 온다"라고 단언했다.

세계미래협회(World Future Society)에서도 미래사회는 영성(spirituality)이 화두로 떠오르게 될 것이며, 영성의 시대가 열릴 것이라고 전망한 바 있다. 미래학자 존 나이스비트(John Naisbitts)는 "미래를 살아가기 위해서는 우리는 영성을 키워야 한다. 영적인 인물이 세상을 주도할 것이다."라고 예측했다. 많은 미래학자들이 미래사회는 영성이 중요해지며 영성이 미래 인재의 핵심 역량이 될 것이라고 예측하고 있다.

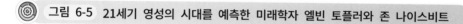

◎ 그림 6-5 21세기 영성의 시대를 예측한 미래학자 엘빈 토플러와 존 나이스비트

특히 미래학자 존 나이스비트는 미래사회의 영성은 종교에만 국한된 것이 아니라며 모든 인간에게 보편적으로 내재된 인간 핵심 특성의 하나로서 미래 인재의 핵심 역량으로 부각될 것이라고 전망하고 있다. 미래사회에는 영성 역량을 함양하는 것이 중요하며 이러한 영성 역량을 측정하는 영성지수, 즉 SQ(Spiritual quotient)도 개발되고 있다.

한편 호든(Howden) 교수는 영성 역량의 구성요소를 조화로운 상호관계, 초월성, 통합에너지, 삶의 의미와 목적 네 가지 요소로 구분하였다. 즉 첫 번째 요소는 개인이 자신을 비롯하여 타인, 자연, 그리고 상위의 초월적 존재와 조화로운 관계를 맺는 상호관계, 두 번째 요소는 자신과 타인, 그리고 상위의 초월적 존재를 포함한 관계 속에서 일상적 경험의 한계를 뛰어넘어 새로운 관점에 접근할 수 있는 초월성, 세 번째 요소는 개인이 자신의 힘과 내적 자원을 통합하여 자신을 성장 및 변화시키고 내적 평화를 유지할 수 있는 통합에너지, 네 번째 요소는 개인이 자신의 삶에 목적과 의미를 부여하는 고귀한 가치를 형성하고 도덕적 행위와 목적지향적인 삶을 살아가는 것을 영성 역량으로 제시하였다.

또한 에몬스(Emmons) 교수는 영성의 능력으로 신체적, 물질적인 것을 초월할 수 있는 능력, 일상적 경험을 신성한 것으로 여기는 능력, 문제해결을 위해 영적 자원을 활용할 수 있는 능력이라고 제시하고 있다.

산업혁명 시대는 표준화되고 규격화 정형화된 매뉴얼을 가장 충실히 빠른 시간에 기억하여 활용하는 인지능력이 중요하여 이를 측정하는 지능지수 IQ(Intelligence quotient)가 개발되고 지능지수가 높은 사람이 최고 인재로 대우받았다.

그러나 정보화혁명 시대 이후 사회는 상사나 동료, 부하직원 간의 원만한 관계 유지와, 자신과 다른 사람의 감정을 이해하는 감성 지수 EQ(Emotional Quotient)도 높을수록 긍정적이고 대인관계가 원만하며, 창조적 문제 해결 능력을 갖춘 것으로 중요시 되고 있다.

또한 상대방의 감정을 잘 이해하고 다른 사람들과 원만하게 잘 어울려 인간관계를 폭넓게 잘 유지하고 운영하는 능력을 나타내는 네트워크 지수 또는 공존지수 NQ(Network Quotient)가 인재 역량에 추가되었다.

그런데 인류혁명 시대 미래사회에서는 이상의 지수보다 중요한 인재 역량으로 영성지수 SQ(Spiritual quotient)가 최근에 부각되고 있다. 이처럼 IQ와 EQ 및 NQ를 이어 영성지수, 즉 SQ(Spiritual Quotient)가 미래 사회 인재 역량의 척도로 떠오를 만큼 영성이 중요해지고 있는 것이다.

인간은 본질적 특성인 영성(靈性) 강화를 통해 진정한 자기 초월 욕구를 구현하면서 고귀하고 높고 선한 가치를 추구하는 삶을 살아가게 되고 자기가치감과 내적 평화와 삶의 의미와 목적을 느끼게 된다. 미래에는 갈수록 영적인 삶을 추구하는 사람이 늘어날 것이며, 영성은 우리의 지각을 변하게 하고 미처 보지 못하던 진실에 눈을 뜨게 한다. 영성은 보고, 듣고, 느끼고, 깨닫는 우리의 지각을 변하게 한다. 모든 것에 깃들어 있는 가치와 혼을 느끼게 한다.

미래사회엔 인공지능과 로봇이 인간의 다양한 영역을 모방하고 뛰어넘는 시대가 올 수 있게 된다. 이때에도 인간이 인간다움을 느낄 수 있는 마지막 보루가 '영성'의 영역이 될 것이다. 이로 인해 '영성'이 점차 중요해지고 이를 추구하는 사람들이 더욱 증가할 것으로 예측된다.

한국의 대표적 석학인 이어령 전 문화부 장관도 인공지능 시대에는 '영성이 인공지능과 인간 사이의 빈 공간을 채우게 될 것'이라며 영성의 중

그림 6-6   미래사회에 영성의 가치가 더욱 중요해진다고 강조하는 이어령 전 문화부 장관

출처: CBS.

요성과 확산을 예측하였다. "인공지능 시대가 심화될수록 하나님이 주시는 영성의 힘은 더욱 커진다"며 "인공지능이 인간의 이성과 감성을 모두 점령해도 하나님의 영역인 영성은 침범하지 못할 것"이라고 예측하였다.

인간의 존엄성을 유지하기 위해 인공지능이 발전할수록 역설적으로 인류는 인공지능과 구별되는 인간다움을 더욱 추구하게 된다. 이런 관점에서 인류는 영성을 더욱 추구하고 이로 인해 종교의 역할이 더욱 중요해진다. 이처럼 인공지능 시대에 강화되는 영성 추구의 방향은 종교적인 관점에서는 매우 고무적일 수 있다. 종교는 본질적으로 영성을 핵심 영역으로 다루고 있기 때문이다.

인류혁명 시대에는 고귀한 가치와 초월적 영성을 추구하는 호모 스피리투스(Homo Spiritus)가 강화되므로 인간의 종교성이 많아질 것이다. 미국 퓨리서치 센터(Pew Research Center)는 2050년까지의 종교 인구 변화 예측에서 무신론(unaffiliated) 인구는 3% 감소할 것이지만, 영성을 추구하는 종교

인구는 계속 증가할 것으로 전망하고 있다.

한편으로 인공지능 목회자 출현과 디지털 가상현실 교회 등 첨단 과학기술이 종교와 접목되고, 가나안(교회에 출석하지 않는 종교인) 교인이 증가하며, 왜곡된 영성으로 현실 종교에 불만족해 하는 사람들을 미혹하는 이단과 사이비 종교가 증대되는 등 종교 환경이 변화하면서 종교계는 새로운 혁신과 도전에 직면하게 될 것이다.

기독교적으로 보면 인류혁명 시대에 인공지능이 발전할수록 인간이 인간답게 산다는 것은 영성을 추구하며 사는 것이다. 즉 초월적 절대자이신 하나님과의 지속적인 전인적 관계 안에서 자신의 존재 의미를 찾고, 예수님을 닮아 따뜻하고 고귀한 삶과 가치를 추구하며, 성령님의 도움을 받아 자신의 능력을 배양하여 책임성을 가지고 창조적으로 타인과 역사와 자연 및 인공지능과 함께 더불어 행복하게 살 수 있는 관계적 역량을 강화하는 것이다. 이에 예수님이 직접 본을 보이신 따뜻한 인성과 거룩한 영성이 넘치는 예배와 사랑의 교회 공동체가 더욱 중요해지고 빛을 발할 것이다.

인류혁명 시대에 인공지능이 급속히 발전하면서 세상을 바꾸고 인간의 삶과 가치관에도 영향을 미치게 된다. 인류혁명 시대에 인공지능과 첨단 과

◎ **그림 6-7** 예수 사랑 작은 예배 공동체를 지향하는 순례자의 교회, 김태헌 목사님과 필자

학기술로 인한 미래 변화가 질주의 속도로 시시각각 가속되어 따라잡기 불가능할 정도의 높은 미래 불확실성을 맞게 되어 개인은 혼돈과 소외와 두려움을 경험하게 될 것이다. 이러한 때일수록 인류는 인간의 존엄성을 높이는 휴머니즘이 필요하며 창의적 인성과 거룩한 영성을 통해 인류의 밝은 미래를 전망할 수 있어야 한다.

 그림 6-8 미래사회 목회와 선교를 제시하는 목회자 모임인 미래목회포럼
(필자는 정책자문위원)

인공지능과 첨단 과학기술이 인류의 행복에 도움이 될 것인지, 아니면 인류를 파멸로 이끄는 재앙이 될 것인지는 결국 현재 인류의 결정에 달려 있다. 영화 〈터미네이터〉 내용처럼 인류가 재앙을 맞이한 후에 깨닫고 이를 바로잡으려는 것은 불가능하다. 이러한 관점에서 인류혁명 시대에 창의적 인성과 거룩한 영성을 강화하는 것이 인류의 미래를 위해 더욱 중요한 것이다. 지금 준비하고 실천하는 것이 곧 우리의 미래가 될 것이다.

"인류혁명 시대에 인공지능과 첨단 과학기술의 발전이 인류에게 축복이 될지 아니면 재앙이 될지는 현재 우리의 인성 윤리적·영적 결정에 달려 있다."

인류혁명 시대와
싱귤래리티(Singularity)

인류혁명 시대와 싱귤래리티(Singularity)

천재 수학자이자 현재의 컴퓨터 구조를 처음 제안한 존 폰 노이만(John von Neumann)은 1953년 친구와의 대화에서 이렇게 언급했다. "점점 빨라지는 기술적 진보와 인류 생활양식의 변화 속도를 보면 인류의 역사가 어떤 필연적인 특이점(Singularity)에 접근하고 있다는 인상을 받는다. 이 시점 이후 인간의 역사가 지금 우리가 이해하는 형태로 계속될 것인지는 알 수 없다."

그의 시대를 넘는 혜안에 넘친 예측처럼 인공지능을 비롯한 과학기술의 급속한 발전으로 인류는 지금까지의 인간의 역사 발전 형태와는 근본적으로 다른 인류혁명 시대를 맞이하고 있고 싱귤래리티라고 불리는 인간 역사의 전혀 새로운 변곡점인 특이점이 다가오고 있음이 예측되고 있다.

1 인류혁명 시대 싱귤래리티

기술적 특이점(Technology Singularity)이라는 용어가 보편화된 계기를 준 사람은 수학자이자 컴퓨터 공학자인 SF소설가인 버너 빈지(Vernor Vinge)이다. 버너 빈지는 1981년 발표한 〈진정한 이름들(True Names)〉에서 싱귤래리티(Singularity), 즉 특이점에 대해서 언급했다.

그림 7-1 기술적 특이점(Technology Singularity)을 예측한 버너 빈지

출처: https://youtu.be/YXYcvxg_Yro

　버너 빈지가 1992년에 출간한 『심연 위의 불길(A Fire Upon the Deep)』에서는 특이점과 포스트 휴먼 문명 등의 개념이 등장한다. 버너 빈지는 1993년 〈기술적 특이점〉이라는 논문에서 "인간을 능가하는 지능이 발전을 주도한다면 발전 속도는 훨씬 빨라질 것"이라며 "특이점(Singularity)에 도달하면 현재의 우리가 과거의 우리와 완전히 다른 상황으로 접어들 것"이고 "생명공학과 신경공학과 IT기술의 발달로 인해 인류의 지능을 초월하는 인공지능(AI)이 출현하면서 인간의 시대가 종언을 맞을 것"이라고 주장했다.

　또한 인공지능 로봇 전문가인 한스 모라벡(Hans Moravec)은 모라벡의 역설, 즉 ① 사람에게 쉬운 것은 로봇에게 어렵다. ② 사람에게 어려운 것은 로봇에게 쉽다고 주장했다. 그는 1988년 출간한 『마음의 아이들(Mind Children)』 책에서 사람이 죽으면 육체는 소멸되지만 마음은 컴퓨터 기억장치에 저장돼 복제된 몸으로 옮겨가 영생을 누린다는 아이디어를 담았다.

그림 7-2 한스 모라벡과 그의 저서

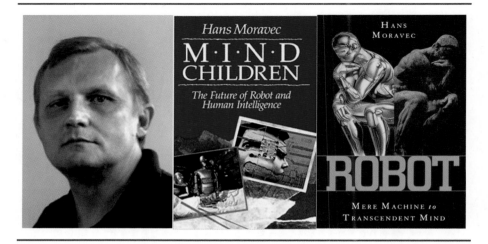

한스 모라벡이 1999년 펴낸 책 『로봇: 보통의 기계에서 초월적인 마음으로(Robot: Mere Machine to Transcendent Mind)』에서 그는 로봇은 우리 마음의 자손이라고 적었다. 그는 이 책에서 2040년대에 인공지능 로봇 4세대가 출현하면 20세기의 로봇보다 지능 성능이 100만 배 이상 뛰어나 놀라운 속도로 인간을 추월하여 2050년 이후에는 지구의 주인은 인류에서 인공지능 로봇으로 바뀌고, 인공지능 로봇은 소프트웨어로 만든 인류의 정신적 유산인 지식·문화·가치관 등을 물려받아 다음 세대로 넘겨주게 된다고 예측했다.

싱귤래리티(Singularity: 특이점)는 인공지능(AI)이 인류의 지능을 초월해 스스로 진화해 가는 것을 기점으로 이 시점이 되면 인공지능은 자신보다 더 뛰어난 인공지능을 만들어 내고 사람은 더 이상 인공지능을 통제할 수 없게 되는 인류 역사의 변곡점이다.

싱귤래리티(Singularity)의 도래 시점을 비교적 구체적으로 예측한 미래

그림 7-3 레리 커즈와일과 그의 저서 및 인공지능 기술 발전으로 싱귤래리티 시점 예측표

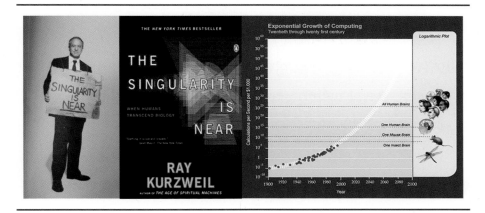

학자는 레이 커즈와일(Ray Kurzweil)이다. 그는 싱귤래리티를 무엇보다 인공지능을 중심으로 한 과학기술의 발전과 수확 체증이 법칙에 근거하여 특이점을 예측함으로써, 특이점을 예언을 넘어 과학적 예측으로 보이게 했다.

커즈와일은 2005년 출간된 그의 저서 『특이점이 온다(Singularity is near)』에서 2045년에 특이점이 도래할 것이라고 예측했다. 레이 커즈와일은 인공지능 기술의 발전 속도가 2023년부터는 가속화되어 빠른 속도로 고도화되고 두뇌 공학과 바이오 및 나노 과학기술도 급속히 발전하게 되어 이러한 과학기술의 비약적 발전으로 2045년에는 싱귤래리티(특이점)가 도래하게 된다고 예측하였다.

인류혁명 시대에 인공지능을 중심으로 과학기술의 발전이 가속화되면서 싱귤래리티가 점차 다가오고 있음을 이제 실감으로도 예측할 수 있다. 이러한 싱귤래리티를 대응하여 인류에게 유익한 방향으로 인류혁명 시대가 전개될 수 있도록 대비하고 준비하도록 미래 대응책을 마련하는 것이 중요하다.

2 인류혁명 시대 싱귤래리티와 인간의 존엄성

영국의 저명한 물리학자이자 수학자인 앨런 튜링(Alan Mathison Turing)은 1951년 논문 '지능형 기계, 이단의 역사'에서 "사고하는 기계가 만들어지기 시작하면, 우리의 미약한 능력을 앞지르는 건 오래 걸리지 않을 것"이라고 예측했다.

그의 예측처럼 인공지능 기술이 인간을 넘어 새로운 문명을 낳는 시점인 싱귤래리티(Singularity: 특이점)가 다가오고 있다. 이 시점을 인류가 대응책 없는 상태로 넘어서면 인공지능은 스스로 자신보다 더 뛰어난 인공지능을 만들어 내고, 사람은 더 이상 인공지능을 통제할 수 없게 된다. 지구의 주인이 더 이상 인류가 아닐 수 있게 되는 것이다.

인류혁명 시대에 인류는 싱귤래리티를 어떻게 대처하고 인류를 위한

◎ 그림 7-4 인공지능이 지배하는 미래세상을 그린 영화 '터미네이터'

출처: 영화 터미네이터 스틸컷.

방향으로 활용할지 방안을 모색하고 지혜를 모아 인류 공동체적으로 대응하는 것이 중요하고 긴급하다. 시기를 놓치면 인류의 미래가 인공지능 기술에 의해 좌우되게 된다.

　　인류혁명 시대에 싱귤래리티에 대한 대응책이 마련되면 고도의 인공지능과 과학기술을 통해 인류 노화와 질병의 과정이 해석되어 수명이 연장되고, 환경오염이 제거되어 기후 문제를 해소하며, 획기적인 식량 증산으로 전 지구적 기아나 가난도 해소되게 할 수 있다. 혈관을 흐르는 의학용 나노로봇으로 암을 퇴치하고, 완전몰입형 가상현실에서 시공을 초월한 일상생활이 가능하게 되며, 뇌의 정보를 스캔하여 컴퓨터로 옮겨 후손과도 교류할 수 있게 되고, 광속을 뛰어넘어 온 우주로 지능을 전파하고 우주로의 삶의 영역을 확장할 수도 있고, 인간 두뇌의 증강과 훼손된 인간의 신체 기능을 복구할 수도 있게 된다.

◎ **그림 7-5 슈퍼 인공지능으로 부활하여 초월자가 되고자 하는 영화 '트랜센던스'**

출처: 영화 트렌센던스 스틸컷.

미국 심리학자 매슬로우의 욕구 위계론의 최상위 욕구인 자기초월 (Transcendence)을 제목으로 사용하고 있는 영화 〈트랜센던스〉에서 천재 과학자 '윌'은 인간의 지적 능력을 초월하고 자각 능력까지 가진 인공지능 슈퍼 양자 컴퓨터에 자신의 뇌를 스캔하여 죽음 후 인공지능으로 부활한다. 부활한 인공지능 윌은 인간의 능력을 초월하여 신과 같이 되려 한다. 이는 싱귤래리티의 위험성을 경고하고 있는 영화이기도 하다.

　　인류혁명 시대에 싱귤래리티가 다가올수록 인간의 존엄성에 대한 중요성이 더욱 부각되고 인간의 존엄성이 인공지능을 비롯한 모든 과학기술 발전의 기본 방향이 되어야 한다. 이를 통해 인류혁명 시대에 인간의 역량이 확장되고 창의적 인성과 거룩한 영성을 강화하여 인간의 존엄성을 유지하게 되어 싱귤래리티가 다가오는 미래세상에서도 인류가 주체로서 인공지능을 제어하며 인류의 행복과 지구의 지속 가능을 주도할 수 있게 된다.

인류혁명 시대 경제와 부의 변화

인류혁명 시대 경제와 부의 변화

인류혁명 시대에는 경제를 보는 프레임에도 변화가 필요하다. 생산성과 경제 성장에 주력하기보다는, 얼마나 국민이 행복하고 지구의 지속 가능에 기여하는가에 중점을 두어야 한다. 기업도 과거에는 이윤창출이 기업경영의 목표였다면, 이제는 사회적 가치에 얼마나 기여하느냐가 중요해지고 있다. 이제 소비자들도 그런 기업을 보고 물건을 산다.

인류혁명이라는 문명대변혁 시대의 변화를 경제 정책으로 담아내는 '혁신'과 '휴머니즘'의 프레임이 필요하다. 새로운 시대 변화를 예측하여 대응하는 혁신, 국민의 행복과 지구의 지속 가능을 지향하는 '혁신 휴머니즘 경제'를 지향하고 이에 부합하게 경제 시스템과 진흥 정책과 법제를 재정비해야 한다.

1 인류혁명 시대 자본주의: 혁신 휴머니즘 경제 체제로 변화

자본주의는 산업혁명을 거쳐서 성립된 사유재산을 인정하는 근대 산업사회의 경제구조로 인간생활의 물질적 기초를 생산하고 또 재생산하는 과정이 자본제적 생산이라는 독자 형태로 이루어지는 사회를 말한다. 자본주의 사회는 기업이 이윤 추구를 목적으로 자본 투자를 경제 활동의 중심으로 하는 사회이다.

실제로 자본주의는 사람들이 자기들과 다른 사람들이 원하는 재화와 서비스를, 가능한 한 생산적으로, 생산하기 위하여 자본재들을 창출하고 적용하는 일반적인 경제생활 방식이다.

이에 따라 그동안 자본주의 동력의 핵심이 '생산성 향상'이었다. 생산성은 생산요소의 투입과 그 생산요소를 사용하여 생산활동을 한 결과로 나타난 산출(産出) 간의 비율을 말하며, 생산성 향상을 추진하는 주체는 인간이었다.

즉 생산성은 주어진 자원을 활용하여 얼마나 효율적으로 결과물을 생산하는지를 나타내는 개념으로, 1인당 단위 시간 또는 단위 자원당 생산되는 결과물의 양과 질을 의미한다. 이는 경제 활동에서 핵심적인 역할을 하며, 기업, 산업, 국가의 경제 성장과 번영에 직접적인 영향을 미쳐왔다.

자본주의의 발전은 산업혁명부터 본격화되었다. 상업적 자본주의의 초기 형태는 중세 끝에서 근대 초기에 걸쳐 유럽에서 발생하였다. 이 시기에 상인들과 제조업자들은 물품을 생산하고 판매함으로써 이익을 창출하였고, 이를 통해 초기 자본주의 사회를 조성하였다. 그러나 이러한 초기 자본주의는 18세기 말 산업혁명의 도래로 인해 본격적으로 발전하게 되었다.

산업혁명은 기계화와 대량 생산 방식의 도입으로 전통적인 제조 방식을 완전히 바꾸었다. 이는 생산성을 크게 향상시키고, 물품의 가격을 인하하며, 소비를 촉진하였다. 이러한 변화는 자본주의의 핵심 원칙인 이윤과 경쟁을 더욱 강화하였다. 기업은 이익을 극대화하기 위해 생산 과정을 계속해서 효율화하였고, 이 과정에서 혁신과 발명이 촉진되었다. 자본주의와 산

그림 8-1 아담 스미스와 그의 저서 『국부론』

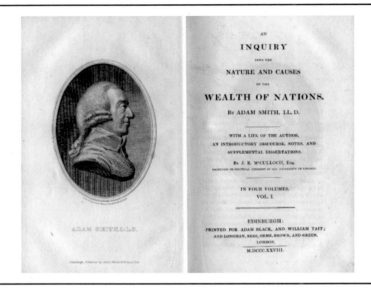

업혁명은 더 나은 삶을 추구하는 인간의 역동적인 노력을 반영한다. 산업혁명은 생산성을 향상시켜 물질적 풍요를 가져왔고, 자본주의는 이러한 풍요를 공유하고 확장하는 방법을 제공하였다. 그러나 자본주의는 이러한 과정에서 부의 불균형, 환경 파괴, 노동 문제 등의 문제를 야기하였다.

자본주의의 아버지라 불리는 영국의 아담 스미스는 1776년 3월 출간된 '국부론(Wealth of Nations)'에서 현대 자본주의 기본 원리를 제시하였다.

그는 국부는 모든 국민이 연간 소비하는 생활 필수품과 편의품의 양이라고 명명하고 이러한 부는 노동을 통해 만들어지며 모든 가치는 노동을 통해 생산된다고 하였다. 이에 상품의 가치는 생산하는데 들어간 노동량이 좌우한다고 보았다. 이때 노동량이 작게 들면서 생산되면 생산량이 늘어나고 가격도 낮추어지면서 소비는 늘어나 이윤이 증대된다. 즉 생산성이 높아지면서 이윤이 더욱 창출되는 것이다.

그는 이처럼 보이지 않는 손에 의해 가격이 결정되고 거래가 일어나는 것이므로 국부를 위해서는 보이지 않는 손이 잘 작동할 수 있도록 자유시장 경제 시스템이 필요하다고 주장하였다. 그런데 아담 스미스 이후의 자본주의 시장 경제의 역사는 그의 생각과는 달리 불평등이 심화되었다. 19세기 이후 불평등은 줄어들지 않았고, 자유시장 원리가 지배한 19세기 말에서 20세기 초에 불평등은 절정에 달했다.

이후 인류는 자유시장 자본주의에 대항하는 공산주의, 사회주의, 수정 자본주의, 국가 자본주의 등이 등장하였으나 생산성 향상을 통한 부의 축적과 발전이라는 경쟁에서 패배하면서 자본주의 체제에 예속되거나 힘이 빠져 영향력을 잃었다.

또한 코로나19 팬데믹 이후 세계는 디지털 온라인 시장으로 세계의 거래 시장이 재편되고 제조 생산 부문은 자국 중심주의로 회귀하면서 자국 이윤 창출을 중심으로 한 국부 자본주의가 강화되고 있다. 이에 대해 헨리 키신저 전 미국 국무장관은 '과거의 성곽시대(walled city)가 다시 도래하고 있다'며 생산공장 등 글로벌 공급망이 본국으로 귀향할 것이라고 경고했다. 아담 포센 피터슨국제연구소장도 '코로나19 팬데믹으로 취약해진 세계 경제에 '경제 민족주의'라는 또다른 전염병이 퍼지고 있다'고 우려했다.

한편 급속히 발전하는 인공지능이 모든 곳에 적용되고 기후 변화를 극복하여 지구의 지속 가능을 이루어야 하는 새로운 문명대변혁인 인류혁명 시대에 접어들면서 현재의 생산성과 자국 이익 중심의 자본주의는 인류와 지구의 미래를 위태롭게 할 수 있기에 변혁이 필요하다.

인류혁명 시대에 챗GPT 이후 인공지능은 급속히 발전하고 우리 일상생활 속에 스며들고 산업과 사회의 패러다임을 바꿀 것이다. 인공지능은 기업의 생산 활동을 비롯한 전 영역에 적용되어 생산성을 획기적으로 향상시킬 것이다.

세계적인 기업 컨설팅 회사인 맥킨지 글로벌(McKinsey Global)은 2024년 보고서에서 2030년까지 전 세계 약 70%의 기업이 AI 시스템을 기업 활동에 활용할 것이고 이를 통해 생산량과 생산성이 증가할 것으로 전망하였다. 또한 인공지능이 기업 활동과 경제 성장에 미치는 효과는 시간이 지남에 따라 점증적으로 증가하여 2030년에는 향후 5년 대비 3배 이상 높아질 것으로 전망했다.

또한 미국의 다국적 정보 기술 서비스 및 컨설팅 그룹 코그니잔트(Cognizant, 나스닥 CTSH)와 세계 최고의 경제 자문 회사 옥스포드 이코노믹스(Oxford Economics)는 공동 진행한 연구 보고서 '새로운 일, 새로운 세상(New Work, New World)' 2024년 보고서에서 인공지능을 사용하고 있는 기업 중 37%는 회사의 인공지능 사용으로 인해 직원이 더 이상 필요하지 않기 때문에 직원을 해고했고 향후 인공지능을 사용할 계획인 기업의 44%는 인공지능 사용으로 인해 직원이 44% 이상 해고될 것이라는 조사 결과를 밝혔다.

이 보고서는 또한 인공지능으로 오는 2032년까지 미국의 현재 직업에서 무려 90%가 없어지거나 변화될 것이며, 미국 경제에 1조 달러에 달하는 생산 향상에 기여할 것이라는 조사 연구를 발표했다.

노먼 닐슨 그룹은 2023년 7월 자사에서 인공지능 도입 시 직원 생산성의 66%가 향상되었다는 연구결과를 발표하였다. 구체적인 업무에서 인공지능을 사용한 고객 지원 상담원은 1시간당 13.8% 더 많은 고객 문의를 처리할 수 있었고, 인공지능을 사용한 비즈니스 전문가는 1시간당 59% 더 많은

그림 8-2 인공지능 도입 시 노먼 닐슨 그룹 기업 분야별 생산성 향상

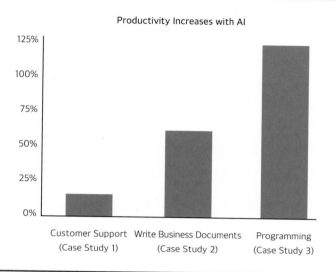

Productivity Increases with AI

출처: www.nngroup.com

비즈니스 문서를 작성할 수 있었으며, 인공지능을 사용한 프로그래머는 1주일에 126% 더 많은 프로젝트를 프로그래밍하는 생산성 증대 효과를 보였다고 밝혔다.

인류혁명 시대에 인공지능에 의해 기업의 생산성은 급격히 향상될 것이다. 이로 인해 기업의 이윤은 대폭 증대될 것이다. 그런데 이에 반하여 기업 활동에 필요한 인력은 오히려 줄어드는 역효과가 발생하여 기존의 많은 일자리가 빠른 속도로 줄어 들 것이다.

산업혁명 이후 기존의 자본주의 체제에서 생산성 향상이 기업 활동을 활성화하여 인력을 더욱 충원하게 되어 일자리가 늘어나고 기존 노동자의 임금과 복지가 개선되었던 이전과는 전혀 다른 반대 상황이 발생할 수 있는 것이다.

또한 자국의 이익만을 생각하는 자국 중심 자본주의에서는 각국은 경

쟁적으로 생산을 늘리고 지구 환경보다는 자국 경쟁 우위를 우선하면서 기후 변화가 더욱 심화되어 지구의 지속 가능을 위태롭게 할 수도 있다.

이에 세계적인 경제학자이자 미래학자인 제러미 리프킨(Jeremy Rifkin)은 현재의 자본주의는 새로운 경제 패러다임으로 변화되어야 한다고 예견해 왔다. 그는 인공지능을 비롯한 과학기술의 급속한 발전은 재화나 서비스를 한 단위 더 생산하는 데 들어가는 추가 비용인 한계비용을 제로로 할 만큼 단위 투입 대비 산출물인 생산성을 거의 무한대로 높일 것이라고 전망하고 이러한 변화에 걸맞은 새로운 경제 체제가 필요하다고 주장하였다.

인류혁명 시대에 한계비용 제로가 구현될 가능성이 높아지고 있다. 이제 중요한 것은 생산성의 증대와 이윤 확대의 열매가 어떻게 배분되는가이다. 기존의 자본주의 체제에 따라 생산에 참여한 기업가와 노동자들만이 이를 배분하게 된다면 사회는 수많은 소비자들의 가처분 소득이 급격히 줄어 더 이상 소비와 생산의 선순환이 일어나기 힘들게 되고, 소득 불균형과 빈부 격차 심화가 심각한 사회 문제로 대두되어 혁신에 대한 반대와 사회 혼란이 야기될 것이다.

이에 인류혁명 시대에 국민이 함께 인공지능과 과학기술이 가져오는 혁신에 적극 동참토록 하면서 열매도 함께 배분될 수 있도록 하는 인간 중심의 경제 체제가 필요하다.

챗GPT를 개발한 오픈AI의 샘 알트만(Samuel H. Altman) 창업가 겸 최고경영자도 인공지능이 고도로 발달하면 현재의 자본주의가 무너질 수 있다고 경고했다. 그는 인공지능이 인간을 대신해 스스로 수익을 창출하는 세상이 오면 시장경제의 근간인 이윤과 사유재산에 대한 권리를 특정인만의 것으로 더 이상 주장하기 힘들 것이라고 주장하고 있다.

그림 8-3 자본주의를 넘어 새로운 경제 체제를 주장한
제러미 리프킨, 샘 알트만, 마크롱 대통령

또한 인류가 당면하고 있는 기후 재앙을 완화시키고 지구 환경을 회복시켜 지구를 지속가능하게 하기 위해서는 자국의 이익보다 인류 공동체의 미래를 우선하는 글로벌 경제 체제가 필요하다.

에마뉘엘 마크롱 프랑스 대통령도 자본주의로 심해지는 불평등으로 고통받고 있는 사회적 약자 보호를 강화하고, 자국 이익의 벽을 세우고 있는 국부 자본주의를 넘어 소수가 부를 독점하는 시스템이 아니라 모든 사람이 각자 몫을 찾는 휴머니즘 사회적 시장경제로 나아가야 한다고 했다. 그리고 인류 공동의 문제를 함께 해결하기 위해서 국경을 닫고 벽을 세우고 있는 국가 이기주의에서 벗어나야 한다고 강조하고 있다.

인류혁명 시대엔 이러한 문명대변혁의 변화를 경제 정책으로 담아내는 '혁신'과 '휴머니즘'의 경제 프레임이 필요하다. 인공지능과 과학기술이 가져오는 생산성 향상과 새로운 시대 변화를 예측하여 대응하는 혁신을 국민이 동참토록 비전을 공유하여 경제 발전과 성장을 이루고, 그 열매 또한 국민이 함께 공유하여 행복한 미래와 지구의 지속 가능을 지향하는 '혁신 휴머니즘 경제 체제'를 지향하고 이에 부합하게 경제 시스템과 진흥 정책과

법제를 재정비해야 한다. 이런 관점에서 인간 존중을 모토로 노동 인력 재교육과 최대 활용 및 인공지능 로봇세와 기본소득제 등 새로운 경제 제도 도입도 검토해야 할 것이다.

한국을 대표하는 원로 철학자 김형석 교수님의 다음과 같은 말이 '혁신 휴머니즘 경제 체제'의 비전이 될 수 있을 것이다. '자본주의의 끝없는 진화, 경제의 목표는 휴머니즘 고양이다. 가장 소망스러운 사회는 어떤 것인가. 누구도 경제적으로 소외되지 않고 기본소득이 보장될 수 있고, 모든 사람 각자가 원하며 가치 있다고 생각하는 삶을 찾아 행복한 생활을 즐길 수 있는 사회. 인생은 다양한 가치를 지니고 있으며 그 가치 구현에서 자연과 조화롭고 보람 있는 삶을 완성할 수 있는 사회.'

2 인류혁명 시대 생산 요소의 변화

자본주의에서 생산의 3요소는 산업사회에 기반하여 토지, 노동, 자본이다. 토지는 생산을 위한 공장이나 시설을 말한다. 생산 활동을 위한 물리적 모든 공간을 토지라고 이해하면 된다. 노동은 생산에 투입되는 인간의 노동력을 말한다. 그리고 자본은 생산을 위해 투입되는 화폐 비용으로 토지부터 원자재에 사용되는 비용, 노동에 들어가는 비용, 기계나 설비비용 등 모든 것을 말한다.

이에 그동안 생산이 더 필요하면 자본을 더 투입해서 공장(토지)를 확대하고 노동력을 더 투입해야 했다. 반대로 생산이 필요하지 않게 되면 자본을 철수해서 토지와 노동력을 회수할 수도 있다.

그림 8-4 자본주의 기반의 전통 경제에서의 생산의 3요소

생산의 3요소

| 토지 | 자본 | 노동력 |

출처: 구글 이미지.

이처럼 자본주의 기반의 전통 경제학에서 생산의 3요소는 토지, 자본, 노동이다. 그런데 인류혁명 시대에 인공지능을 비롯한 과학기술의 발전으로 물리적 세상과 디지털 세상이 하나로 융합되고 새로운 경제 체제로 변화되면서 생산의 3요소는 새롭게 변화될 수밖에 없다.

첫째, 생산 요소인 토지의 개념이 바뀐다. 기존의 토지는 생산을 위해 구체적으로 눈에 보이는 유한한 물리적 건물과 공장을 일컬었다. 이에 재화와 용역 서비스를 생산하는 사업을 위해서는 토지에 해당하는 공장이나 사무실의 주소지가 꼭 필요하였다. 하지만 이제 생산을 위해서 물리적 건물과 공장이 없어도 온라인 쇼핑몰을 비롯한 무한한 디지털 공간에서 다양한 생산과 비즈니스가 가능해졌고 향후 이것이 더욱 주력화될 것이다.

그래서 전통 경제학에서 생산을 위해 필요한 '토지'라는 개념은 이제 '공간'이라는 개념으로 바꾸어야 한다. 물리적 공간과 디지털 공간 공히 생산을 위한 요소가 될 수 있고 그 공간은 무한하다. 인공지능이 발전할수록

온라인 쇼핑과 소셜미디어 및 메타버스를 비롯한 지능형 실감 디지털 공간이 더욱 확장될 것이고 향후에는 지구를 넘어 우주라는 다른 차원의 공간도 생산의 요소가 될 것이다.

둘째, 생산 요소인 노동의 개념이 바뀐다. 인류혁명 시대 인공지능과 과학기술의 급속한 발전은 인간의 역량과 역할을 계속 변화시키고 있다. 인간의 신체적, 지적 역량도 확장되고 연결도 확장되며 인간의 눈, 코, 입, 손, 발 등 인간의 신체 기관과 두뇌를 대체하는 인공지능과 다양한 로봇 기술은 재화와 용역의 생산을 변화시키고 있다.

인간이 정해진 근무 시간에 정해진 공장이나 사무실에서 실존하여 직접 제공하던 노동력은 인류혁명 시대에 시공과 존재를 초월하게 된다. 정해진 공간과 정해진 시간에 실존하지 않아도 인간 본인이나 자신의 디지털 휴먼이 시공을 초월하여 연결하여 필요한 업무를 처리하고 부가 가치를 생산할 수 있다. 일반적인 업무와 생산은 인공지능과 로봇이 스스로 처리하고 인간은 생산에서 부가 가치를 창출하는 것이 주요 역할이 될 것이다.

이에 전통 경제학에서 생산을 위해 필요한 '노동'이라는 개념은 이제 '가치 창출 시간'이라는 개념으로 바꾸어야 한다. 이제 노동을 정해진 장소에서 직접 존재하여 얼마의 시간 동안 신체적, 지적 노동력을 제공했는가로 평가하는 것이 아니라 시공과 존재를 초월하여 생산의 부가가치 창출을 위한 활동에 얼마의 시간을 투입하고 실제로 얼마나 도움이 되었는지가 노동력으로 인정받게 될 것이다.

셋째, 생산 요소인 자본의 개념이 바뀐다. 전통 경제학에서 자본(capital)은 생산을 발생, 유지, 개선하는 생산 과정을 개발하기 위해 투입되는 자금을 말한다. 그런데 인류혁명 시대의 생산의 핵심은 빅데이터이다.

인공지능으로 분석 시 사용 가능한 데이터의 양에 따라 기업은 생산의 효능이 차이가 날 수 있게 된다. 예를 들어, 기업은 고객 데이터를 분석하여 어떤 제품이 가장 인기가 있는지 미리 파악하여 생산량을 조정하기도 하고, 개인 맞춤형 제품과 서비스를 생산할 수 있게 되어 생산 과정의 효용을 높일 수가 있다.

이에 전통 경제학에서 생산을 위해 필요한 '자본'이라는 개념은 이제 '효용 증대 자산'이라는 개념으로 바꾸어야 한다. 이에는 생산과정의 효능을 증대시키는 기계, 건물, 인적 자원, 재고 등의 물적 자산뿐 아니라 기술, 지식, 브랜드 등의 무형 자산 및 빅데이터와 디지털 화폐 등 디지털 자산을 포함한다.

인류혁명 시대엔 이러한 생산의 3요소의 변화로 거대한 부의 이동이 일어난다. 즉 변화된 생산 요소의 개념인 물리적 디지털 '공간', 새로운 '가치 창출 시간', 빅데이터 등 '효용 증대 자산'을 통한 새로운 부가 창출되는 시대가 열리고 있다.

3 인류혁명 시대 소비 형태의 변화

인류혁명 시대는 기업 경영과 마케팅을 바꿀 소비자들의 변화를 수면 위로 떠오르게 하고 있다. 기업의 고객인 소비자는 자신의 고객 가치에 의해서 구매를 결정한다. 그러므로 기업은 이러한 소비자의 고객 가치에 민감하다.

컨설팅 회사 베인 앤드 컴퍼니(Bain & Compan)는 연구를 통해 매슬로우의 욕구 단계론에 근거한 고객의 가치 피라미드를 개발하였다. 고객 가치

피라미드는 소비자의 기능적, 정서적, 생활변화적, 사회적 영향 단계로 구성되는데 소비자의 고객 가치가 갈수록 높은 단계까지 요구하고 있음이 조사 결과 밝혀졌다.

즉 상위 계층의 사회적 영향 가치인 자기초월 가치와 생활변화적 가치인 희망제공, 자아실현, 동기부여, 가보, 제휴/소속의 가치에 대한 소비자의 요구가 갈수록 높아지고 있는 것이다.

◎ 그림 8-5 소비자의 가치 피라미드

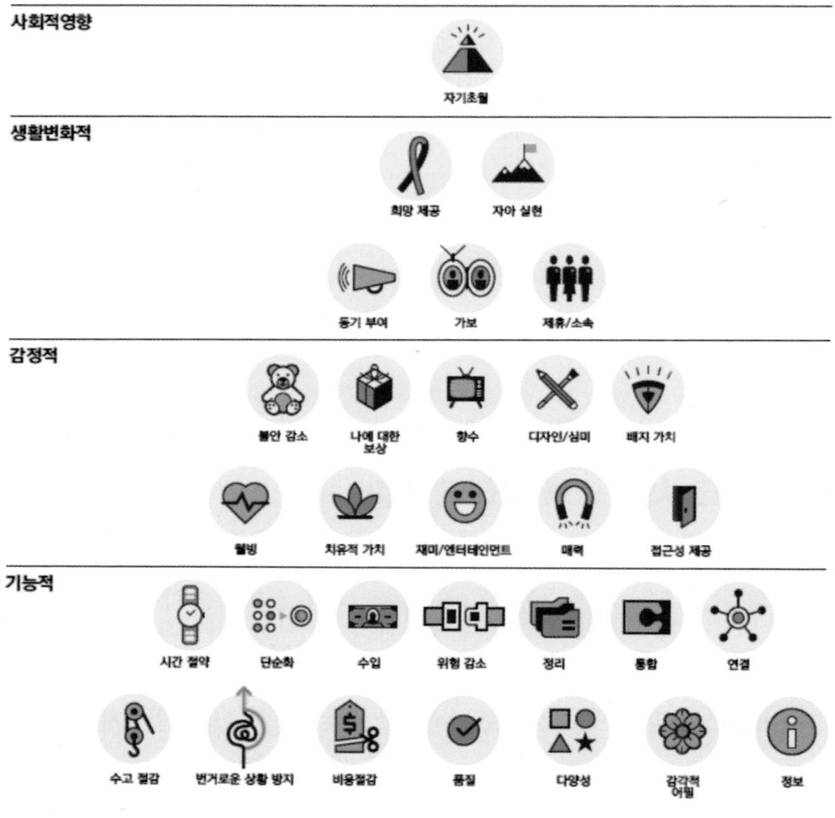

사회적영향
자기초월

생활변화적
희망 제공   자아 실현
동기 부여   가보   제휴/소속

감정적
불안 감소   나에 대한 보상   향수   디자인/심미   배지 가치
웰빙   치유적 가치   재미/엔터테인먼트   매력   접근성 제공

기능적
시간 절약   단순화   수입   위험 감소   정리   통합   연결
수고 절감   번거로운 상황 방지   비용절감   품질   다양성   감각적 어필   정보

출처: Bain & Company Inc.

한편 글로벌 회계·컨설팅 법인 EY글로벌이 전 세계 18개국에 거주하는 1만 4074명을 대상으로 설문조사를 실시한 결과를 토대로 작성한 'EY 미래 소비자 지수(EY Future Consumer Index)' 3차 보고서에서도 이와 유사한 소비자 변화가 나타났다. 3차 EY 미래 소비자 지수 보고서에 따르면 53%의 글로벌 소비자는 코로나19 팬데믹 이후 기후변화와 인공지능의 급속한 발전으로 미래에 자신의 삶과 가치관이 바뀌고 있다고 답했다.

미래 소비자 지수 보고서에서 밝힌 조사 결과 소비자는 가성비, 건강, 환경, 사회, 경험을 우선시하는 소비 성향으로 바뀌고 있다. 즉 소비자가 소비를 할 때 비용 대비 가치인 가성비를 중시하고, 자신의 건강에 도움이 되는지 여부에 관심을 기울이며, 환경에 도움이 되는 제품과 서비스를 이용하기 위해 과거보다 더 많은 비용을 지불할 의향이 있고, 공공의 이익에 도움이 되는 윤리적이고 투명한 기업의 제품과 서비스가 소비 우선순위이며, 경험을 통해 실제 스스로 만족도를 높이는 제품과 서비스를 찾는 적극적인 소비 성향이 강해지고 있는 것이다.

인류혁명 시대가 진행될수록 소비자는 소비의 양에서 품질을 넘어 품격을 지향할 것으로 예측된다. 이는 소비에서 가격은 합리적이지만 제공하는 가치는 긍정적인 사회적 영향이 높은 의미의 명품인 제품과 서비스를 선호한다는 것이다. 인류혁명 시대에는 인간 역량의 확장과 함께 인간의 존엄성이 중시되므로 소비자도 자신의 삶의 품격을 중시하는 분위기가 확산되어 위선적 과시보다 합리적이고 본질적인 인간으로서의 품격을 높이는 소비를 추구할 것으로 예측된다.

이처럼 인류혁명 시대 소비자는 제품의 기능이나 가격뿐만 아니라 환경과 사회적 영향에 대한 가치관을 반영하고 자신의 인간으로서의 존중감

표 8-1 자신의 본질적 품격을 높이는 방향으로 소비자의 변화

양(量) — — — —	— — —➔ 질(質) — — — —	— — —➔ 격(格)
정보	지식	지혜
기증	품질	안목
제품	상품	명품
Container	Contents	Story
Me too	Fast Follower	First Mover
Red ocean	**Blue ocean**	**Green ocean**

을 높일 수 있는 본질적인 품격을 제공하는 상품과 브랜드를 요구하는 소비를 증가할 것으로 예측된다.

4 인류혁명 시대 기업 경영의 변화

인류혁명 시대의 도래로 기업 경영 환경이 급변하고 있다. 이에 기업들은 급변하는 환경에서 어떻게 하면 지속적으로 기업의 발전을 도모할 수 있을지에 대한 고민이 깊어지고 있다. 기업들은 크게 디지털 경영과 ESG 경영으로 그 해결책을 모색하고 있다.

인류혁명 시대 첫 번째 기업 대응책인 디지털 경영의 핵심은 인공지능이다. 빠르게 발전하는 인공지능은 기업의 생산, 조직 운영 및 인사 관리, 회계 및 재무관리, 유통과 마케팅 및 대내외 업무 시스템 등 경영 전반에 적용된다. 이를 통해 기업은 생산성과 경영의 효율을 높이고 고객의 만족도를 제고하여 기업이 지속 발전할 수 있는 기반이 될 것이다.

인공지능과 이를 기반으로 하는 메타버스를 통한 디지털 물리 시스템(Digital Physical System)을 구축하여 디지털 전환을 가속화시키고 디지털 경

영의 새로운 생태계를 형성하게 될 것이다.

인공지능 기반의 디지털 전환은 다음과 같은 3가지 장점으로 디지털 경영을 강화시킨다. 첫째, 지능형 자동화(intelligent automation)이다. 지능형 자동화는 자체 학습 기능을 가지고 복잡한 물리적 작업을 자동화하고 문제 해결 능력을 갖추어 생산과 업무의 개선에 기여한다. 둘째, 노동과 자본의 확대(labor and capital augmentation)이다. 인공지능이 기업에 접목되면서 인간은 자신의 역할 중 가장 가치 있는 부분에 집중할 수 있도록 해주어 노동과 자본을 보다 효율적으로 사용할 수 있도록 한다. 셋째, 혁신의 확산(innovation diffusion)이다. 기업 경영의 한 부문에서 혁신이 일어날 때, 인공지능으로 연결된 각 부문의 상호 의존성으로 인해 혁신이 다른 부문으로 빠르게 파급되게 된다.

한편 인류혁명 시대 디지털 경영은 혁신 휴머니즘 경제 체제의 인간 존중을 기반으로 해야 지속 발전 가능할 것이다. 이에 기업은 디지털 전환을 가속화함과 동시에 임직원의 재교육과 재배치와 최대한 활용을 통해 최대한 인간이 중심이 되도록 디지털 경영을 진행해야 한다. 자칫 생산성과 효율 및 이윤만을 중시하여 디지털 전환으로 인력을 최대한 줄이는 방향으로 디지털 경영이 진행되면 일시적으론 이윤이 높아질 수 있으나 결국 지속적 창의적 혁신을 통한 가치 창출도 한계에 도달하게 되며 구매해야 할 소비자도 계속 줄게 되어 장기적으로 기업의 지속가능과 생존을 위험하게 할 수도 있다.

그리고 인류혁명 시대의 디지털 경영이 확산될수록 인공지능이 기업 경영의 모든 곳에 적용되어 모든 것이 대내외적으로 밝혀질 것이기 때문에 투명하고 공정하지 못하면 심각한 문제가 발생한다. 이에 투명 경영과 윤리 경영은 기업 경영의 핵심 과제가 될 수밖에 없다. 투명하고 공정한 윤리 경영이 인공지능이 확산되는 디지털 미래 경영의 핵심 경쟁력이 될 것이다.

인류혁명 시대 두 번째 기업의 지속가능 대응책으로 ESG 경영이 부각되고 있다. ESG는 환경적 책임(Environmental), 사회적 책임(Social), 투명윤리경영(Governance)의 약자로, 이 세 가지의 요소를 토대로 기업의 지속가능성과 기업 가치를 높이려는 개념이다.

즉 ESG 경영은 기업이 경영 활동에 있어서 환경에 긍정적으로 영향을 미치고, 사회적 공헌과 공익에 기여하며, 투명하고 윤리적인 의사결정 과정과 구조를 확대하여 기업의 대외 이미지와 가치를 제고하려는 기업 경영이다.

기업의 전통적 목표는 이윤극대화에 초점이 맞춰져 있었다. 따라서 추가적인 비용이 소모되는 환경 보호, 사회 공헌, 종업원 권익 향상 등의 활동에는 소극적이었다. 그러나 지구온난화로 기후변화가 심각해지고 급변하는 사회 변화에서 인류의 행복과 지구의 지속가능에 대한 위기의식이 강해지면서 기업의 사회적 역할에 대한 소비자의 요구가 강해짐에 따라 ESG

경영이 중요하게 자리매김하게 되었다.

　인류혁명 시대에 인간 존중이 강조되는 혁신 휴머니즘 경제 체제에서 ESG 경영은 더욱 확산되고 있다. ESG 경영은 주주뿐 아니라 이해관계자(주주, 기업 구성원, 고객, 지역사회 등)와 전 인류를 생각하는 경영이 되어야 한다.

　이런 관점에서 ESG 경영의 'E(Environmental Responsibility)'는 환경에 대한 책임으로 천연 자원 활용, 기후변화 예방, 환경오염 방지 등 기후위기에 대응하여 인류가 사는 지구의 환경을 지키기 위한 노력을 경주하는 기업 경영이다.

　그리고 ESG 경영의 'S(Social Responsibility)'는 사회에 대한 책임으로 사회 공헌, 공익 증대, 인권 존중, 제품과 서비스에 대한 책임, 공정거래를 통한 이해관계자와의 신뢰확보 및 노동환경 개선을 위한 노력을 경주하는 기업 경영이다.

　또한 ESG 경영의 'G(Governance)'는 투명하고 윤리적인 지배구조로 이사회 독립성, 법과 윤리 준수, 투명하고 윤리적 기업 운영으로 주주와 종업원 및 고객을 포함한 이해관계자들에게 기업의 가치를 환원하는 기업경영이다.

　기업이 ESG 경영을 하려면 환경기준과 안전기준 등을 충족시키고 사회 공헌을 실천하기 위한 추가적인 비용이 발생하며 투명하고 윤리적 경영으로 이윤이 감소할 것으로 우려할 수 있다. 그러나 관련 연구결과들은 장기적 안목에서 오히려 ESG 경영이 리스크를 관리하고 기업 평판과 브랜드 이미지를 높여 기업에 더 많은 이윤을 창출한다는 것을 보여주고 있다.

최근에 미래의 ESG 경영 화두로 RE100이 부각되고 있다. RE100이란 Renewable Energy 100%의 약자로 기업 활동에서 재생에너지를 100% 사용한다는 의미이다. 생산 등 기업 활동에서 그동안 화석 연료 사용으로 인한 온실가스 배출은 지구 온난화와 기후 변화를 가속화하였다. 지구 온난화는 기상 현상, 해수면 상승, 생태계 파괴 등의 환경 문제를 초래하였다. 이에 RE100은 이러한 문제에 대응하기 위해 풍력, 태양광, 수력 등 신재생 에너지 사용을 촉진하며, 화석 연료보다 훨씬 적은 온실가스를 배출하여 지구 환경에 기여한다. RE100 참여 기업은 2050년까지 재생에너지 활용 100% 달성을 목표로 2030년 60%, 2040년 90% 이상의 실적 달성을 목표로 하고 있다.

한편 ESG 경영이 원래의 취지에 맞지 않게 기업의 이미지 제고를 위한 마케팅 수단으로만 활용되고 있다는 문제점이 제기되고 있다. 예를 들어 실제로는 친환경적이지 않지만 친환경적인 것처럼 이야기하거나, 자사의 친환경 성과를 실제보다 부풀려서 홍보하는 '그린 워싱(Green Washing)'이 늘어나고 투자 유치를 목적으로 친환경 관련 기업들의 가치가 과도하게 부풀려지는 '그린 버블(Green Bubble)'이 증대될 위험이 있다.

인류혁명 시대에 기업은 지속가능한 발전을 위해 디지털 경영과 ESG 경영을 통한 혁신과 휴머니즘을 강화하는 기업 경영을 전개해 나가야 할 것이다.

인류혁명 시대 10대 과학기술

인류혁명 시대 10대 과학기술

미래학자이자 미디어학자인 마샬 맥루한(Marshall McLuhan)은 1964년 그의 저서 '미디어의 이해'에서 기술의 발전으로 '미디어는 인간의 확장'이라고 설파하였다. 인류혁명 시대엔 '과학기술은 인간의 확장'이라고 할 만큼 인간 역량의 확장과 인간의 존엄성을 높이기 위한 과학기술의 발전이 중요해진다.

인류혁명 시대엔 인공지능이 모든 과학기술과 산업의 근간이 될 것이다. 인공지능이 빠른 속도로 발전하면서 모든 과학기술의 발전을 견인하게 될 것이다. 즉 인류혁명 시대엔 인공지능을 기반으로 인간의 지적 역량, 신체적 역량, 감성적 역량, 연결 역량을 확장하고 인간의 존엄성을 높이고 인류와 지구를 지속가능하게 하기 위한 과학기술이 더욱 중요하게 발전될 것이다.

이런 관점에서 인류혁명 시대의 핵심이 될 미래 10대 과학기술은 ① 인공지능 기술, ② 두뇌공학 기술, ③ 바이오 기술, ④ 나노 기술, ⑤ 만물지능인터넷 기술, ⑥ 빅데이터 기술, ⑦ 양자컴퓨팅 기술, ⑧ 헬스케어 기술, ⑨ 기후 환경 테크, ⑩ 초실감 기술 등이다.

1 인공지능 기술(Artificial Intelligence Technology)

인공지능 기술은 인류혁명 시대 문명대변혁을 이끌어 내고 미래를 견인하는 핵심 기술이다. 인공지능은 모든 과학기술의 발전을 가속화시키고 모든 산업과 비즈니스에 적용되어 미래 세상을 바꾸어 갈 것이다.

인공지능 기술은 소프트웨어적인 기술과 하드웨어적인 기술로 구분할 수 있다. 소프트웨어적인 기술은 인공지능이 인간을 닮은 지능 시스템으로 작동될 수 있도록 하는 기술로 인공 커뮤니케이션 기술과 인공신경망 기술이 핵심 기술이다. 대표적 인공 커뮤니케이션 기술인 자연어 처리 기술(Natural Language Processing, NLP)은 컴퓨터가 인간의 자연 언어를 알아들을 수 있게 하여 인간처럼 인식하고 말하며 소통하게 할 수 있는 기술이다. 챗GPT를 포함한 생성형 인공지능의 기반이 되고 있는 초거대 언어기술인 LLM(Large Language Model)이 등장하면서, 이를 핵심으로 한 자연어 처리 기술(NLP)도 빠르게 발달하고 있다.

향후 인공 커뮤니케이션 기술이 발전하여 인공지능은 인간과 문자, 음성, 이미지, 영상, 촉각 및 파동으로도 소통할 수 있게 발전할 것으로 예측된다.

인공지능 기술의 핵심인 인공신경망 기술(Artificial Neural Network)은 인간의 뇌를 모방한 학습 알고리즘으로 심층 신경망 학습 모델인 딥러닝(Deep Learning) 이후 빠른 속도로 발전하고 있다. 이를 통해 지도학습, 비지도학습, 강화학습 등 인공지능이 스스로 학습하고 발전하는 방향으로 인공신경망 기술이 발전하고 있다.

하드웨어적 인공지능 기술은 인공지능을 탑재하는 기술로 인공지능 반

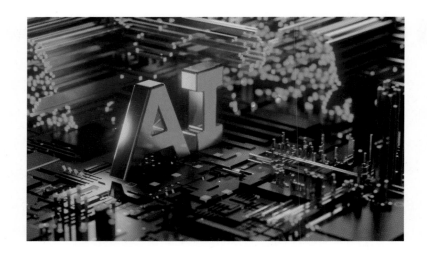

도체(AI semiconductor)와 인공지능 유기칩(AI Organic Chip)이 대표적이다.

인공지능 반도체는 인공지능 알고리즘이 잘 작동되도록 연산 실행에 특화된 시스템 반도체이다. 연산 기능을 담당하는 신경망 처리 장치(Neural Processing Unit, NPU), 신소자를 활용해 AI 연산 코어의 집적도와 전력 효율성을 높인 신경 모방 칩(neuromorphic chip), 연산과 기억(메모리)기능을 통합하는 지능형 반도체(Processing-In-Memory)가 AI 반도체에 해당한다. 적용되는 인공지능의 역할에 맞는 반도체를 맞춤형으로 개발 생산이 가능하며 인공지능 미래 산업의 핵심 역할을 담당할 것이므로 급속히 발전하고 규모가 커질 것으로 예측된다.

인공지능 유기칩은 고체인 인공지능 반도체를 유기체 소재로 변화시킨 것이다. 인공지능의 용도가 지속적으로 대폭 확장되고 사용 시간도 계속 늘어나게 됨에 따라 전기 소모와 열 발생을 줄이고 과부하를 방지하기 위해 뇌와 같이 유기 물질로 인공지능 칩을 만드는 기술이 발전할 것이다. 또한 고체 무기물로 만들어진 AI 반도체로는 위험성이 있는 신체와 생체 접목에도 안전하게 적용되는 AI 유기칩이 개발될 것이다. AI 유기칩으로 인간의 두뇌와 유사한 유기물질로 만들어진 칩에 뉴런과 시냅스와 같은 지능 시스템을 탑재하여 인공지능의 적용과 활용 분야가 더욱 확장되게 될 것이다.

인류혁명 시대 인공지능 기술은 발전과 적용이 가속화될 것이고 다른 과학기술을 발전시키는 핵심 역할을 할 것이다. 인공지능 기술이 미래 핵심 경쟁력이 될 것이고 이를 위한 글로벌 패권 전쟁도 심화될 것이다.

인류혁명 시대에 인공지능 기술의 영향력과 파급력이 너무나 심각해지고 막강하므로 인공지능이 인류 공영과 행복을 위한 기술로만 활용될 수 있도록 인공지능 기술 활용 지침과 인공지능 윤리 규정 및 법규가 글로벌 차원에서 재정되고 준수될 수 있도록 인류 공동체 차원의 노력이 시급하다.

2 두뇌공학 기술(Brain Engineering)

두뇌공학 기술은 인간 두뇌의 정보처리 구조와 원리를 파악하여 이해하고, 이를 공학적으로 구현하여 현실 세계와 지능적으로 상호작용하는 인공지능 시스템을 구현하는 기술이다. 두뇌공학 기술은 인공지능, 나노, 바이오, 정보 및 인지 분야의 화학적 융합을 통해 두뇌의 고수준 정보처리 메커니즘을 이해하고 모방하여 구현하고자 한다.

인간의 뇌중 전두엽에서는 감정, 운동, 지적 기능을 담당하고, 두정엽에서는 공간, 감각기능을 담당하며, 후두엽은 시각기능, 측두엽은 언어기능을 담당하는 등 뇌의 각 부분이 담당하고 있는 기능이 다르다.

이처럼 두뇌 속에서 일어나는 활동을 다양한 방법으로 측정 및 공학적인 분석을 통해 파악하여 사람의 두뇌 상태에 따라 어떠한 생각을 하고 있는지도 파악하고 사람의 생각만으로 외부 장비 제어가 가능한 다양한 인터페이스 개발도 가능해진다.

또한 두뇌공학 기술은 일명 텔레파시라고 불리는 두뇌 인터넷 기술을 발전시킨다. 두뇌인터넷 기술은 BBI(Brain-Brain Interface)라는 두뇌와 두뇌 인터넷 인터페이스에 의해 한쪽 뇌에서 발생한 정보를 다른 쪽 뇌로 전달하는 기술로 구현된다.

그리고 인간의 뇌와 컴퓨터를 연결해 뇌졸중이나 척수손상, 사고 등으로 신체를 쓰지 못하게 된 환자가 생각만으로 기기를 작동할 수도 있다.

인공지능을 활용해 인간의 뇌의 한계를 뛰어넘는 슈퍼 뇌의 구현도 가능해 진다. 그리고 생각만으로 기계를 조종하거나 메시지를 주고받게 되고, 배달음식을 주문하고, 머릿속에서 즉시 한 언어를 다른 언어로 번역할 수 있게 되어 동시통역도 가능해진다. 심지어 영화 속 이야기처럼 자의식 등 두뇌 속의 모든 데이터를 다운로드하여 이것을 인공지능 로봇에 이식하면 포스트휴먼의 탄생도 가능해 진다.

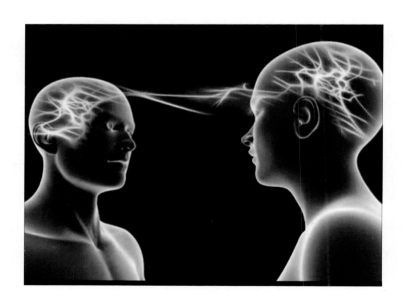

인류혁명 시대에 인공지능 기술로 두뇌공학도 빠른 속도로 발전하고 있다. 이를 선용하면 인간의 역량이 확장되고 신체적·정신적 장애를 극복하여 더욱 인간적인 삶을 살 수 있도록 도움이 될 것이다. 그러나 자칫 오용되며 인간이 스스로 신처럼 또 다른 지능 생명체를 만들어 내고 이로 인해 오히려 인간의 존엄성이 약화되고 인류가 소멸될 수도 있다는 점을 명심해야 한다.

3 바이오 기술(Bio Technology)

바이오 기술(biotechnology)로 불리는 생명공학은 인공지능 기술과 함께 인류의 미래에 가장 큰 영향을 미친다. 인류혁명 시대 인간의 역량을 확장하고 인간의 생명과 존엄성을 강화하며 지구 환경을 회복하는데 유용한 기술로 활용될 수 있다.

바이오 기술은 유전자 DNA를 인위적으로 재조합, 형질을 전환하거나 생체기능을 모방하여 다양한 분야에 응용하는 기술로서 생명 현상, 생물 기능 그 자체를 인위적으로 조작하는 기술이다. 즉 생물체가 가지는 유전·번식·성장·자기제어 및 물질대사 등의 기능과 정보를 이용해 인류에게 필요한 물질과 서비스를 가공·생산하는 기술을 말한다.

바이오 기술은 인류가 건강하게 하고 질병을 극복하도록 하는 레드바이오, 인류에게 풍요로운 먹거리를 제공하는 그린바이오, 인류에게 쾌적한 환경을 조성하는 화이트바이오, 바이오 기술과 인공지능(AI), 사물인터넷(IoT), 빅데이터 등 ICT 기술을 융합하여 인류의 역량을 확장하는 융합바이오로 인류의 삶의 질을 향상시키고 지구를 지속가능하게 하는 기술이다.

그림 9-1 첨단바이오 분야 2030 핵심이슈 기반 임무·목표

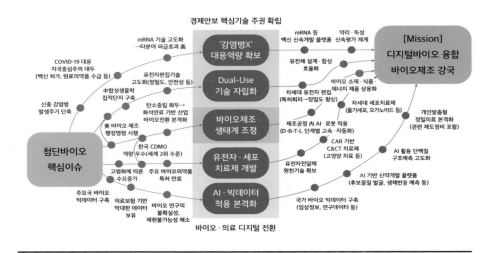

출처: 과학기술정보통신부.

특히 인공지능이 바이오 기술에 접목되면서 발전이 가속화되어 코로나 19 백신 개발, 암치료 신약개발, 인체 DNA 지도인 게놈 및 인체 바이오 데이터 지도, 합성생물학 기반 바이오제조 자동화, 디지털 치료제 등 인류의 건강과 생명을 위한 다양한 결과물이 산출되고 있다.

인공지능을 기반으로 ICT 기술과 융합된 바이오 기술의 발전으로 인간의 신체적 능력이나 지능을 확장하고 생산 로봇이나 유통시스템을 생물화하여 저에너지, 고효율, 초정밀, 저공해를 달성할 수 있게 되며 자기재생, 분화 및 역분화로 획기적 기술 진화도 가능하게 된다.

이러한 바이오 기술로 인해 대체 바이오 장기, 이종장기 인간화, 3D 프린팅 인공 장기, 인공 자궁, 노화세포 지연, 노화예방 백신, 인공효모, 인간유전체 해독 게놈 고도화, 유전자가위, 마이크로바이옴 치료제, 핵산치료제, 치매 치료제, 디지털 치료제, 노화 방지 인공생명체 합성, 살아있는 생

체 로봇, 마이크로 인공 수술 로봇, 인공근육 개발, 생체 내 면역세포 실시간 분석, AI 기반 인공 단백질 설계, 게임 맞춤형 암백신, 비침습적 신경조율기술, 배양육/대체육 고도화, 토양 마이크로바이옴, 합성생물학 적용 미생물공장, 미세플라스틱 제거 및 모니터링 등이 개발되어 인류의 삶을 건강하게 확장하고 지구의 환경 보호와 복원에 도움이 되어 인류와 지구의 지속 가능한 발전에 기여하게 될 것이다.

인류혁명 시대에 바이오 기술의 획기적인 발전이 유용하게 활용되면 친환경이 강화되어 지구의 지속 가능에 기여하고 인류의 건강한 수명 연장과 삶의 질 향상에 기여할 수 있을 것이다.

4 나노 기술(Nano Technology)

나노기술(Nano Technology)은 21세기의 연금술로 불린다. 나노의 어원은 난쟁이를 뜻하는 그리스어 '나노스(nanos)'에서 유래한 것으로 눈에 보이지 않는 수준의 기술이다. 1나노미터(nm)는 10억 분의 1미터(m)로 머리카락 굵기의 8만분의 1 크기에 해당한다. 비유하면 1미터를 지구 크기라고 가정한다면 1나노미터는 축구공 크기라고 생각할 수 있다.

나노기술은 이처럼 10억분의 1 수준의 정밀도를 요구하는 극미세가공 과학기술을 말한다. 나노기술은 극미세 세계에 대한 탐구를 가능하게 하고, DNA구조를 이용한 동식물의 복제나 강철섬유 등 새로운 물질제조를 가능하게 한다. 나노기술은 기존의 재료 분야들을 횡적으로 연결함으로써 새로운 기술영역을 구축하고, 다음과 같이 기존의 다양한 과학기술 분야와 연계하여

그림 9-2 나노기술의 응용

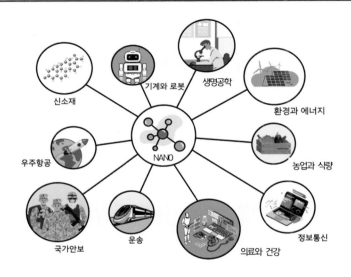

출처: 구글 이미지.

최소화와 성능 향상에 크게 기여하면서 시너지 효과를 극대화하게 된다.

1) 나노 건강 의료

나노기술은 건강과 의료 분야에 접목되어 질병을 진단, 치료 및 예방하는 새로운 방법을 제공하여 혁명을 일으키고 있다. 나노입자는 약물을 표적 세포에 정확하게 전달하여 부작용을 최소화하고 치료 결과를 극대화하도록 설계되고 나노봇은 우리 몸에 투입되어 복잡한 수술을 수행하여 보다 정확하고 덜 침습적인 수술을 제공할 수 있게 된다.

나노기술이 의료·바이오와 결합돼 나노 백신, 동반진단 센서, 디지털 뷰티, 스마트팜처럼 건강한 100세 시대 구현을 앞당길 수 있는 기술을 개발할 수 있다.

2) 나노 에너지

나노기술은 지속 가능한 에너지 솔루션 개발의 발전에 크게 기여하고 있다. 양자점 및 나노 와이어와 같은 나노크기의 재료는 태양전지 효율을 향상시켜 재생 에너지원을 보다 쉽게 접근할 수 있고 저렴하게 만들 수 있게 한다. 나노구조 소재는 배터리의 저장 용량과 수명을 향상시켜 더욱 친환경적으로 만들 수 있게 된다. 나노기술을 통해 전기차 주행거리를 획기적으로 늘리면서도 충전시간을 크게 단축시켜 줄 수 있다. 고성능 나노 분리판, 저가 나노촉매 등 제반 나노기술로 차세대 친환경차 에너지인 수소를 안전하게 저장하고 수송할 수 있게 한다.

3) 나노 환경

나노기술은 지구 환경 문제를 완화하는 데 중요한 역할을 한다. 나노입자는 공기와 물에서 오염물질을 제거하는 데 사용될 수 있으며, 오염을 방지하고 더 건강한 지구를 보장하기 위한 혁신적인 솔루션을 제공할 수 있다. 또한, 나노소재를 활용하여 내구성과 단열성을 강화한 친환경 건축자재를 만들고 있다.

나노기술은 버려진 물을 재사용하거나 공기를 정화시키는 데도 활용한다. 초고성능 흡착 나노 기공소재 기술, 수질 측정용 나노 바이오 센서 등을 통해 환경 정화와 안전한 물 공급 관리를 할 수 있게 된다.

4) 나노 우주 탐사

나노기술은 우주 탐사에도 활용되어 나노 크기의 센서와 재료는 가볍지만 견고한 우주선을 만드는 데 필수적이다. 나노 위성은 우주에서 데이터를 수집하는 능력에 혁명을 일으키고 있으며, 나노 물질은 우주의 혹독한 조건으로부터 우주비행사를 보호할 수 있다.

5) 나노 정보통신

나노기술은 더 작고, 더 빠르고, 더 강력한 전자 장치를 개발할 수 있게 한다. 나노 규모의 재료 개발로 인해 더 빠르고 더욱 에너지 효율적인 전자 장치가 개발된다. 나노소자 기술로 기존 반도체 칩 기반 인공지능에 비해 획기적으로 적은 에너지를 소모하면서도 연산능력이 월등히 뛰어난 인간이 뇌를 닮은 뉴로모픽 칩도 개발 가능하다.

나노기술로 로봇이 인간처럼 움직이고 주변 환경을 인식할 수 있도록 전자코 나노센서, 나노 촉각센서, 고성능 저전력 나노 이미지 센서도 개발되고 있다.

나노기술은 인류혁명 시대에 인간의 건강을 증진시키며 인간의 역량을

◎ 그림 9-3 나노기술이 응용되는 인간의 뇌를 모방한 뉴로모픽 칩

출처: 구글 이미지.

확장하고 지구 환경을 회복하는 데 크게 기여할 수 있는 미래 핵심 기술이다. 나노기술은 인공지능, 의료, 환경, 에너지, 정보통신, 신소재, 로봇 등 다양한 분야와 접목되어 미래 산업을 재편하고 우리 삶을 개선하는 역할을 할 수 있게 될 것이다.

5 만물지능인터넷 기술(AI Internet of Everything)

만물지능인터넷(AI Internt of Everything, AIoE)은 만물인터넷의 연결성에 인공지능(AI)의 초지능이 결합된 지능형 만물인터넷이다. 인류혁명 시대에 사람과 사물, 공간 등이 긴밀하고 유기적으로 연결되고 어우러지는 만물지능인터넷(AIoE) 기술이 극초연결 시대를 만들어 간다. 2030년엔 1조개의 AIoE 노드가 형성될 것으로 예측된다.

만물지능인터넷으로 필요한 정보를 처리하고 정확한 판단을 내릴 수 있도록 내게 필요한 모든 사람과 사물이 항상 인터넷 통신으로 연결되어 유비쿼터스 사회를 구현하게 된다.

만물지능인터넷은 인간(people), 기계(machine), 사물(things), 환경(Environment), 시스템(system) 간의 유기적인 관계, 즉 세상의 모든 객체에 인공지능이 내장되고 네트워크로 연결되어 살아 있는 생명체처럼 상호작용하게 하는 생태적 전체 과정에 필요한 기술이다.

만물지능인터넷 기술은 인간과 사물 간의 지능의 동조화, 인간과 사물의 역량을 확장시켜 줄 것이다. 또한 사물에 대한 인간친화적인 재창조와 활용을 위해 인간의 눈, 귀, 코, 혀, 피부 등에 해당하는 오감을 사물에 심을 수 있는 기술을 가능하게 해 준다.

만물지능인터넷 기술로 이동통신은 6G가 개발되어 전송속도가 4G LTE 대비 100배, 5G 대비 5배 이상 빠르고 적용 범위도 5G를 훨씬 뛰어넘게 된다. 스마트 AI 센서 기술은 인간의 오감을 사물에 이식해 인간과 사물을 인간의 신경망과 동조화되도록 한다. 그리고 인간의 몸을 통신 매질로 사용하는 인체매질통신(Human Body Communication) 기술은 몸에 착용 가능한 다양한 센서(Sensor)로 감지한 건강 관련 생체정보를 전달받을 수 있는 생체 인터넷(IoB, Internet of Biometry) 기술과 함께 더욱 발전할 것이다. 이를 통해 개인별 혈당, 혈압, 심장 박동, 심전도, 수분, 영양, 호흡, 산소포화도 등 생체정보를 모바일이나 웨어러블 기기로 데이터를 보내고 이를 토대로 건강을 유지하거나 위험 상황을 예방할 수 있게 된다. 이와 같이 생체 인터넷 기술과 제품들은 저비용으로 건강을 관리하고 신체 역량의 확장을 돕는 등 건강한 생활을 유지할 수 있도록 하는 역할을 수행한다.

인류혁명 시대에 만물지능인터넷 기술들은 계속 발전하면서 연결의 영역과 범위가 더욱 확장된다. 식물지능인터넷 기술로 만물 중 식물의 미세한 전기 신호와 감각 및 지능을 파악하고 연결하여 소통하며 해충을 방지하고 환경 보호에 활용할 수 있게 된다. 두뇌인터넷 기술이 발전하여 꿈 꿀때의 뇌파와 두뇌 활동을 연결하여 꿈 데이터를 기록하여 꿈을 재생하거나 꿈속에서 학습을 하게 할 수도 있게 된다. 한편 우주인터넷 기술로 지구 저궤도에 수천개의 소형인공위성으로 지구 전체에 초고속 무선인터넷망을 구축하고 밀림을 포함한 모든 곳을 만물지능인터넷으로 연결하는 프로젝트가 미국, 영국, 중국 그리고 한국에서도 진행되고 있다.

인류혁명 시대에 만물지능인터넷 기술은 모든 산업과 비즈니스에 적용

그림 9-4 저궤도 소형인공위성으로 구축하는 우주인터넷

출처: 구글 이미지.

되어 초지능·초연결·초실감을 구현하는 중요한 역할을 담당하게 된다. 만물지능인터넷 기술로 인간의 건강 유지와 역량이 확장되어 인간의 존엄성을 높일 수도 있다. 또한 물리적 공간과 디지털 공간에서 최적의 의사결정을 내리는 편리한 자율 지능형 서비스를 제조, 물류, 유통, 헬스케어, 공공시설, 건설, 주거, 에너지, 자동차, 도시 분야 등 모든 분야에서 제공할 수 있게 될 것이다.

그러나 인류혁명 시대에 만물지능인터넷이 잘못 활용되면 조지 오웰의 소설에 등장하는 빅브라더처럼 사람을 감시하고 조정하며 개인의 사생활과 개인정보가 무한히 침해당하는 결과를 초래할 수도 있다. 또한 과도한 전파와 전기 신호에 노출되어 자칫 심신의 건강을 해치게 될 수도 있다. 따라서 이에 대한 인류 공동 차원의 대비가 사전에 꼭 필요하다.

6 빅데이터 기술(Big Data Technology)

인류혁명 시대에 빅데이터는 산업혁명 시대의 자본에 버금가는 생산의 중요 요소가 된다. 챗GPT도 인공지능과 빅데이터의 조합으로 나온 결과물이다. 빅데이터는 기업·경제·사회·정치 활동에서 사용되는 '정형화된 데이터'는 물론 메타정보와 센서 데이터, 공정 제어 데이터 등 '반정형화된 데이터', 여기에 사진, 이미지, 동영상 같은 멀티미디어 데이터인 '비정형 데이터'를 모두 포함한다.

빅데이터 기술은 이처럼 다양한 형태로 구성된 방대한 크기의 데이터를 수집 분석하여 이로부터 경제적으로 필요한 가치를 추출하고 용도에 따라 편리하게 활용할 수 있도록 디자인하는 기술이다.

인류혁명 시대엔 개인 맞춤으로 인간의 욕구를 만족시키고 역량을 확장하기 위해 활용하는 데이터의 양이 폭발적으로 증가한다. 어마어마하게 실시간으로 솟아나는 빅데이터를 즉시 학습하고 분석하여 결과를 도출하기

위해서는 인공지능 기술의 접목이 필수적이다. 이에 빅데이터와 인공지능은 수레바퀴의 양바퀴처럼 항상 함께 활용되는 상호 보완적인 기술이다. 빅데이터의 미래는 생각하는 인공지능이다.

빅데이터의 중요성은 앞으로 더욱 커지고 빅데이터 기술은 인공지능과 연계되며 미래를 선도하는 핵심 기술이 될 것이다. 빅데이터 분석을 위해서는 기본적으로 빅데이터 분석 인프라 기술이 필요하고, 그 위에 다양한 통계처리, 데이터 마이닝, 텍스트 마이닝, 오피니언 마이닝, 그래프 마이닝 등 다양한 분석 방법 및 기계학습, 인공지능 기법을 적용해야 한다. 이 중에서 비정형 텍스트 빅데이터에 내재한 가치를 효과적으로 알아내는 텍스트 마이닝, 오피니언 마이닝, 소셜네트워크 분석, 공간 분석, 시각화 분석 기술들이 중요하다.

빅데이터가 가져다 주는 혜택은 새로운 비즈니스를 창출하고 질병 예방 및 조기 진단에 기여하고 자율 주행이 가능하게 하며 도시의 인프라를 최적화하여 효율적인 도시 관리와 기후 변화에 미리 대응케 하고 산불 예방 등 다양한 영역에서 긍정적인 효과를 제공할 수 있다.

그러나 인류혁명 시대에 빅데이터가 오용되거나 잘못 활용되면 개인 정보가 무단 노출되고 사생활이 침해되며 범죄에 악용될 수도 있다. 이에 대한 사전 대비가 인류 공동 차원에서 대비되어야 할 것이다.

7 양자 컴퓨팅 기술(Quantum Computing Technology)

인류혁명 시대엔 인공지능과 함께 빅데이터 및 만물지능인터넷이 모든 곳에 적용되고 작동되면서 전 세계적으로 엄청난 규모의 복잡한 연산이 진행되어 기존의 컴퓨팅 기술로는 작동 속도와 작동 에너지 수요를 감당하기 힘들게 될 가능성이 높다. 이에 기존 컴퓨팅 기술에 비해 백만배 이상의 속도로 복잡한 연산을 쉽게 해결하는 양자컴퓨팅이 발전하여 대안으로 어느 시점부터 대세가 될 가능성이 높다.

1) 양자 컴퓨팅의 개요

양자 컴퓨팅은 양자역학을 기반으로 하여 기존 컴퓨터와는 완전히 다른 원리를 사용하는 컴퓨팅 기술이다. 양자역학은 전자, 원자, 분자, 광양자, 중성자 등 사람의 감각으로 식별할 수 없는 나노 단위의 입자와 파동을 연구하는 분야이다. 기존 컴퓨터에서는 정보 처리의 최소 단위로 0과 1을 사용한 1비트(bit)를 사용한다. 연산을 할 때 저장소의 상태가 0과 1중에 분명히 한 가지만 존재하는 방식이다. 하지만 양자 컴퓨팅은 0과 1의 상태가 동시에 나타날 수 있는 확률적 상태인 양자 중첩 현상을 활용한다. 양자 역학에서 빛과 물질이 입자이자 파동인 상태로 존재할 수 있는 것과 마찬가지로, 연산 저장소의 데이터가 0이면서 동시에 1일 수 있다는 것이다. 이 때 새로운 개념인 큐비트(Qubit, Quantum bit)가 정보처리의 최소 단위로 사용된다. 비트 2개는 서로 직교하는 두 벡터 (0, 1), (1, 0)를 기저 벡터로 하는 2차원 공간을 나타낼 수 있다. 큐비트(단일 큐비트) 1개는 2차원 벡터로, |0>와 |1>은 각각 2차원 벡터인 (1, 0)벡터와 (0, 1)벡터를 나타낸다. 큐비트 2개가 있을 경우 중첩 가능한 기저 상태는 |00>, |01>, |10>, |11>의 총 4가지이며, 큐비트의 수가 증가함에 따라 기저 벡터의 수는 지

수적으로 증가한다. 이처럼 양자 컴퓨팅에서는 0과 1의 두 상태의 중첩이 가능해짐에 따라 정보 단위를 단순히 'bit'가 아닌 더 고차원적인 'matrix' 형태로 표현할 수 있고 이로 인해 데이터 처리의 속도를 빛의 속도라 할 정도로 가속화할 수 있다.

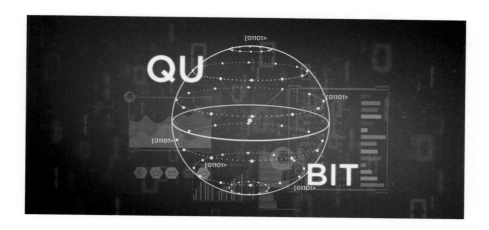

2) 양자 컴퓨팅의 원리

양자 컴퓨터는 양자 원리를 이용하여 작동한다. 양자 원리는 중첩, 얽힘, 결잃음의 원칙으로 요약되고 양자컴퓨터는 양자우위를 추구한다.

양자 중첩은 고전 물리학의 파동처럼 두 개 이상의 양자 상태를 추가할 수 있으며 그 결과 또 다른 유효한 양자 상태가 될 것이라는 원리이다. 반대로 모든 양자 상태를 둘 이상의 다른 별개의 상태의 합으로 나타낼 수도 있다. 큐비트의 이러한 중첩은 양자 컴퓨터에 고유의 병렬성을 부여하여 수백만 개의 작업을 동시에 처리할 수 있게 하여 엄청난 속도로 연산이 가능하게 한다.

양자 얽힘은 두 시스템이 너무 밀접하게 연결되어 있어, 두 시스템이 아무리 멀리 떨어져 있어도 한 시스템에 대한 지식이 다른 시스템에 대한 즉각적인 지식을 제공할 때 발생한다. 양자 프로세서는 다른 입자를 측정하여 한 입자에 대한 결론을 도출할 수 있다. 예를 들어 한 큐비트가 위로 회전하면 다른 큐비트가 항상 아래로 회전하고 그 반대도 마찬가지라고 판단할 수 있다. 양자 얽힘은 양자 컴퓨터가 복잡한 문제를 더 빨리 해결할 수 있게 해준다.

양자 결잃음은 큐비트에서 양자 상태의 손실이다. 방사선과 같은 관측 환경 요인은 큐비트의 양자 상태를 붕괴시킬 수 있다. 양자 컴퓨터를 구성하는 데 있어 큰 공학적 과제는 외부 필드로부터 큐비트를 보호하는 특수 구조를 구축하는 것이다.

양자 우위는 양자컴퓨터의 성능에 관한 것이다. 큐비트는 0과 1의 중첩된 상태로 관측되는 순간에 바뀐다. 둘 중 하나의 상태로 확정되면 그전에는 어떤 상태인지를 알 수 없다. 1큐비트 양자 컴퓨터는 한 번에 2개의 상태일 수 있으며 2큐비트 양자컴퓨터는 동시에 4개의 값을 동시에 저장할 수 있다. 이처럼 양자컴퓨터에서 동시에 저장할 수 있는 데이터양이 대단히 커서 기존 컴퓨터에서 해결할 수 없는 모든 문제를 해결할 수 있게 되는 시점을 양자 우위(Quantum supremacy)라고 한다.

3) 양자컴퓨터의 활용 분야

양자컴퓨터의 활용 분야는 매우 광범위하다. 양자컴퓨터는 의료 분야에서 신약개발 과정에서 분자 설계와 분석을 보다 쉽게 해낼 수 있다. 이로써 불치병 치료제를 이전보다 빨리 개발할 수 있다. 또한 유전학 기술과 접목시켜 개인 맞춤형 치료의 고속화도 기대된다.

금융 서비스 분야에서는 빅데이터를 활용해 인공지능으로 이에 대한 분석을 고도화하는 과정에서 양자컴퓨터가 기여할 수 있다. 또한 금융 상품 포트폴리오를 최적화하는 데도 쓰일 수 있다.

도시 교통 서비스를 최적화하는 데도 요긴하게 쓰일 수 있다. 폭스바겐은 구글 디웨이브(D-Wave)와 협업해 중국 베이징의 과밀화된 지역의 교통 흐름을 최적화하기 위한 양자 실험을 수행한 바 있다. 실제로 해당 실험에서 알고리즘을 통해 자동차별로 이상적인 이동 경로를 발견, 교통량을 줄이는 데 도움이 됐다고 전해진다.

또한 양자컴퓨터를 머신러닝을 위한 고속 클러스터링, 이미지 인식 고속 학습에 접목할 경우, 지능정보화 기술을 극단적으로 끌어올릴 수 있을 것이다. 특히 양자신경망(QCNN)으로 영역이 확대되어 인공지능의 발전이 가속화 될 것이다.

그리고 초거대 인공지능에서 양자컴퓨터는 더욱 필요하다. 인공지능의 매개변수인 파라미터는 GPT3의 1,750억 개에서 GPT4의 1.76조 파라미터로 지수함수적으로 증가하고 있으며 수년 내 현재 실리콘 기반의 컴퓨터로는 한계에 도달할 것이다. 이의 돌파구로 큐비트 수 증가에 대하여 지수함수적인 연산 능력을 갖추고 있는 양자컴퓨팅이 대안으로 가능해 진다.

4) 양자컴퓨팅 부문 국가 및 기업들의 투자 현황

양자컴퓨팅 부문에 대한 각국의 투자는 최근 3~4년 동안 큰 폭으로 증가하고 있는데 이는 각국이 양자과학기술을 국가전략 기술로 반드시 확보해야 할 분야로 인식하고 있기 때문이다. 국가 투자에 있어 중국, 미국, 유럽연합이 앞서가고 있으며 유럽연합의 경우 유럽연합 내에 독일, 프랑스 등이 투자에 있어서 선두권을 유지하고 있다. 영국과 스위스도 양자과학기술에 대한 국가적인 연구·개발 프로그램을 마련하고 투자 대열에 참여하고 있다.

글로벌 IT 대기업들인 구글, IBM, 아마존, 마이크로소프트 등이 양자컴퓨팅 기술 리더십 확보를 위하여 양자컴퓨팅 연구 개발에 투자하고 있으며 IBM, 아마존, 마이크로소프트 등은 양자컴퓨터 시스템 개발뿐만 아니라 클라우드 서비스를 통해 각자의 개발 환경으로 미래 시장 선점을 진행하고 있다.

양자컴퓨팅 기술은 아직 구체적이고 실용적인 활용 단계에 올라와 있지 않지만 기존 컴퓨팅의 한계가 점점 다가오고, 인공지능과 빅데이터 및 만물지능인터넷으로 둘러싸이는 미래 세상이 다가올수록, 이를 처리할 수 있는 고성능 연산처리능력에 대한 필요성은 증대되어 결국 양자컴퓨팅 기술 발전을 앞당길 것이다.

이에 양자컴퓨팅 산업에 대한 BCG의 보고서는 2035년 최대 약 1,000조 원 규모의 시장이 될 것으로 예측하고 있으며 인공지능, 화학, 제약, 다중 물리 최적화에 활용되어 현재 해결하지 못하는 복잡하고 다양한 문제가 양자컴퓨팅에 의해 해결될 것으로 예측하고 있다.

한편 현재 컴퓨터는 전 세계 에너지의 2~3%를 사용할 만큼 막대한 에너지를 사용하고 있으며 스마트폰 사용과 거대 인공지능으로 데이터의 폭발적인 증가와 이의 상업적 이용 요구는 컴퓨팅 능력의 대폭적인 증가와 이에 따른 에너지 문제를 수반한다. 인류 생존을 위협하는 기후변화 해결을 위하여 2050년 탄소중립을 목표로 하고 있으나 여전히 탄소중립 달성 가능성에 대한 리스크가 존재하는 상황이다. 이러한 환경 리스크를 해소하는 방안으로 양자컴퓨팅의 활용 필요성이 더욱 증대될 것이다.

8 헬스케어 기술(Health Care Technology)

인류는 코로나 팬데믹과 인구 고령화 및 급격한 기후 환경 변화 등으로 건강한 삶에 대한 관심이 높아지고 사전적 질병 예방과 항시적 건강관리를 통한 건강한 라이프스타일을 추구하게 되었다. 인류혁명 시대는 인간의 존엄을 유지하기 위해 더욱 인류의 건강에 대한 관심이 높아질 것이므로 헬스케어 기술이 더욱 발전할 것으로 예측된다.

헬스케어는 원격 진료와 진단 및 건강 상담을 포함하여 질병의 진단, 치료, 예방, 건강 관리 과정 모두를 포함한다. 헬스케어는 인공지능을 중심으로 정보통신 기술이 접목되면서 더욱 확장해 나가고 있다.

헬스케어 기술을 통해 언제 어디서나 어떤 기기로도 맞춤형 건강 진단과 상담 및 건강 관리를 받을 수 있는 유비쿼터스 헬스케어가 가능해 질 것이다.

헬스케어의 주요 핵심기술로는 비침습 무구속 기술, 무자각 건강정보 측정 기술, 맞춤형 진단 및 현장 진단 기술, 개방형 건강관리 플랫폼 기술, 맞춤형 원격 건강관리 서비스 기술, 웨어러블 생체신호 계측 기술 등이 있다.

인류혁명 시대엔 인간의 수명이 더욱 연장되고 인간의 존엄을 유지하기 위한 건강한 삶에 대한 욕구가 더욱 강화될 것이다. 이에 헬스케어에 대한 관심과 수요도 지속적으로 급증할 것이다. 헬스케어는 의료 기관뿐만 아니라 모든 기업에서 모든 제품과 연계되는 일상의 서비스가 될 것이다. 아침에 기상하여 마주하는 거울과 화장실 용기, 우리가 입는 옷과 신발, 출퇴근 시 사용하는 자동차, 항상 착용하는 안경과 시계, 음식과 간식, 책상과 의자에 이르기까지 우리의 일상이 헬스케어 기술과 접목하여 새로운 개념으로 건강한 라이프스타일을 제공하게 될 것이다. 이러한 헬스케어 서비스를 위해 헬스케어 빅데이터, 헬스케어 플랫폼, 디지털 치료제, 헬스케어 디바이스 분야의 기술이 더욱 개발되고 발전할 것이다.

　　매년 라스베가스에서 개최되는 CES 국제전자가전박람회에서 2023년에

표 9-1　일상의 헬스케어 기기 사례(미국 기업)

기업	세부 내용	
Athos	-주요 제품: 스마트 의류 -주요 기능: 마이크로 EMG 센서가 부착된 트레이닝복으로 운동 시 어떤 근육이 사용되는지를 측정해 스마트폰으로 전송, 근육 사용정보를 저장하고 분석해 전체적인 근육 조성과 근력 등에 대한 피드백을 제공	
Under Armur	-주요 제품: 스마트 운동화 -주요 기능: 센서를 이용해 사용자의 러닝 시간, 스피드, 거리 등을 측정, 점프테스트를 통해 근육의 피로도 또한 측정할 수 있어 사용자가 하루의 운동 시간과 강도를 계획하도록 함	
Atheals	-주요 제품: 자가 혈액 검사 -주요 기능: 환자가 한 방울의 혈액만 채취하여 환자가 필요한 약물 복용량을 측정하고 감기나 박테리아 감염, 암 등을 집에서 쉽게 진단	
Verily&Alcon	-주요 제품: 스마트 콘텍트 렌즈 -주요 기능: 렌즈를 통해 혈당을 측정하며, 노안이 있는 경우 바라보는 사물의 원근에 따라 렌즈를 자가 조정, 렌즈 표면에 장착된 무선 센서를 통해 무선 커뮤니케이션 기능이 가능	

출처: KISTEP 기술동향브리프 13호.

미래의 주요 기술로 헬스케어를 선정하고 다음과 같이 미래 헬스케어의 방향 5가지를 제시하였다.

1) 병원에서 일상생활 공간으로 헬스케어 확장

미래의 헬스케어는 병원 이전에 가정과 일상 생활에서 이루어져 향후 일상생활 공간으로 더욱 빠르게 이동될 것임을 전망하였다. 예를 들어 집에 설치된 열 카메라와 음성 바이오 마커로 얻어지는 개인별 데이터의 인공지능 분석으로 신경퇴행성 환자 억양과 걸음 패턴의 신속한 진단을 가능하게 하고 대사산물 분석으로 신체의 수분 및 영양 섭취 가이드와 여성건강 사이클 추적이 가능한 기술이 상품으로 개발되고 있다. 가정 내에서 뿐만 아니라 야외활동에서 원격으로 모니터링되는 심전도를 사용하여 뇌진탕 바이오 마커를 측정하는 등 스포츠 활동 중 리스크 감지가 가능한 데이터를 측정할 수도 있다.

2) 인공지능 헬스케어 접목으로 진단과 치료의 정확도와 개인화 증진

인공지능을 사용하여 방대한 양의 빅데이터를 신속하게 분석하여 질병 진단의 정확성을 높이고 개인화된 건강 솔루션을 제공할 수 있게 된다. 예를 들어 환자들의 건강 데이터를 클라우드로 보내고 이들의 모든 염기를 인공지능을 통해 수시로 비교분석하고, 이를 통해 관찰된 돌연변이를 활용하여 개인화된 암 백신을 개발할 수도 있게 된다.

3) 헬스케어 기기, 건강한 노후 생활을 위한 필수 도구로 정착

계속 증가하는 고령자들의 건강하고 즐거운 노후의 삶을 위한 자가진단 및 건강 위험관리를 위한 헬스케어 기기가 증가할 것이다. 예를 들어 휴대폰으로 심박수, 혈압, 스트레스, 혈당을 포함한 약 1,000개의 건강을 사전에 진단하고, 센서가 장착된 웨어러블 기기를 통해 흉부소리 및 호흡 수 등 자가진단이 가능하고, 몸의 밸런스를 측정해 고령자의 추락사고를 사전에 경고를 보내 예방하며 인공지능 돌봄 인형이 수시로 상담을 진행해 즐겁고 건강한 삶을 영위하도록 도와주게 된다.

4) 헬스케어 시장 내 혁신과 융합을 위한 파트너십 증가

구글, 마이크로소프트 등의 빅테크와 글로벌 제약회사인 모더나 및 글로벌 보험회사인 유나이트헬스와 AMA와 같은 의료기관 그리고 나이키 같은 의료업체, 삼성전자와 LG 같은 가전 기업 등을 위시한 다양한 분야의 기업들이 헬스케어 기술과 제품 개발과 서비스를 위해 혁신과 융합을 위한 파트너십이 강화 될 것이다.

5) 헬스케어 위한 디지털 건강 데이터의 안전한 통합 관리 필요

개인별 건강 데이터가 생태계 내 다양한 플랫폼에서 수집되고 분산되어 축적되는 경향이 있으며, 이는 데이터의 비효율적 사용 및 개인정보의 유출 등의 문제를 발생시킬 수 있다. 수면 상태, 섭식, 가정 내 혹은 외부 활동 등 다양한 건강 데이터가 각기 다른 플랫폼을 통해 추적·수집되고 있는바 이를 통합적으로 안전하게 관리될 필요가 있다. 헬스케어가 새로운 가치를 창출하기 위해서는 디지털 건강 데이터가 표준화되고 안전하게 통합 관리되어야 할 필요가 있으며, 이를 위해 사용되는 디지털기기 간 연결 그리고 데이터 활용 관련 제도 정비와 규제 도입 등이 필요하다.

인류혁명 시대는 수명이 연장되고 인간의 존엄을 유지하기 위해 더욱 평소 건강 관리에 대한 관심이 높아질 것이므로 일상생활에서 건강을 관리하게 해주는 헬스케어 기술이 다양한 분야와 융합하면서 더욱 발전할 것으로 예측된다. 헬스케어 세계 시장 규모는 2032년에는 3,246억 5천만 달러로 성장할 전망이다.

9 기후 환경 기술(Climate Environment Technology)

인류는 기후변화를 넘어 기후위기를 실감하고 있다. 안토니오 구테흐스 유엔 사무총장은 2024년 총회에서 지구온난화(global warming) 시대는 끝나고 '끓는 지구(global boiling)'시대가 시작됐다고 경고하였다.

기후위기 시대를 맞아 전 세계는 환경 오염 방지와 온실가스 감축을 위한 기후테크 기술 개발에 적극적으로 나서고 있다. 기후환경테크는 기후(Climate)와 테크(Technology)의 합성어로, 온실가스 배출 감소와 기후변화를 해결하는 데 도움을 주는 모든 범위의 기술을 지칭한다.

기후환경테크는 크게 ① 클린(에너지) ② 카본(탄소포집·산업·물류) ③ 에코(환경) ④ 푸드(농식품) ⑤ 지오(관측·기후적응) 테크 등 5개 분야로 구분된다.

1) 클린테크(Clean Tech)

클린테크는 신재생·대체 에너지 생산 및 분산화 솔루션을 제공하는 기술이다. 에너지와 자원의 소비를 줄이면서 오염 원인을 근본적으로 없애거나, 폐기물에서 에너지나 원료 등을 회수하고 적절히 처리하는 기술이다. 태양에너지, 수력에너지, 풍력에너지, 수소에너지 등 신재생 에너지 기술과 폐기물의 리사이클을 통해 또 다른 제품을 생산하고, 쓰레기 매립지에서 나오는 메탄가스로 에너지를 생산하는 기술, 건물의 유리와 빗방울로 전기를 만드는 기술, 미래의 에너지원으로 핵융합기술을 통해 인공태양을 만드는 기술이 해당된다.

2) 카본테크(Carbon Tech)

카본테크는 공기 중 탄소포집·저장 및 탄소를 감축하는 기술이다.

대기 중으로 배출되는 탄소 배출량을 줄이고, 배출된 탄소를 다양한 산업의 원료로 재사용하도록 탄소 포집, 활용 및 저장(CCUS)하는 기술이 해당된다.

3) 에코테크(Eco Tech)

에코테크는 자원순환, 저탄소원료 및 친환경제품 개발에 초점을 두는 기술로, 인공지능 기술을 활용한 폐플라스틱 재활용 시스템 등이 해당된다.

4) 푸드테크(Food Tech)

푸드테크는 식품의 생산과 소비 및 작물 재배 과정 중 탄소를 감축하는 기술로, 농축산 분야 탄소저감을 위한 배양육과 대체 농업이 해당한다.

5) 지오테크(Geo Tech)

지오테크는 탄소관측·모니터링 및 기상정보 활용하여 사업화하는 기술이다. 기후위험요인 관리를 위한 기상예측 기술, 탄소관측-모니터링 및 기상정보 활용 기술 등이 해당된다.

이러한 기후변화가 몰고온 기후위기는 인류가 직면한 가장 시급한 문

그림 9-5 기후환경테크 5대 분야(에코 타임즈)

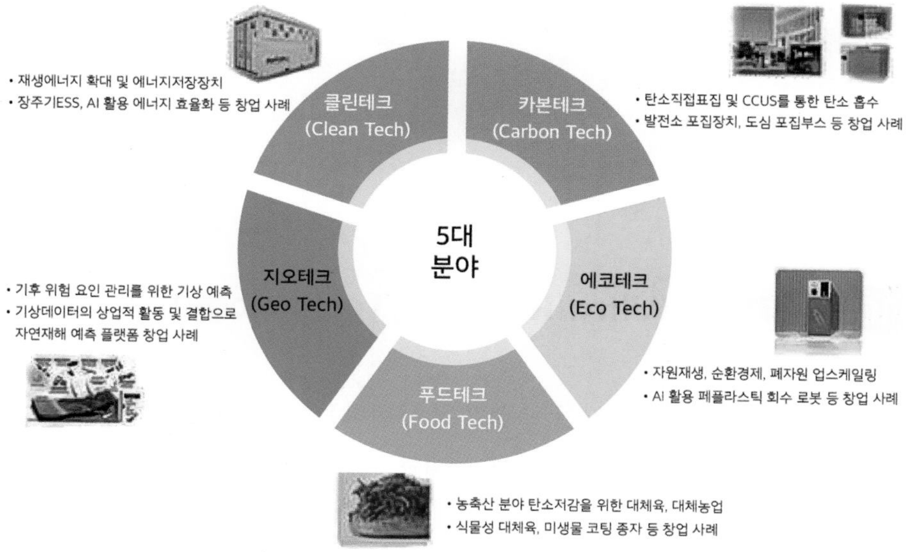

- 재생에너지 확대 및 에너지저장장치
- 장주기ESS, AI 활용 에너지 효율화 등 창업 사례

클린테크 (Clean Tech)

카본테크 (Carbon Tech)

- 탄소직접포집 및 CCUS를 통한 탄소 흡수
- 발전소 포집장치, 도심 포집부스 등 창업 사례

5대 분야

지오테크 (Geo Tech)

에코테크 (Eco Tech)

- 기후 위험 요인 관리를 위한 기상 예측
- 기상데이터의 상업적 활동 및 결합으로 자연재해 예측 플랫폼 창업 사례

푸드테크 (Food Tech)

- 자원재생, 순환경제, 폐자원 업스케일링
- AI 활용 페플라스틱 회수 로봇 등 창업 사례

- 농축산 분야 탄소저감을 위한 대체육, 대체농업
- 식물성 대체육, 미생물 코팅 종자 등 창업 사례

제다. 이미 폭염, 산불, 홍수, 폭풍과 허리케인이 빈번해지고 빙하가 녹아지 구해수면이 상승이 가시화되고 있다. 기후변화의 가장 큰 원인인 온실가스 배출량을 줄이는 것은 인류와 지구의 지속 가능을 위해 필수 사항이다. 이러한 위기의식으로 전 세계 130개국 이상이 '2050 탄소중립' 구현에 동참하겠다고 선언하였다. 2050까지 탄소 배출을 제로로 만들겠다는 전 지구적 노력이 구현되기 위해서는 신재생에너지로의 전환을 포함한 기후테크 기술은 더욱 중요해지고 인류의 지속가능한 삶을 위한 필수가 되고 있다.

10 초실감 기술(Ultra Realistic Technology)

인류혁명 시대의 특징인 초실감을 구현하는 초실감 기술은 디지털 세상을 물리적 현실과 구분할 수 없을 정도로 사실적으로 느끼게 하는 기술이다. 인간은 시각, 청각, 촉각, 미각, 후각 다섯 가지의 감각으로 주변을 인식하고 이를 두뇌에서 상호작용하여 반응을 한다.

초실감 기술로 인간은 디지털 세상으로 영역이 확장되고 현실에서도 감각의 역량이 확장된다. 초실감 기술은 인간으로 하여금 몰입감과 현존감을 강화시켜 준다. 이에 현실에서는 감동을 더해 주고 디지털세상은 더욱 현실처럼 느끼게 해준다. 초실감 기술은 결국 인간의 오감을 자극하여 만족케하고 더욱 실감나게 해 주는 기술이다.

초실감 기술 중 가장 앞서 발전하는 것은 인간의 시각을 확장하는 것이다. 미세 현미경 기술로 인간은 육안으로 볼 수 없는 세포까지 볼 수 있고 천체 망원경 기술로 우주의 별도 관찰할 수 있게 되었다. 초실감 시각 기술이 더욱 발전하면서 디지털 가상 세계까지 실감나게 보고 느낄 수 있게 되고 현실에서도 몰입감과 현존감이 극대화될 것이다.

인류혁명 시대에 인공지능이 더욱 발전하고 이를 접목한 컴퓨터 그래픽 기술은 더욱 초실감을 구현할 수 있게 향상되고 청각과 촉각, 후각 및 미각까지 함께 동기화되어 오감을 통한 몰입감과 현존감이 더욱 향상될 것이다. 미래학자 레이 커즈와일은 2007년에 이미 "2020년대 후반이 되면 디지털 가상현실은 현실과 구분이 불가능할 정도로 정교해질 것이다. 오감을 충족시킴은 물론 신경학적 방법으로 감정을 자극할 수도 있을 것이다. 2030년대가 되면 인간과 기계, 현실과 가상현실, 일과 놀이 사이에는 어떠한 경계도 없게 될 것이다"라고 예측했다. 인류혁명 시대에 초실감이 구현되는 모습을 예견한 것이다.

이미 3D 영화 '아바타'를 시작으로 디지털과 현실 구분이 힘들 정도로 실감나는 콘텐츠 제작 및 재생 기술이 발전하고 인공지능 기술까지 접목되면서 우리의 오감(五感)과 감성을 만족시키는 체감·체험적 초실감 콘텐츠가 확산되고 있다. 가상현실(VR)과 증강현실(AR), 혼합현실(MR), 홀로그램이 발전하며 현존감과 현장감, 상호 작용감 및 몰입감을 높여 주고 있다.

　　가상현실(Virtual Reality)은 어떤 특정 환경이나 상황을 컴퓨터로 가상화해 사람의 실세계를 몰입감 있게 대체 경험하게 해 준다. 증강현실(Augmented Reality)은 가상의 콘텐츠가 실제로 존재하는 것처럼 실제 화면에 보여주어 현실감 있는 경험을 선사한다. 혼합현실(Mixed Reality)은 VR의 몰입감과 AR의 현실감을 살려 가상 객체가 현장에 있는 것처럼 시각화하고 가상 정보를 제공해 직관적인 경험을 제공한다. VR, AR, MR 모두 이를 구현하기 위한 HMD(Head Mounted Display)나 스마트폰, 홀로렌즈 같은 별도의 사용자 디바이스가 필요하다.

　　반면 홀로그램(Hologram)은 별도의 사용자 디바이스 없이 사물이 가지는 모든 빛에 대한 정보를 홀로그래피 원리를 통해 실제와 같은 자연스러운 입체 영상으로 재현한다. 사용자에게 깊이감과 실제와 같은 입체감, 그리고 자연스러운 움직임을 영상으로 제공하는 실감 콘텐츠 궁극의 기술로, 초실감 사회를 구현한다.

　　가상현실과 증강현실, 혼합현실, 홀로그램으로 사실감, 현장감 및 몰입감을 제공하는 초실감 기술은 인공지능 알고리즘과 결합해 더욱 고도화되면서 영화와 영상, 방송, 광고, 게임 및 제조, 의료, 국방, 주거, 여가, 교육, 회의, 업무 활동 등 생활 전반에서 활용될 전망이다.

　　첨단 영상 콘텐츠는 첨단 컴퓨터그래픽(CG) 기술, 실시간 렌더링 기술, 컴퓨터 비전 기술, 360도 다면 영상 기술, 플렌옵틱 영상 기술 등에 AI 알고리즘이 접목되어 더욱 몰입형 경험을 제공하고 사실감과 현장감을 높여 초실감을 강화시켜 준다. 첨단 컴퓨터그래픽 기술은 영상의 디지털화 및

그림 9-6 홀로그램 초실감 기술로 원격으로 진행하는 국제회의

출처: 경향신문.

3D로 재구성, AI 영상 합성 및 영상 보정 및 복원 기술과 접목되어 실제 실물과 구분하기 힘든 수준의 극사실적 영상 콘텐츠로 초실감이 강화된다.

실시간 렌더링 기술은 컴퓨터그래픽을 사용해 2D 또는 3D 모델에서 사실적 혹은 비사실적 이미지를 자동 생성하는 프로세스다. AI와 접목되어 실사와 자연스럽게 결합하는 고품질 실시간 렌더링이 디바이스에 자동 맞춤형으로 제공된다.

컴퓨터 비전 기술은 입력된 영상에서 다양한 고차원 정보를 인식·분석해 3D로 재구성해 준다. AI와 접목된 센서 기술, 신호 처리 기술, 깊이 추출기술 등으로 야외 환경에서도 깊이를 획득할 수 있다. 사람과 사물의 실제 움직임이나 상세 표정을 더 정확히 구현할 수 있다. 인공지능의 컴퓨터 비전 기술을 초실감 콘텐츠 제작에 활용하면 영상 식별과 추적, 매핑 등을 통해 몰입형 경험이 더욱 풍부해진다. 컴퓨터 비전 기술은 구글 글래스, 마이크로소프트의 홀로렌즈 등에 적용되어 특정 객체를 인식·식별해 사용

자에게 관련 정보를 제공해 주고 제스처 및 모션 트래킹을 통해 동작과 미묘한 제스처를 분석해 작동케 한다.

강화된 시선 추적 기술로 시선 추적을 통해 사용자의 감정을 감지해 낼 수도 있다. 매핑 알고리즘은 사용자의 주변 환경을 인식하고 가상의 객체를 실제 공간에 배치하게 해 주기도 한다. 인공지능이 단순한 기계 작동을 넘어 인간의 몸과 공간 및 감정까지 연계한 인간의 지각 시스템과 일치시키는 통합적 사용자 인터페이스(UI/UX)를 구현하게 해 준다.

360도 다면 영상 기술은 전용 특수 카메라나 다수의 카메라를 이용해 전 방위 영상을 취득하고 정합해, 사용자가 원하는 시점에서 다양한 디스플레이로 콘텐츠를 시청할 수 있게 해 준다. AI와 접목된 고품질 자동 촬영과 영상 추출로 입체감과 몰입감을 더욱 높일 수 있다. 플렌옵틱(Plenoptic) 기술은 라이트 필드(Light Field)를 기반으로 촬영 시 빛의 모든 방향과 세기를 인식해 공간 정보로 받아들여 실제 물리계와 동일한 시각 경험을 제공하는 촬영과 영상 취득, 편집·가공 기술이다. 인공지능과 접목되어 실제 공간에서 물체들을 극사실적 영상으로 구현하게 해 준다.

인공지능의 기계학습(machine learning)을 초실감 콘텐츠 제작에 활용하면 현실감과 몰입감이 더욱 고도화되고 효율적인 작업이 가능해진다. 또 인간의 시각 동선과 감정 흐름까지 인지해 더욱 실감나게 영상 콘텐츠가 구현되어 현실 같은 디지털 세상이 실현된다.

AR·MR·VR·홀로그램 등에 인공지능의 자연어 처리 기술이 적용되면 실감 콘텐츠를 사용자가 음성으로 작동할 수 있게 된다. 인공지능 음성 분석으로 사용자의 감정과 의도를 파악해 적합한 영상 콘텐츠를 제공할 수도 있다. 딥러닝을 통한 강화된 자연어 처리 기술이 적용되면 아바타나 가상 개인

그림 9-7 MBN 김주하 앵커와 인공지능 초실감 기술로 제작된 AI 김주하

출처: MBN.

비서를 통해 초실감 콘텐츠와 사람 간에 언어적 상호 작용도 가능하게 된다.

　　인공지능을 활용한 초실감 기술은 사용자가 오감으로 느끼고 몰입적 경험을 체험할 수 있게 해준다. 인간의 오감과 느낌(feeling), 감성(sensibility)까지 인식하고 분석해 현실과 가상이 접목된 다차원적 메타버스 초실감을 체험하게 만들어 준다. 디지털 세상과 현실 세상의 초실감의 혁신이 앞당겨지며 지금까지 볼 수 없었던 초실감 콘텐츠가 구현될 것이다.

　　인공지능 기술은 디지털 3D 가상공간에 '재현성(Reproducibility)'을 제공한다. 현실 세계의 물리법칙이 구현된 3D 가상공간에서는 '시간의 흐름과 공간의 변화가 있는 시뮬레이션'이 가능하다. 덕분에 디지털 세상은 현실 세계에서의 환경이나 제도에 의한 불편함을 넘어 다양한 모의실험이 가능한 공간일 수 있게 된다.

또한 인공지능 기술은 지속성이 있는 디지털 가상세계에 '확장성 (Extendability)'을 제공하며 소통과 집단지성을 유리하게 한다. 이로 인해 디지털 가상세계는 다양한 목적을 갖는 사용자들의 실시간 참여가 가능한 초실감 세계가 된다. 그리고 인공지능 기술은 디지털 가상세계에 '자동성 (Automaticity)'을 제공한다. 디지털 세상에서는 다양하게 정의된 가상세계에 대규모의 사용자가 참가하여 상호작용하기 때문에 그 가상의 환경은 인공지능에 의해 자동적으로 관리되는 인공지능의 의사결정 시스템 기술의 적용으로 자동화된다.

또한 인공지능 기술은 디지털 가상세계 내에 사용자들에 대응되는 휴먼 아바타(Human Avatar)들뿐 아니라 디지털휴먼(Digtal Human) 및 반응형 개체들과의 '관계성(Relationship)'을 제공한다. 식별된 개체들과의 관계성은 디지털 가상세계에서 사회·경제·문화 활동을 하는 것을 가능하게 한다.

인류혁명 시대에 이처럼 인공지능이 접목된 초실감 기술은 시공간을 초월해 전 세계인이 함께 소통하고 즐기며 과거와 현재 그리고 미래를 이어 주는 가교 역할을 해 줄 것이다. 이를 통해 인간의 감각 역량이 확장되고 인간의 공간이 확장되고 인간의 연결이 확장되게 될 것이다.

인류혁명 시대 10대 핵심 산업

인류혁명 시대 10대 핵심 산업

인류혁명 시대의 세계 경제는 초지능·초연결·초실감 서비스를 구현하여 인간의 역량을 확장하고 인류와 지구의 지속 가능에 기여하는 디지털 휴머니즘 경제로 전환될 것이다.

그리고 인류혁명 시대의 특성 및 과학기술 발전과 연계한 미래 산업이 주요한 핵심 산업으로 부각되고 이와 연계된 비즈니스가 새로운 가치를 창출하며 무한대로 생겨날 것이다.

이러한 관점에서 인류혁명 시대에 산업 규모 증가와 전문 인력 수요 증대 및 중요성 차원에서 10대 핵심 산업은 다음과 같이 선정하였다.

인류혁명 시대의 모든 미래산업의 기초가 되는 핵심 기술 산업으로 ① 인공지능·AI반도체 산업, ② 만물인터넷 산업, ③ 빅데이터 산업과 미래사회 기반이 되는 산업으로 ④ 기후에너지 산업, ⑤ 의료바이오산업, ⑥ 우주항공 산업 그리고 기술 응용 산업으로 ⑦ 미래 자동차 산업, ⑧ 미래 가전·3D프린팅 산업, ⑨ 드론·로봇 산업, ⑩ 실감콘텐츠 산업이 10대 핵심 산업으로 부각될 것이다.

1 인공지능·AI반도체 산업

인류혁명 시대는 인공지능을 중심으로 세상의 모든 것이 지능화되고 연결되며 실감나게 변화된다. 인공지능의 발전이 가속화되어 인간의 지능과 유사해지게 되고 모든 영역에 인공지능이 활용되는 인공지능 에브리웨어 시대가 온다.

인공지능은 빠른 속도로 인류의 삶에 새로운 세상을 만들어갈 것이다. 인류혁명 시대에는 인터넷과 스마트폰 이상으로 인공지능이 우리 사회와 삶에 필수재가 되어 모든 지능을 연결하고 모든 사람의 역량을 강화하면서 스스로도 진화하는 새로운 세상이 펼쳐지게 된다. 이에 인공지능이 인간을 위해 건강하게 사용되도록 인공지능 윤리에 대한 글로벌 연대가 중요해진다.

인공지능 산업은 딥러닝 같은 소프트웨어 산업과 AI반도체와 같은 하드웨어 산업으로 구성된다. 인공지능은 인간과의 협업을 통하여 산업 생산성을 높이는 맥락적 상황에 적용되는 단계에서 인간과 같은 지능과 자아를 가진 인공일반지능(Artificial General Intelligence, AGI)의 단계로 기술적으로 진보함에 따라 거의 모든 분야에 적용되어 산업과 서비스 혁신을 일으킬 것이다. 인공지능 산업이 적용되는 몇 가지 사례를 살펴보면 다음과 같다.

① 음성인식, 자연어 처리를 통한 가상 개인비서 및 사용자 인터페이스 혁신으로 인공지능이 적용된 가전제품, 스마트폰, 자율 주행 자동차 등 대부분의 인간-기계 상호작용이 음성 기반으로 바뀌게 된다. 특히 신속한 양방향 소통을 다양한 기계학습을 통하여 제공함으로써 인공지능을 통하여 인간과 기계의 협업을 훨씬 원활하게 만들게 된다.

② 빅데이터, 클라우드 환경에서의 새로운 가치 창출이 가능해진다. 비

즈니스나 산업 현장에서의 의사 결정을 데이터 기반의 실시간 의사 결정이 가능하도록 하는 데 있어 인공지능과 기계학습이 획기적으로 기여하게 된다. 의료 영상 판독, 발전소나 항공기의 에너지 저감 등 실질적으로 큰 폭의 생산성 향상 효과를 가져 오는 방향으로 발전하게 된다.

③ 자율 주행차, 드론, 로봇과 같이 이동 모빌리티(Mobility)와 움직임 (Motion)을 제어하는 산업 분야에 있어서 센서 퓨전에 의하여 다양한 센서들과 위치 기반의 지리 정보를 바탕으로 완전한 자율 주행을 위해서는 다양한 신경망 모델을 기반으로 딥러닝, 강화학습을 통하여 사람의 개입을 최소화하면서도 안전하고 효율적인 이동이 가능하며, 여러 대의 로봇이 협동적으로 일하거나 자율성을 가지고 목표를 달성할 수 있게 된다.

④ 스마트 팩토리 구축을 통한 생산성 혁신으로 제품 아이디어의 창출에서부터 마케팅 서비스에 이르기까지 통합적인 생산 환경을 구현하는 각 단계에서 인공지능과 기계학습이 필수적으로 수반되어 생산 스케줄 납기 관리, 에너지 세이빙, 생산 자동화, SCM 등을 통합하여 무인화나 최소 인력으로 보다 높은 생산성을 기하므로 원가절감, 소비자 만족도 증대, 주문 즉시 맞춤 생산 등의 혁신을 이루게 된다.

⑤ 금융, 행정 서비스 등에서의 이상 징후, 사기 등을 탐지하게 된다. 금융이나 대규모 행정 서비스에서의 사이버 보안은 매우 중요한 이슈로서 이상 발생 시 초연결 사회에서 엄청난 재난을 가져올 수 있다. 인공지능을 통하여 이상 징후나 패턴을 찾도록 스스로 학습하여 거대 시스템에서의 완벽한 보안을 추구할 수 있게 된다.

⑥ 신약 개발 등 바이오 및 의과학 분야에서 인공지능이 활용되어 예전에 신약 개발은 최소 1조 원, 그리고 10년의 기간을 필요로 하였는데, 인

그림 10-1 인공지능 산업이 적용되어 만들어지는 새로운 시장

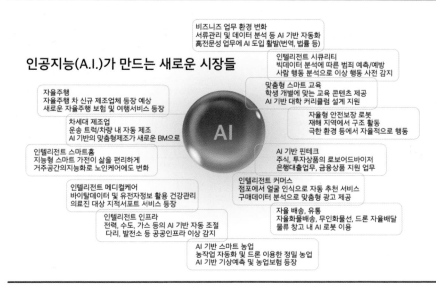

출처: KT경제경영연구소.

공지능을 통하여 기계학습을 활용하게 되어 효과적인 신약 물질이나 바이오 마커를 단시간 내에 발견하게 되고, 독성의 판별이나 개인 맞춤형 신약 개발에 획기적으로 개선되어 신약 개발이 가상실험에서의 컴퓨터 프로그래밍 방식으로 전환되게 된다.

인류혁명 시대에 인공지능 산업은 모든 산업과 모든 삶 속에 적용되고 인공지능 산업 경쟁력이 국가와 기업의 경쟁력이 될 것이다. 이에 글로벌 인공지능 산업 시장 규모는 2030년까지 연간 36.8%의 고속 성장세를 이어가고 2030년에는 2경 원을 넘어설 것으로 전망된다.

AI반도체는 사람 뇌 신경망을 모방한 신경망처리장치(NPU) 등 인공지능 프로세서와 초고속 인터페이스, 인공지능 소프트웨어 등을 통합한 플랫폼으로 초저전력·고성능 반도체 소자로 작동된다. AI반도체 시장 규모는

그림 10-2 AI반도체 산업 글로벌 시장 전망

출처: 정보통신정책연구원.

2022년 326억 달러(약 43조원)에서 2026년 657억 달러(약 87조원)로 4년 새 두 배가량 커지고 2030년에는 1179억 달러(155조원) 규모로 성장할 것으로 전망되고 있다.

특히 인공지능 산업과 인공지능을 담는 AI반도체 산업은 글로벌 디지털 패권 경쟁의 핵심 산업으로 갈수록 더욱 치열한 견제와 경쟁이 심화될 것이다.

2 만물 인터넷 산업

인류혁명 시대엔 모든 것이 지능형으로 연결되어 언제 어디서나 빠른 속도로 서비스를 제공할 수 있게 된다. 이에 모든 것을 인터넷으로 연결하여 데이터를 주고받고 수집된 정보를 지능형으로 분석하고 예측 및 활용할 수 있게 되는 만물인터넷(IoE) 산업이 급성장하게 된다.

만물인터넷 산업은 디바이스(Device), 플랫폼(Platform), 네트워크(Network), 서비스(Service)의 4가지 산업으로 구성된다.

만물인터넷 디바이스 산업은 물리적 또는 가상의 개체에 대한 상태를 센싱하여 데이터 처리 및 제어, 오류 자동보정, 자가진단, 인지 등의 기능을 수행하며 데이터 통신기능을 융합한 기술을 모든 디바이스에 제공한다. 웨어러블을 포함한 다양한 만물인터넷 기기에 대한 식별·검색·접근 및 데이터 수집·저장·관리와 데이터 분석·가공을 지원하는 지능형 통합운용 시스템 산업이다.

만물인터넷 네트워크 산업은 다수의 이기종 사물-사물, 사물-인간, 사물-플랫폼 연결을 위한 프로토콜을 포함한 접속 제어 및 관리, 상호연동 기능을 제공하는 지능적이고 자율적인 사물간 연결 기술을 제공한다.

만물인터넷 서비스 산업은 만물의 자율적 협업 및 학습을 통해 특정 상황이나 사용자의 요구를 예측하여 산업 분야별 편의와 부가가치를 제공하는 서비스 융합 기반 기술을 제공한다.

만물인터넷 플랫폼 산업은 지능형 만물인터넷을 구현하는 방식으로 클라우드의 지능을 이용하거나 만물 자체에 지능을 탑재하는 방식으로 구분된다.

표 10-1 만물인터넷 활용 영역

활용분야		주요 내용
헬스케어/ 의료/복지	헬스케어	• 운동량 관리 서비스, 수면관리 서비스 등
	의료	• 의약품 및 의료기기 관리 서비스, 환자상태 모니터링 서비스, 원격 검진 서비스 등
	복지	• 취약계층(독거·치매노인, 여성, 장애인 등) 서비스, 사회복지시설 (요양원 등) 서비스, 미아방지 서비스, 여성 안심 서비스 등
에너지	검침	• 전기·가스·수도 등 원격 검침 서비스, 실시간 과금 서비스 등
	에너지 관리	• 에너지 모니터링 서비스, 건물 에너지 관리 서비스, 전력/전원 모니 터링 및 제어 서비스, 신재생에너지(태양광 등) 관리 서비스 등
제조		• 생산 공정관리 서비스, 기계진단 서비스, 공장 자동화서비스, 제조 설비 실시간 모니터링 서비스 등
스마트홈		• 가전·기기 원격제어 서비스, 홈CCTV 서비스, 스마트도어락 서비 스, 인공지능 서비스(음성인식 비서) 등
금융		• IoT기반 동산 담보 관리 서비스, 비콘 기반 금융 상품 안내 및 고객 서비스
교육		• 스마트 스쿨(출결관리, 교육 기자재관리 등) 서비스, 스마트 도서관 서비스 등
국방		• 훈련병·예비군 관리 서비스, 전장감시 및 부대방호 서비스, 총기 및 탄약 관리서비스, 테러감지 서비스, 광섬유 군복 등
농림축산/ 수산	농림축산	• 재배환경 모니터링 및 관리 서비스, 사육관리 서비스, 사료 자동 급 이 서비스, 농산물 유통관리 서비스, 생산이력 관리 서비스, 가축 이력 추적 서비스, 가축 전염병(구제역 등) 관리 서비스 등
	수산	• 양식장 환경 정보 수집 서비스, 수산물 이력관리 서비스 등
자동차/ 교통/항공/ 우주/조선	자동차	• 차량 진단서비스(DTG, OBD), 커넥티드 카, 무인자율 주행 서비스 등
	교통/ 인프라	• ITS, 대중교통 운영정보 관리(버스사령관제동)서비스, 스마트 파킹 서비스, 주차위치 제공서비스, 주변 주차장 안내 서비스, 아파트 차 량 출입통계 및 주차관리 서비스, 철도시설 관리 서비스 등
	항공/우주	• 비행기 내부 모니터링 서비스, 실시간 항공기 원격점검 서비스 등
	조선/선박	• 선박 위치 모니터링, 선박 내부 모니터링, 선박 원격점검 서비스 등
관광/ 스포츠	관광	• 관광지 위치정보 서비스, 관광/문화행사 정보 수집/제공 서비스, IoT 기반 문화유산 관광 안내 서비스 등
	스포츠/ 레저/오락	• 운동선수 관리(운동량 체크 등) 서비스, 스포츠 장비 관리 서비스, 경기장 내 위치정보서비스 등
소매/물류	소매	• 지능형 쇼핑고객 관리 서비스, 실시간 재고관리 서비스, 운송추적 서비스, 비콘기반 O2O 서비스 등
	물류/유통	• 상품 위치정보 모니터링 서비스, 물류창고 관리 서비스, 조달관리 서비스, 물류추적 서비스 등

활용분야		주요 내용
건설·시설물관리/안전/환경	건설/시설물관리	• 구조물 안전관리 서비스, 공공시설물 제어 서비스, 빌딩 관리 서비스, 출입통제서비스, 시설물 감시 서비스, 도로/교량 상태 모니터링 서비스 등 *건물 및 빌딩의 에너지 관리 서비스는 "에너지 분야"의 에너지 관리 서비스에 포함 *건물 내 주차장 관리 및 주차관리 서비스는 "자동차/교통/항공/우주 분야"의 교통인프라 서비스에 포함
	산업 안전	• 유해화학물 관리, 재해 모니터링, 위험물 감지경보 서비스 등
	환경/재난/재해	• 수질관리, 기상정보 수집/제공, 음식물쓰레기 관리, 스마트 환경정보 제공, 재난재해 감시(홍수, 지진 등) 서비스

클라우드 지능을 이용하는 것은 하드웨어, 만물 제조사가 응용서비스 제공을 위해 구축한 서비스 클라우드 플랫폼에 인지, 분석 기능 등을 추가해 지능화된 만물인터넷 서비스를 제공하는 산업으로 인공지능가전, 인공지능 스피커, 인공지능 비서 등에서 활용된다.

만물 자체에 지능화를 탑재하는 것은 데이터 인지 분석 서비스를 자율주행차와 같이 특화된 지능을 요구하는 만물에 탑재하는 만물인터넷 플랫폼을 제공하는 산업이다.

사물인터넷(IoT)은 만물인터넷(IoE)으로 확대되고 AI의 초지능과 결합되어 만물지능인터넷(AIoE)으로 발전할 것이다. 만물지능인터넷은 학습과 추론에 의한 지능형 동작을 자체적으로 수행한다. 이처럼 진화하는 만물인터넷은 다양한 비즈니스와 서비스에 적용되어 다양한 산업 분야에 새로운 변화를 가져올 것이다.

디지털 시장조사기관인 트랜스포마 인사이트(Transforma Insights)에 따르면, 만물인터넷 연결 디바이스 수는 2030년 전 세계적으로 170억 개가 연결될 것으로 예상되고 세계 만물인터넷 시장은 2023년 6,622억 1천만 달러에서 2030년 3조 3,529억 7천만 달러로 연평균 성장률 26.1%로 성장할 것으로 전망된다.

3 빅데이터 산업

인류혁명 시대에 초지능·초연결·초실감이 구현되면서 매초마다 데이터 생산량은 폭증하게 된다. 폭증하는 빅데이터를 저장 관리하고 인공지능으로 처리 분석하여 매순간 가치있는 결과를 산출하여 맞춤형 멀티모달 형식으로 제공하는 빅데이터 산업은 지속적으로 빠르게 성장할 것이다.

미래 산업을 결정하는 빅데이터 산업의 기술 영역은 다음과 같이 크게 3가지로 나누어진다. ① 방대하게 늘어나는 데이터의 양적 크기를 효율적으로 관리 운영할 수 있는 빅데이터 운영관리 기술, ② 방대한 데이터 속에서 의미 있는 가치를 창출할 수 있는 2차 데이터 생성 기술과 새로운 비즈니스 전략을 창출할 수 있는 빅데이터 비즈니스 전략 설계 기술알고리즘 기술, ③ 비즈니스 전략 설계 기술을 기반으로 하는 빅데이터 비즈니스 플랫폼 서비스 기술이다.

빅데이터 기술을 기반으로 빅데이터 산업은 빅데이터 분석을 위한 인프라 산업, 데이터 가공·처리·분석의 SW 산업과 빅데이터 분석 결과를 해석하여 제공하는 서비스 산업으로 발전한다.

① 빅데이터 인프라 산업은 데이터를 저장, 처리하는 등 빅데이터를 위한 기초 자원을 담당하는 하드웨어 및 운영 체제를 망라하며 데이터의 저장 능력과 데이터의 처리 능력이 경쟁력이며, 자체 인프라를 구축하거나 가상화를 위한 클라우드컴퓨팅 인프라를 구축해 주는 산업이다.

② 빅데이터 SW 산업은 빅데이터를 위한 인프라, 즉 클라우드 컴퓨팅 서비스와 하드웨어 시스템 종류와 무관한, 즉 하드웨어에 종속되지 않은 처리 소프트웨어, 분석 소프트웨어 산업이다.

③ 서비스 산업은 애플리케이션과 관련하여 사용자가 주로 웹브라우저를 통해 빅데이터와 소통하는 메커니즘을 제공하며 빅데이터 처리 결과를 바탕으로 소비자가 원하는 분석 결과를 시각화 등을 통해 제공하거나 시장에 유통시키는 산업이다.

빅데이터 서비스의 경쟁력은 데이터 처리, 분석 능력에 달려 있다. 데이터 처리 속도, 데이터 저장 용량 등 빅데이터를 구성하는 인프라, 즉 하드웨어는 빅데이터를 구성하는 중요한 요소 중 하나이다. 그러나 클라우드 컴퓨팅 기술의 발전에 따라 과거 개별 사용자 또는 기업이 할 수 있는 범위를 크게 능가하는 하드웨어 인프라를 클라우드 서비스 공급자를 통해 이용이 가능하다.

따라서 최근에는 인프라에 구축에 대한 관심과 투자에서 수집된 빅데이터를 실시간으로 분석할 수 있는 컴퓨팅 기술, 즉 소프트웨어 기술 분야로 옮겨지고 있으며, 하둡, 맵리듀스, NoSQL 등 빅데이터란 이름으로 언급되는 기술들은 데이터를 실시간으로 분석할 수 있도록 하는 분산 병렬 컴퓨팅 기술이며 협의의 빅데이터 기술로 사용되고 있다.

빅데이터는 서비스의 적용 분야에 따라 ① 공공 빅데이터, ② 제조 빅데이터, ③ 금융 빅데이터, ④ 유통 빅데이터, ⑤ 의료 빅데이터 산업 분야 등 지속적으로 확장될 것이다.

인류혁명 시대에는 빅데이터에 포함되는 정보의 양, 생성 및 수집 속도, 다루는 데이터 포인트의 범위가 갈수록 기하급수적으로 폭증할 것이다. 이에 빅데이터(Big Data) 분석에서 빠질 수 없는 부분이 인공지능(Artificial Intelligence)이고, 인공지능에서 빠질 수 없는 부분도 빅데이터인 시대가 될 것이다.

그림 10-3 빅데이터와 인공지능 관계

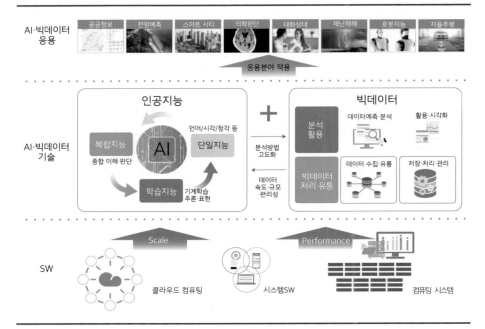

출처: 모두의 연구소(https://modulabs.co.kr/blog/ai-bigdata).

시장조사기관 브엠알(Verified Market Research, VMR)에 의하면 글로벌 빅데이터 산업 시장 규모는 2022년 1,603억 달러에서 매년 13.9%씩 성장해 2030년에는 3993억 달러에 이를 것으로 전망된다.

4 기후에너지 산업

인류혁명 시대에 인류와 지구의 지속 가능을 위한 미래 산업에 가장 중요한 변수는 인공지능과 기후변화이다. 기후변화는 다양한 산업에 영향을 주지만 기후테크 산업을 새롭게 부각시키고 특히 에너지 산업의 혁명적 변화를 가져온다.

지구의 온도가 2℃ 이상 상승할 경우, 폭염 한파 등 보통의 인간이 감당할 수 없는 자연재해가 발생한다. 상승 온도를 1.5℃로 제한할 경우 생물다양성, 건강, 생계, 식량안보, 인간 안보 및 경제 성장에 대한 위험이 2℃보다 대폭 감소한다. 지구온도 상승을 1.5℃ 이내로 억제하기 위해서는 2050년까지 탄소 순배출량이 0이 되는 탄소중립 사회로의 전환이 필요하다.

인간의 활동에 의한 온실가스 배출을 최대한 줄이고, 남은 온실가스는 흡수(산림 등), 이산화탄소 포집, 저장, 활용 기술(Carbon Capture Utilization and Storage, CCUS)로 제거를 통해서 배출되는 탄소와 흡수되는 탄소량을 같게 해 탄소 '순배출이 0'이 되게 하는 것으로, 이에 탄소 중립을 '넷-제로(Net-Zero)'라 부른다.

유엔 산하 국제 기후변화 협의체로 기후 변화에 관한 정부간 협의체인 IPCC(Intergovernmental Panel on Climate Change)는 2018년 10월 인천 송도에서 개최된 제48차 IPCC 총회에서 치열한 논의 끝에 「지구온난화 1.5℃ 특별보고서」를 승인하고 파리협정 채택 시 합의된 1.5℃ 목표의 과학적 근거를 마련했다. IPCC는 2100년까지 지구 평균온도 상승폭을 1.5℃ 이내로 제한하기 위해서는 전 지구적으로 2030년까지 이산화탄소 배출량을 2010년 대비 최소 45% 이상 감축하여야 하고, 2050년경에는 탄소중립(Netzero)을 달성하여야 한다는 경로를 제시했다.

탄소중립을 실현하기 위해서 파괴적 혁신 기술이 적용된, 즉 기후테크 산업이 급성장할 것이다. 기후테크란, 기후(Climate)와 테크(Technology)의 합성어로, 경제적인 수익을 창출하면서 탄소배출 감축과 기후위기 극복에 기여하는 모든 혁신 기술을 지칭한다. 2016년 169억 달러(약 22조 원)였던 기

표 10-2 기후테크 산업 종류

구분	개념	세부 분류	
클린테크 (Clean Tech)	재생·대체 에너지 생산 및 분산화	재생에너지	재생에너지 생산, 에너지 저장 장치, 건물전기화
		에너지신산업	가상발전소, 송배전, 분산형 에너지공장, 에너지 디지털화
		탈산소에너지	원전, SMR, 수소, 핵융합 등 대체 에너지원 발굴
카본테크 (Carbon Tech)	공기 중 탄소포집· 저장 및 탄소 감축 기술 개발	탄소포집	직접포집(DAC), CCUS, 생물학적 탄소제거
		공정혁신	제조업 공정 개선, 탄소저감 연·원료 대체
		모빌리티	전기차, 차량용 배터리, 물류, 퍼스널 모빌리티
에코테크 (Eco Tech)	자원순환, 저탄소원료 및 친환경제품 개발	자원순환	자원 재활용, 폐자원 원료화, 에너지 회수
		폐기물절감	폐기물 배출량 감축, 폐기물 관리시스템
		업사이클링	친환경 생활소비제품
푸드테크 (Food Tech)	식품 생산·소비 및 작물 재배 과정 중 탄소감축	대체식품	대체육, 세포배양육, 대체유, 대체아이스크림
		스마트식품	음식물쓰레기 저감, 친환경 포장, 식품 부산물 활용
		애그테크	친환경농업, 대체비료, 스마트팜
지오테크 (Geo Tech)	탄소관측· 모니터링 및 기상정보 활용 사업화	우주·기상	위성 탄소관측, 모니터링, 기후감시·예측, 기상정보
		기후적응	물산업, 재난 방지 시설·시스템
		AI·데이터· 금융	기후·탄소 데이터 컨설팅, 녹색금융, 블록체인, NFT

출처: 2050탄소중립녹색성장위원회.

후테크의 산업 규모는 2032년에는 1,480억 달러(약 200조 원)까지 성장할 것으로 전망되고 있다.

기후테크 산업의 종류는 △클린테크 △카본테크 △에코테크 △푸드테크 △지오테크 5개로 분류된다.

에너지 산업은 연간 1경 3,000조 원이 넘는 매출 규모를 가진 세계 최대 단일 산업이다. 기존의 석탄과 석유 중심의 에너지 산업은 탄소제로를 지향하는 세계의 에너지 정책으로 신재생에너지 중심으로 재편될 수밖에 없다.

신재생에너지는 기존의 화석연료를 변환시켜 이용하거나 햇빛·물·지열·강수·생물유기체 등을 포함하여 재생 가능한 에너지를 변환시켜 이용하는 에너지로 신에너지에는 연료전지, 수소, 석탄액화·가스화 및 중질잔사유 가스화가 있고 재생에너지로는 햇빛·물·지열·강수·생물유기체 등을 포함하는 재생가능한 에너지를 변환시켜 이용하는 에너지로서 태양에너지, 풍력, 수력, 해양에너지, 지열에너지, 폐기물에너지, 생물자원을 변환시켜 이용하는 바이오에너지, 그 밖에 석유·석탄·원자력 또는 천연가스가 아닌 에너지가 있다.

에너지 산업은 신·재생에너지처럼 탄소를 줄이고 연소가 동반되지 않

그림 10-4 신·재생 에너지의 종류

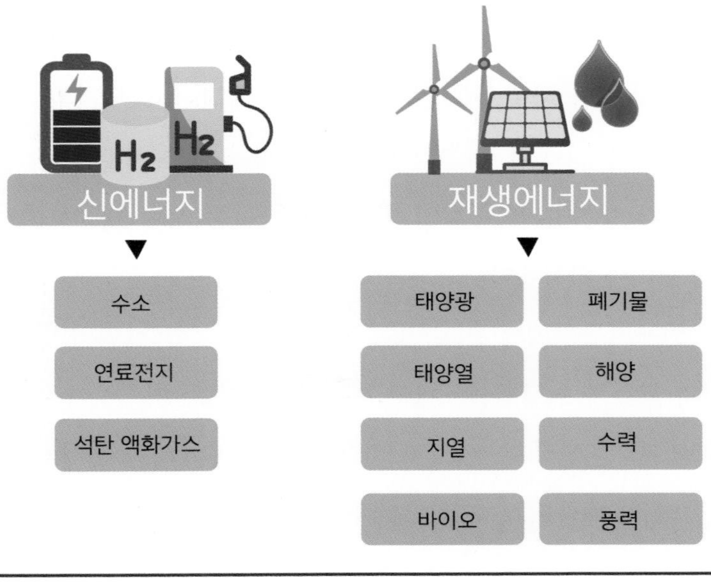

신에너지
- 수소
- 연료전지
- 석탄 액화가스

재생에너지
- 태양광
- 폐기물
- 태양열
- 해양
- 지열
- 수력
- 바이오
- 풍력

는 저탄소 에너지 사용 비중이 확대될 것이다. 이를 통해 저탄소 사회가 구현돼야 하므로 신·재생 에너지 산업은 큰 폭으로 성장할 것이다. 인류혁명 시대 인류와 지구의 지속가능을 위한 환경문제에 대한 핵심 해결방안으로 미래 신·재생 에너지 산업은 국가 성장의 원동력이 될 것이다.

국제에너지기구(IEA)는 세계 에너지 수요는 2030년까지 매년 1%씩 증가하고 글로벌 재생에너지 산업 규모는 2030년에 1조 달러를 넘어설 것으로 전망한다. 또한 국제재생에너지기구(IRENA)는 2030년까지 이산화탄소 배출량을 2010년 대비 최소 45% 이상 감축하고 2050년 탄소중립을 달성하는 경로를 따를 경우 신재생에너지분야 고용이 2050년 약 4,300만 명으로 증가할 것으로 분석했다.

5 의료·바이오 산업

인류혁명 시대에 인류는 생명이 연장되고 건강한 삶에 대한 관심이 높아짐에 따라 의료와 바이오 산업의 수요가 증대된다. 고령화와 인공지능을 중심으로 디지털·융복합 기술의 발전에 따라 의료 패러다임은 질병 치료와 예방관리와 함께 환자 중심의 의료, 건강, 돌봄 서비스를 통합적으로 제공하는 방향으로 확장된다.

특히 인공지능의 발전은 디지털 융합 기술로 의료산업의 한 축이 되어 의료산업의 혁신과 첨단화를 견인하여 바이오 의료, 헬스케어 웨어러블, 생체인터넷 의료, 원격 의료, 디지털 치료제, AI 진단·처방 의사결정 지원 시스템, 정밀의료, 메타버스 의료, 로봇 수술, 나노 의사로봇 분야 등이 지속 발전할 것이다.

생체인터넷 의료는 몸에 착용 또는 부착하는 웨어러블 기기의 센서들로 하여금 착용자의 생체 정보생체신호인 혈당, 심박동, 심전도, 혈압, 호흡수, 온도, 몸무게, 키, 걸음 수, 칼로리 소비량 등을 포함한 수많은 의료데이터를 실시간으로 감지하고 분석하여, 착용자들에게 그 결과에 따라 진단과 처방을 실시간 제공하여 건강헬스를 유지하게 한다. 생체 정보들의 분석 결과에 따라 착용자의 운동, 수면, 영양 섭취 등의 활동에 따른 생체 정보들의 변화와 위험 상황을 사전에 감지하여 본인의 생명을 살릴 수도 있다.

생체인터넷 의료는 원격의료와 연계되어 분석·진단·처방·예방하는 치료가 가능해지며, 각종 센서들이 융합된 마이크로 크기의 칩과 유체칩에 의해 현장에서 검사·분석하고 진단하고 치료할 수 있는 신체부착형이나 현장 진단형으로 발전할 것이며, 이러한 마이크로 기기를 통해 의사와 양방향으로 실시간 치료가 가능해 질 것이다.

나노 의사로봇은 너무 작아서 눈에 보이지 않는 나노 크기 로봇을 개발하여 혈관 속에서 세균의 공격을 막고 유전적인 교정을 하여 세포를 건강하고 질병이 없게 만들 것이다. 암 진단을 위해 나노 의사로봇이 암 조직을 탐지하고 조직 샘플을 채취하여 암의 조기 발견과 정확한 진단과 치료가 가능해진다. 이처럼 의료산업에서 인공지능을 중심으로 마이크로 로봇과 나노 기술 및 바이오 기술 등 디지털 기술이 융합되어 의료산업의 혁신적인 도구로서 우리의 삶을 변화시킬 것이다.

바이오 산업은 생명공학 기술을 바탕으로 생물체의 기능과 정보를 활용해 인류의 건강 증진, 질병 예방·진단·치료에 필요한 유용 물질과 서비스 등 다양한 부가가치를 생산하는 것이다. 인류혁명 시대의 바이오 산업은

그림 10-5 나노 의사로봇의 혈관내 수술 장면

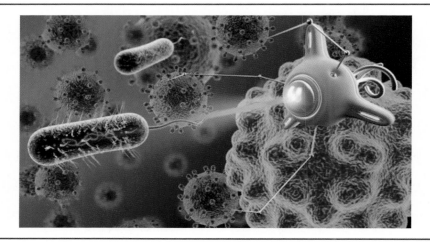

출처: www.healthline.com

생명공학 기술에 인공지능을 중심으로 첨단 디지털 신기술이 융합하면서 의약, 화학, 전자, 에너지, 농업, 식품 등 다양한 산업 부문으로까지 확장하여 새로운 가치를 창출할 것이다.

바이오 산업은 바이오 산업 분류 코드에 따라 바이오 의약 산업, 바이오 화학 산업, 바이오 식품 산업, 바이오 환경 산업, 바이오 전자 산업, 바이오 공정·기기 산업, 바이오 에너지·자원 산업, 바이오 검정·정보 서비스·연구개발 산업으로 분류된다. 또한 바이오 기술 응용 분야에 따라 레드 바이오 산업, 그린 바이오 산업, 화이트 바이오 산업, 융합 바이오 산업 등 총 4가지 분야로 구분된다.

특히 융합 바이오 산업은 바이오 기술과 인공지능 기반의 첨단 디지털 기술 간의 융합이 가속화되어 수년이 걸리던 기술적 난제를 수 분만에 해결하는 등 혁신적인 성과가 창출되고 있다. 융합 바이오 산업 기술이 의료, 환경, 에너지, 농업,식품, 전자 등 산업 전반에 적용 및 파급되고 있다.

인류혁명 시대에 인공지능의 발전으로 바이오 산업은 의료 산업과도 연계하여 혁명적인 발전이 예상된다. 바이오 생체 신호 등의 의료데이터 측정, 분석 및 관리를 통해 의료진의 빠르고 정확한 진단과 치료를 돕기도 하며, 개인의 유전체와 생리학적 특성을 고려한 개인 맞춤형 치료와 예방이 실시간으로 가능해 질 것이다.

또한 유전자 편집 기술, AI 활용 백신 개발과 신약 개발을 포함하여 유전자 진단, 현장현시검사, 유전자 치료, 의학용 레이저, 휴대형 초음파 진단기기, 녹내장 치료 콘택트렌즈, 스마트 패치, 스마트 센서 비침습적 혈당 측정기, 초저선량 영상유도 융합 치료기기, 다기능 내시경 및 생분해성 스텐트, 스마트 CAD 및 인공장기 등 바이오 의료 기술과 웨어러블 의료 기기 등이 새로운 바이오 의료 산업으로 더욱 부각될 것이다.

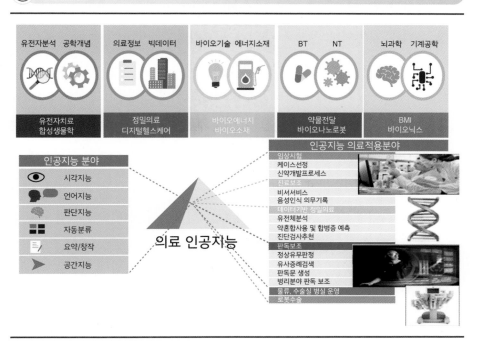

그림 10-6 바이오 산업과 의료 및 인공지능과 과학기술의 융합

특히 유전자 편집기술은 바이오 기술과 의료 기술 및 인공지능의 융합으로 빠르게 발전하고 있다. 유전자 편집기술은 '유전자 가위'라고도 불린다. 가위로 정확하게 종이를 잘라내듯이 원하는 위치의 유전자를 아주 정확하게 잘라낼 수 있고, 또한 다른 유전자를 가위로 잘라서 정확하게 붙일 수 있는 편집 기술이다. 유전자 편집기술은 차세대 유전자치료제로 각광 받고 있다. 유전자가위는 질병의 원인인 돌연변이유전자를 제거하고 정상 DNA를 붙여 유전자가 본래 기능대로 작동하도록 교정해주는 기술이다. 과거 수년이 걸렸던 유전자 편집 시간이 바이오 기술과 의료 기술 및 인공지능의 융합으로 1~2일까지 단축되고 빠르게 발전되고 있다.

인류혁명 시대에 유전자 편집 기술처럼 바이오 기술과 의료 기술 및 인공지능의 융합으로 의료 바이오 산업은 급속히 발전하여 인류의 생명과 건강에 대한 혁명적인 영향을 미치게 될 것이다. 그러나 유전자 편집 기술을 포함한 의료 바이오 기술을 사용함에 있어 인간의 존엄성을 해치거나 생명 윤리에 저촉되지 않도록 주의가 필요하다.

예를 들어 유전자 편집 기술은 인간의 DNA를 수정하는 것으로 인간의 특성을 조정할 수 있는 가능성을 제공하여 이는 난치병 질병 치료 등에 유용하게 이용될 수 있지만, 유전자 편집으로 인간을 개조할 수도 있는 잠재적인 위험도 있다. 이처럼 의료 바이오 기술은 많은 경우 인간의 생명과 인간의 존엄성에 직접 영향을 미치는 기술이기 때문에 엄격한 윤리적 기준이 요구되고 있다. 윤리적인 가이드라인과 법적 제약이 명확히 없는 상황에서 이 기술들이 남용될 경우 인류에게 치명적인 결과를 초래할 수도 있는 만큼 발전과 함께 인류의 존엄을 지키면서 생명을 중시하도록 인공지능과 의료바이오 윤리 가이드라인과 생명윤리법의 발전적 개정을 위한 전 인류적 논의와 합의가 시급히 필요하다.

6 우주항공 산업

인류혁명 시대에 인류는 공간 영역을 확장한다. 인류는 오래전에 지구의 지평선을 넘어 대양으로 진출하였고 이제 지구를 넘어 우주로 영역을 확장하고 있다. 인류혁명 시대엔 꿈으로만 여겼던 우주항공 여행도 가능해지고 우주 인터넷으로 전 세계가 촘촘히 연결되며 항공기의 속도와 규모 및 용도도 다양해지고 비약적으로 발전하게 된다.

우주항공 산업은 우리의 상상력을 현실로 전환시켜 하늘을 날고 싶은 인류의 꿈을 구현시키며 지구를 넘어 우주로 새로운 지평선을 개척하게 한다. 이러한 인류의 꿈과 상상력을 구현하는 우주항공 산업은 인류의 공간의 영역을 확장시키며 빠르게 발전해 나갈 것이다.

1) 하늘을 나는 꿈을 구현하는 도심 항공 모빌리티(UAM) 산업

항공우주 산업 분야는 급격한 변화와 발전이 일어나고 있다. 항공 분야에서는 항공 기술과 드론 및 자동차 기술을 접목한 3차원의 개인 이동수단으로 도심 항공 모빌리티(Urban Aircraft Mobility, UAM) 산업이 새로운 항공 교통 수단으로 부상할 것이다.

도심 항공 모빌리티(UAM) 산업은 친환경 에너지인 전기 동력 수직이착륙, 자율주행, 정밀항법 등 주변 기술의 발전으로 안전성과 효율성이 크게 좋아지고 도심의 교통 정체를 해소하면서 인류의 하늘을 날고 싶은 꿈을 구현해 주어 지속 성장할 것이다.

도심 항공 모빌리티(UAM) 산업은 인류혁명 시대의 초연결·초지능·초실감이 하늘에서 항공과 인공지능을 비롯한 정보통신(ICT) 기술과 연계하여 새로운 항공 교통수단으로 인식될 것이다.

도심 항공 모빌리티(UAM) 산업은 도심의 하늘길을 활용해 현재의 교통 체증과 환경문제를 해결할 차세대 이동 수단으로 주목받고 있다. 도심 항공 모빌리티(UAM) 산업은 UAM 기체·부품, 이·착륙시설, 운항서비스·관제, 교통연계 플랫폼, 항공정비 등 도심항공 이동수단을 포함한다. UAM은 별도의 활주로 없이 최소한의 수직이착륙 공간만 확보되면 운용이 가능해 포화상태인 도심 교통 문제를 해결할 수 있다. UAM 활용 분야는 화물운송(Last-mile delivery), 승객운송(Air Metro, Air Taxi)으로 분류되고 2030년경에 본격 활성화되기 시작하면서 2040년 도심 항공 모빌리티(UAM) 산업의 세계 시장 규모는 1800조원에 이를 것으로 전망된다.

◎ 그림 10-7 도심 항공 모빌리티(UAM)의 2030년대 조형도

출처: 조선비즈.

2) 인류를 하나로 연결하는 우주위성 산업

우주항공 산업에서 가장 관심을 많이 받고 있는 분야는 인공위성 산업이다. 우주항공 기업들이 인공위성 산업에 몰려드는 이유는 인공위성 기술이 급속히 발전하고 인공위성을 통해 얻는 데이터를 활용할 수 있는 분야가 무궁무진하기 때문이다.

인공위성은 크게 저궤도(LEO) · 중궤도(MEO) · 정지궤도(GEO) 위성으로 구분되며 인공위성 산업은 위성체 · 발사체 산업, 지상장비 산업, 위성 활용 서비스 및 장비 산업으로 구성된다.

인류혁명 시대 인류의 우주 공간으로의 확장 욕구와 함께 인공지능의 발전으로 인공위성 기술이 빠르게 발전하여 발사체 재사용 기술과 위성체 표준화 등 발사비용이 낮아지고 수요는 증대되어 경제성이 확보됨에 따라 민간주도의 뉴 스페이스(New Space) 시대로 이행이 가속화 될 것이다.

글로벌 인공위성 산업은 스페이스X · 블루오리진 · 원웹 등 글로벌 기업들이 위성산업의 성장을 견인하며 앞으로 10년간 인공위성 발사 수가 급증할 것으로 전망된다. 우주항공 전문 컨설팅 회사인 퀄티 스페이스(Quilty Space)는 2030년까지 약 20,000기의 인공위성이 새로 궤도에 올라갈 것으로 전망하였다.

인공위성 발사 비용이 줄어들고 산업용 위성 수요가 늘면서 우주위성 산업은 연평균 3.1% 성장을 기록하며 2040년에 시장 규모가 약 1조 달러에 달할 것으로 전망된다.

한편 일론 머스크의 항공우주 기업인 스페이스X는 스타링크 사업에서 2025년까지 약 10조원을 투자하여 약 12,000개의 저궤도 위성을 쏘아올려

그림 10-8 우주인터넷 시대를 선도하고 있는 스페이스X

출처: SPACEX.

우주인터넷 서비스를 본격화하고 있다.

우주인터넷 서비스는 지구 저궤도에 위치한 인공위성을 통해 전 세계에 고속 인터넷을 제공하는 서비스로써, 기존의 지상 기반 인터넷에 비해 장애물이 적고, 전파 손실이 적어 안정적인 통신이 가능하다. 또한, 지구 어디에서나 인터넷 접속이 가능하여, 밀림 지역, 도서 산간 지역, 해양 섬 지역의 인터넷 접근성을 크게 개선할 수 있다. 스페이스X의 스타링크 프로젝트는 이미 상당한 진전을 이루고 있고, 유럽연합군 유텔셋원웹과 아마존의 카이퍼 프로젝트도 가세하면서 경쟁이 더욱 본격화되고 있다.

저궤도 위성 우주 인터넷이 본격 도입되면서 우리는 새로운 통신 시대의 문턱에 서 있다. 이는 단순히 빠른 인터넷 속도를 넘어 기술적 한계를 극복하고, 더 넓은 세상과 연결될 수 있는 기회를 제공하는 것으로 지금까지 소외되었던 지역들도 이제 세계와 소통할 수 있게 되는 것이다.

우주인터넷으로 초지능·초연결·초실감을 구현되는 유비쿼터스 서비스가 전 세계 모든 곳에 실현되어 우리의 삶의 방식, 비즈니스의 형태, 그리고 교통 및 교육과 의료 서비스의 접근성에까지 영향을 미치고, 디지털 격차를 줄이고, 새로운 기회의 문을 여는 계기가 될 것으로 전망된다.

한편 급증하는 인공위성 발사의 증가는 우주항공 산업의 성장을 견인하지만 동시에 우주 환경에 대한 부정적인 영향을 미치게 될 것이다. 즉 우주 환경의 측면에서는 인공위성 발사 수요 증가는 우주 쓰레기 문제의 심화를 초래하게 된다. 이미 우주 공간에는 약 9,000톤의 우주 쓰레기가 존재하고 있으며, 향후 매년 7,000톤 이상의 우주 쓰레기가 발생하고 있는데 위성 발사의 증가는 우주 쓰레기의 양을 더욱 급증시킬 것이다.

우주 쓰레기는 매우 빠른 속도로 움직이기 때문에 우주선이나 인공위성과 충돌할 우려도 있다. 인공위성이 우주 쓰레기와 충돌해 파괴되면, 이로 인해 또다시 파편 등의 우주 쓰레기가 발생해 또 다른 인공위성을 위협하는 연쇄 폭발의 악순환인 '케슬러 증후군(Kessler syndrome)'이 발생할 수 있다. 따라서 인공위성 발사의 증가와 함께 동시에 지속 가능한 우주 환경의 보호를 위해 우주 쓰레기 문제 해결을 위한 국제적인 협력과 노력이 절실하게 필요하다. 향후 이러한 우주 환경 보호를 위한 우주항공 산업도 증대되고 중요하게 될 것이다.

3) 인류의 꿈과 상상력을 구현하는 뉴 스페이스 우주여행 산업

국가가 이끌던 우주 탐사·개발을 민간이 주도하는 '뉴스페이스(new

space)'시대로 접어들면서 글로벌 우주항공 산업 시장 규모가 급팽창하고 있다. 미국 정부가 스페이스X 등 민간 우주 기업에 미 항공우주국(NASA)의 기술 이전을 허용한 것이 마중물로 작용했고 민간의 위성 발사가 크게 증가하면서 관련 산업이 동반 성장하고 있다.

특히 최근 민간 우주여행이 성공하면서 우주항공 산업에 대한 사회적 관심이 더욱 높아가고 있다. 군사·안보·과학 연구 등을 주목적으로 국가가 우주개발을 주도하던 '올드 스페이스(Old Space)'시대가 다양성과 혁신으로 무장한 민간기업이 새로운 거대시장 '우주'를 놓고 경쟁하는 '뉴 스페이스(New Space)'시대로 변화하고 있다.

인간의 활동 공간을 우주로 확장하고자 하는 인류의 욕구 실현은 은하철도 999 만화처럼 꿈과 상상 속에서나 가능할 것이라 생각했었는데 인류혁명 시대에 이를 인류는 우주여행을 통해 현실로 만들고 있다.

우주 여행의 첫 단추는 영국 버진그룹 리처드 브랜슨 회장이 2021년 7월 12일 자신이 세운 버진갤럭틱의 우주선을 타고 4분간 우주의 무중력을 체험하고 돌아온 것으로 시작되었다. 이어 2021년 7월 20일엔 아마존 창업자인 제프 베이조스가 블루오리진의 로켓을 타고 우주를 다녀왔다. 또한 2021년 9월 테슬라 창업자인 일론 머스크의 스페이스X가 민간인만 태운 유인 우주선으로 지구를 선회하는 우주관광 여행에 성공하며 민간 우주여행 시대의 개막을 알렸다.

우주여행 관광 상품은 크게 4종류다. 첫째는 기구를 이용해 30km 높이 성층권에서 지구를 2~3시간 동안 여행하는 방법, 두 번째는 지구 상공 100km를 비행하며 무중력을 느끼고 창문을 통해 지구 밖 세계를 감상하는 당일치기 지구 저궤도 관광, 세 번째는 전통적인 우주비행을 지상 수백km

그림 10-9 수소 기구를 이용한 성층권 우주여행

출처: 스페이스 퍼스팩티브.

상공에서 초속 7.9km의 속도로 지구 궤도를 일주하거나 우주정거장에 머물다 귀환하는 비행이다. 네 번째는 생활 시설이 갖춰진 대형 로켓을 타고 달까지 다녀오는 탐사형 관광이다.

스페이스 퍼스팩티브(Space Perspective)는 대형 수소 기구를 이용한 30KM 성층권 우주여행을 2024년부터 시작하여 2029년까지 500회 진행할 계획이다. 운동장만한 수소 기구가 9명의 인원을 태우고 미니바와 커다란 유리뷰를 갖춘 우주선 넵튠을 2시간 만에 목표 고도에 올라가서 식음료를 즐기면서 2시간 동안 지구와 우주를 보고 2시간 다시 하강하여 출발지인 플로리다에 도착한다.

버진갤럭틱은 80~100km 높이까지 상승하는 우주여행을 관광상품으로 준비하여 미 연방항공국(FAA)의 우주여행 면허를 얻었다. 블루오리진은 로켓을 이용해 100km까지 올라갔다가 조종사와 여행객을 태운 우주선이 낙하산을 펴고 내려온다. 스페이스X의 크루드래건 우주선은 지구 궤도를 비행하는 우주여행이 가능하다. 액시엄 스페이스(Axiom Space)는 우주정거장에 가서 머물다 오는 왕복 우주여행을 진행했다. 스페이스X와 스타십은 달 왕복 여행을 진행하고 지속할 계획이다. 이외에도 보잉, 에어버스, 스페이스 어드벤처, 엑스칼리버 알마즈, 스페이스 아일랜드그룹, 제로2 인피니티 등 민간기업이 지구 저궤도 우주여행 관광 시장 진출을 준비하고 있다.

우주여행 관광 비용은 최소 1억에서 1,000억원에 달하는 고가이지만 이미 몇 년 이상이 예약 완료될 만큼 특정 부유층을 겨냥한 새로운 여행 산업으로 부각될 것이다. 향후 우주여행 활성화와 과학기술의 발전으로 점차 비용이 낮아지면 수요가 더욱 증대될 것이다.

인류혁명 시대의 우주항공 산업은 인류의 현실 세상을 초월하여 인간의 활동 공간을 우주로 확장하도록 꿈과 상상을 실현해 주면서 기존의 과학, 탐사의 영역을 넘어 우주여행 산업이 새로운 영역으로 부각될 것이다. 특히 재사용 로켓 개발이 완숙기에 접어들며 우주비행에 필요한 비용이 획기적으로 낮아지고, 다양한 과학기술 개발로 우주여행의 편이성이 높아지게 되어 인류의 우주 여행에 대한 욕구와 수요가 더욱 증대할 것이다.

미국 투자은행 코웬의 조사에 따르면 재산이 500만 달러 이상인 사람 5명 중 2명이 버진갤럭틱의 25만 달러 우주여행 티켓을 구매할 의사가 있는 것으로 조사되었고, 전 세계에 약 200만 명이 우주여행 의사가 있다고 밝혔다. 모건스탠리는 우주여행 산업이 2020년 3,500억 달러에서 2040년에 1조 달러 규모로 성장할 것으로 예측하고 있다.

출처: 구글 이미지.

7 미래 자동차 산업

인류혁명 시대 인류를 위한 지구의 지속 가능과 연결과 공간의 확장 관점에서 자동차 산업은 친환경 자동차와 지능자율주행 자동차가 동시에 구현되는 새로운 혁신이 주도하게 될 것이다. 자동차 산업 전반이 미래자동차 산업으로 급변할 것이다. 기존의 탄소 중심 내연기관 자동차에서 환경친화·지능자율주행 미래 자동차로 자동차산업이 재편될 것이다.

1) 친환경 미래자동차 산업

자동차 산업은 오랫동안 탄소 배출로 인해 기후변화의 주범으로 지적 받아 왔다. 지구의 지속 가능을 위한 탄소 제로를 지향하는 미래 사회를 구현하기 위해서 자동차의 탄소 배출을 없애고 자동차 소재를 친환경 소재로 혁신하는 인류의 노력이 지속되어 왔다.

미래 자동차는 에너지원을 석유에서 전기 배터리로, 에너지 발생 기관을 내연기관에서 전기 모터로 바꾼 전기자동차로 전환된다. 기존 자동차의 내연기관 엔진의 동력원이었던 석유를 전기와 수소로 대체하여 연소 없이 전기모터로 작동하게 되어 내연엔진·배기·냉각기·연료계 부품이 없어지고 변속기 등 동력전달부품은 감소하게 되어 자동차 외부와 내부 공간의 디자인이 자유로워진다.

전기자동차는 전기를 에너지 삼아 전기 모터를 돌리는 자동차를 뜻한다. 리튬-이온 전기 배터리로 전기 모터를 구동하기 때문에 배터리의 성능이 성패를 가르는 핵심 요소다. 전기가 모든 것을 대체하는 터라 내연기관이 마주하는 환경 문제를 온전히 잡아낸다.

수소연료전지 자동차는 천연가스에서 정제한 수소를 전용 연료 전지 탱크에 저장한 후 공기 중의 산소와 결합해 폭발적인 전기에너지를 얻어 전기 모터를 작동하여 움직인다. 몇 분 만에 수소를 완충해 수백 km를 달리고 부산물은 깨끗한 수증기로 탄소 배출 제로를 구현한다. 전기자동차와는 에너지의 원천 면에서는 큰 차이를 보이지만 결국 전기 에너지로 모터를 움직이기 때문에 전기자동차의 범주에 포함된다.

전기자동차는 2025년 노르웨이를 시작으로 미국, 영국, 프랑스 등이 내연기관 신차 판매를 금지하고 한국도 2050년까지 무공해차로 100% 전환할 계획으로 미래자동차의 핵심 주류가 될 것이다.

글로벌 전기자동차 산업 시장 규모가 빠르게 성장할 것이고 국제에너

그림 10-11 수소연료전지 자동차 작동 시스템 구성

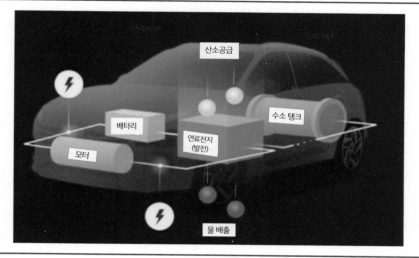

출처: 구글 이미지.

지기구(IEA)에 의하면 2030년까지 전 세계 전기자동차는 2억대까지 보급될 것으로 예측되고 글로벌 시장조사업체 리포트링커(Reportlinker)에 의하면 2030년 글로벌 전기자동차 산업 시장 규모는 2조 7,000억 달러(약 3,508조 원)에 이를 전망이다.

미래 자동차 산업은 전기자동차의 에너지원으로 배터리 기술과 산업 발전을 견인한다. 전기자동차에는 충전과 방전을 반복할 수 있는 배터리인 2차전지가 장착되는데 대표적인 2차전지는 리튬이온배터리이다. 세계 전기자동차 배터리 산업 시장도 매년 30%씩 큰 폭으로 성장하여 2030년까지 5,590억 달러에 이를 것으로 전망된다.

미래 자동차 산업으로 나노 소재 기반의 태양전지가 개발되어 자동차 전기 에너지를 일부 제공하게 될 것이다. 자동차의 모든 창에 적용 가능한 투명 태양전지가 부착되어 전기 에너지를 생산 자동차 동력원으로 활용하

그림 10-12 미국에서 운행하는 태양광 자동차 디자인

출처: 압테라모터스.

게 될 것이다.

미래자동차 산업과 함께 2차전지 배터리 산업이 성장함과 동시에 폐배터리 산업도 성장할 것이다. 2차전지는 평균 10년 후엔 더 이상 사용하지 못하게 되는데 이를 폐기할 경우 심각한 환경 오염이 야기된다. 이에 기술 개발을 통해 폐배터리를 분배하고 다시 재활용하도록 하여 오염을 방지하는 환경 산업 및 재생 산업으로서 폐배터리 산업이 크게 성장할 것이다. 2030년경엔 세계 폐배터리 산업이 600조 규모로 성장할 것으로 전망된다.

친환경 자동차에 대한 사회적 요구가 높아지면서 기후위기에 대응하기 위해서는 자동차를 친환경 신소재로 만들기 위한 기술 개발과 관련 산업도 크게 성장할 것이다.

사례로 탄소섬유는 기존에 철이 사용됐던 모든 제품과 산업분야의 새로운 핵심소재로 성장할 것이다. 자동차 경량화를 통한 연료 소비 효율 증대로 선루프 프레임, 차량 보닛 등 금속 부품을 탄소복합소재로 대체하게

될 것이다.

미래 자동차의 친환경성을 강화하기 위해 전기 구동뿐 아니라, 콩기름에서 추출한 바이오 페인트, 문에 사용되는 재생 플라스틱, 친환경 처리된 가죽 및 시트커버, 문 장식에 활용되는 재생 가능 페퍼렛(Paperette: HDPE) 섬유, 카펫 및 시트 안감에 사용되는 유기 페트(PET) 등 실내 외장의 친환경 신소재와 재활용 소재 활용이 증대할 것이다.

한국 정부는 2025년까지 283만대, 2030년까지 785만대의 친환경차 보급을 목표로 공공·민간 수요창출을 통한 공급확대를 추진하고 있다. 이를 위해 공공기관의 친환경차 100% 의무구매를 시행하고 렌터카·대기업 등 민간 수요자 친환경차 구매목표제를 도입하는 등 친환경 자동차 산업이 지속 발전하게 될 것이다.

2) 지능자율주행 미래자동차 산업

인류혁명 시대에 자동차는 지능자율주행이 완료되어 가면서 단순한 이동 수단이 아니라 인간 활동 공간 영역으로 확장된다. 지능자율주행 자동차란 운전자의 조작이 없이도 카메라와 센서, GPS 정보 등을 이용하여 인공지능(AI) 기반으로 자동차 스스로 주위 환경을 인식하여 주행하는 자동차이다.

미국 자동차공학회(SAE)는 자율주행 단계를 ① 운전자 보조, ② 부분 자동화, ③ 조건부 자동화, ④ 고등 자동화, ⑤ 완전 자동화, 5단계로 분류하고 있다. 완전 자동 자율주행 시대가 오면 도시의 모습이 변화하고 지능 자율주행 차량을 활용한 새로운 서비스와 비즈니스 모델이 개발되어 다양한 목적의 관련 산업이 발전할 것이다.

그림 10-13 탑승자와 대화하는 지능자율자동차

출처: 네이버커넥트.

자율주행 레벨 5단계에 지능자율주행 자동차에 탑승자가 올라타 목적지를 말하거나 내비게이션에 입력하면 목적지까지 자동으로 안전하게 이동이 가능하다. 이 단계의 지능자율주행 자동차는 별도의 운전석이 필요 없어 실내를 엔터테인먼트 공간, 이동형 비즈니스 공간, 교육 공간, 수면 휴식 공간, 여가 공간 등 다양하게 활용이 가능하다.

지능자율자동차가 활성화되면 미래자동차 산업은 제조 산업을 넘어 다양한 비즈니스와 서비스 산업으로 영역이 확장되고 새로운 기회가 가능해진다. 예를 들어 자율주행 택시와 라이드쉐어링 서비스, 차량 공유 서비스, 차량 내부 인테리어 디자인 서비스, 소프트웨어 어플 및 업그레이드 서비스, 광고 및 엔터테인먼트 서비스, 학습 콘텐츠 서비스, 차량내 맞춤형 서비스, 맞춤형 상점과 정보 제공 서비스, 스마트 도시 및 인프라 구축 정부 제공, 교통 인프라 및 로지스틱스 정보 제공, 보험 및 금융 서비스, 빅데이터 기반 새로운 비즈니스 창출, 지능자율차 통신 사용료, 인공지능 서비스 사용료, 효과적인 데이터 수집기기, 데이터 센터 서비스 등 혁신적 비즈니스와 서비스가 가능해 진다.

지능자율 자동차는 탑승자와 대화를 나누면서 탑승자의 상태 감정, 표정, 나이, 옷차림, 행동, 욕구도 파악한다. 탑승자가 원하는 영화도 예약하고, 기차표도 예약하며 가까운 맛집 식당도 추천한다. 또한 각종 센서를 통해서 운전자의 건강 상태도 알아 내고 질병을 예방토록 제안한다. 또한 주행하는 거리의 풍경, 거리의 변화, 거리의 날씨, 주변의 자동차까지 인식하고 데이터화 하고 이를 활용한다.

이처럼 지능자율주행차의 도입은 다양한 산업 분야에서 새로운 서비스와 비즈니스 모델을 창출하며, 경쟁력을 높이고 사회 전반의 효율성을 증대시킬 것이다. 이를 통해 인간의 삶의 질이 향상되고, 도시 교통체증 등의 문제 해결과 환경 문제와 관련된 여러 사회 문제들의 해결에 도움이 될 수 있다.

글로벌 리서치 기관인 CMI(Coherent Market Insights)에 따르면 글로벌 지능자율주행차 시장 규모는 오는 2030년까지 연평균성장률(CAGR) 39.9%를 나타내며 1조 5,337억 달러(한화 약 1,986조 1,415억 원)에 달할 전망이다.

한편 인류혁명 시대 인공지능의 발전으로 지능자율주행 자동차의 완성도가 아무리 높아지더라도 자동차에 대한 통제권은 운전자에게 남겨두어야 할 것이다. 지능자율주행 자동차 시대가 본격화되면 교통사고 발생 시 책임과 서비스 과금 및 기존 운전자 실직 등 예상되는 문제들에 대해 시대에 적합한 새로운 법 개념과 윤리를 만들 필요가 있다. 이를 위해서는 인류혁명 시대에 맞는 인류 공동체 차원의 새로운 철학과 사회적 합의가 필요할 것이다.

8 미래 가전·3D프린팅 산업

필자는 1995년 우주의 행성을 바꾸는 역사를 이루었다고 말하곤 한다. 이는 필자가 총괄하여 당시 한국을 대표하는 가전이었던 금성 GOLD STAR 를 1995년부터 4년간 LG로 바꾸는 글로벌 캠페인을 기획, 제작, 집행까지 성공적으로 진행한 것을 농담 섞어 말하는 것이었다. 당시 필자는 기존의 GOLD STAR의 아날로그 저가 이미지를 혁신적이고 새로운 고급 이미지로 바꾸기 위해 따뜻한 디지털을 전면에 내세웠다.

인류혁명 시대에 미래 가전 산업은 또 다른 혁신의 길목에 접어들었다. 디지털과 스마트를 넘어 인공지능을 기본으로 장착하고 인간과 사물과 연결되어 인간의 체험과 오감을 확장하며 지구의 지속 가능을 도모하여 인간을 위한 가전으로 혁신되고 있다.

인류혁명 시대 미래 가전의 특징은 인공지능으로 초지능, 만물인터넷으로 초연결, 맞춤형 오감 체험으로 초실감, 지구 지속가능을 위한 친환경을 지향한다.

가전(家電, Home Appliances)은 집에서 활용하는 전기·전자 제품인데 미래에는 집이라는 공간에서 지금보다 더 많은 것을 할 수 있게 되어 안식과 식사의 공간이기도 하고, 교육의 장이 되기도 하고, 직장이 되기도 하고, 호텔이나 영화관 및 카페와 같은 공간이 되기도 할 것이다.

가전의 미래를 좌우하는 첫 번째 트렌드는 인공지능이다. 인공지능이 모든 가전에 온디바이스로 장착되어 작동이 똑똑해지고 스스로 학습하여 맞춤형 기능과 서비스를 제공한다.

예를 들어 오븐 속 음식이 피자인지, 스테이크인지, 생선인지 식별해 사용자가 좋아하는 최적의 맞춤 상태로 자동 요리하는 AI오븐, 세탁 종류별로 분류하여 자동으로 최적의 상태로 세탁되고 건조되는 AI세탁기, 음식물의 종류별로 최상의 신선도를 자동으로 유지하도록 조절되는 AI냉장고, 사용자 귀가 시간과 온도 예측을 통해 최적의 온도로 자동 가동하는 AI냉난방기, 바닥 상태와 재질에 맞게 최적의 모드로 자동 설정되어 스스로 청소하는 AI로봇청소기, 사용자가 원하는 프로그램을 장르별로 초실감의 영상과 사운드를 제공하고 비서 역할을 하는 아바타와 대화 가능한 AI텔레비전, 디자인과 기능을 사용자 맞춤형으로 제공하는 가전 등 지능화되고 맞춤 서비스를 제공하는 가전 산업이 크게 성장할 것이다. 그리고 미래에는 인공지능이 장착된 자율주행 가사 로봇이 가전의 일부가 되어 CCTV 모니터, 청소, 요리와 설거지, 물건 정리, 집 지키기 및 원할 때 대화 나누는 상대가 되어 줄 것이다.

또한 미래 가전은 만물인터넷으로 인간과 가전, 가전과 가전, 가전과 사물이 상호 연결되어 스마트폰으로 가전을 외부에서도 작동하고 TV로 냉

◎ 그림 10-14 맞춤형 디자인과 기능을 제공하는 삼성전자 가전 사례

출처: 삼성전자.

장고 식자재를 확인하며 에어컨과 공기 정화기가 상호 협력하여 쾌적한 집안 공기를 유지하게 한다.

그리고 미래 가전은 기후 위기를 극복하고 지구를 지속가능하게 하는 데 도움이 될 수 있도록 친환경 가전으로 혁신한다. 즉 가전의 에너지 고효율화와 신재생 에너지로 작동하는 가전, 친환경 신소재와 재생 플라스틱 사용 확대 및 자원 순환형 포장지 개발 등 친환경 소재 기술 강화, 지구온난화지수(GWP)가 낮은 친환경 냉매 적용과 부품 활용으로 탄소 중립을 위한 친환경 가전으로 변환되고 있다. 친환경 가전은 우리의 삶을 스마트하게 만들어주는 동시에 지구를 지키는 일이다.

미래 가전 산업은 인류의 삶을 편리하고 풍요롭게 하고, 가전을 넘어 고객의 삶이 있는 모든 공간에서 다양한 경험을 연결·확장함으로써 인간의 초월 욕구를 실현시켜 주어 인류혁명 시대에 지속적으로 성장하여 2030년에는 5.6조 달러로 규모가 될 것으로 전망된다.

글로벌 3D프린팅 시장은 Stratistics MRC에 따르면 2023년 209억 8,000만 달러에서 연평균 25.3%로 성장하여 2030년 1,017억 7,000만 달러에 달할 것으로 예상된다. 3D 프린팅 시장은 다양한 요인으로 인해 크게 성장한다. 주요 동인 중 하나는 요리와 의상 등 가정용과 항공 우주, 자동차, 의료 및 교육과 같은 다양한 산업에서 3D 프린팅 기술에 대한 수요가 급증하고 있다는 것이다. 3D 프린팅의 다재다능함은 더 빠른 시제품 제작과 제품 맞춤화를 가능하게 하여 생산 시간과 비용을 줄여준다. 또한 전자상거래 플랫폼과 3D 프린팅 제품 전용 온라인 마켓플레이스의 등장으로 소비자들 사이에서 3D 프린팅 제품의 인기가 더욱 높아지고 있다.

그림 10-15 3D프린팅 산업 종류

3D 음식 산업
치과용 의료기기 산업
인체이식 의료기기 산업
맞춤형 치료물 산업
식품 관련 서비스 산업

3D 패션 의상 산업
스마트 금형 산업
맞춤형 개인용품 산업
3D전자부품산업
3D 건물 제조산업

3D 모빌리티 산업
수송 기기 부품 산업
발전용 부품 발전용 산업
3D프린팅 디자인 서비스 산업
3D 콘텐츠 유통 서비스 산업

9 드론·로봇 산업

인류는 일상의 현실을 넘어 더 높은 곳에 올라 내려다보고 싶고 새처럼 하늘을 자유롭게 날고 싶다는 욕구를 충족하기 위해 종이비행기부터 시작하여 항공우주선까지 개발하여 왔다. 하지만 항공기와 우주선을 일반인들이 직접 조종하는 것은 진입장벽이 너무 높아 현실화되기 어렵다.

한편 인류는 일상의 현실에서 자신을 필요에 따라 시간적으로, 신체적으로, 업무적으로 자신의 한계를 넘어 도우는 존재의 필요성을 느껴왔다. 이를 현실화 할 수 있는 상황이면 왕과 귀족은 시종과 노예를 두고, 현대 기업에서는 비서를 가정에서는 가사 도우미를 두어 왔다.

인류혁명 시대에 인공지능과 만물인터넷 등 과학기술과 신소재가 발전하면서 일반인도 누구나 현실을 넘어 하늘을 나는 드론과 현실에서 자신의 한계를 넘어 도우는 로봇을 조종하거나 활용할 수 있게 된다.

1) 지구의 하늘을 자유롭게 나는 꿈을 구현하는 드론

드론(Drone)은 조종자가 탑승하지 않은 채 항행할 수 있는 무인비행체이다. 무인비행체의 모양새와 소리가 수벌(DRONE BEE)이 윙윙거리는 소리와 매우 유사하다고 하여 드론이라 불린다.

세계 최초로 비행체를 발명하고자 했던 사람은 이탈리아 발명가 레오나르도 다빈치이다. 그는 1505년 발표한 저서 『새의 비행에 관하여』에서 새의 날개 윗부분과 아랫부분의 압력 차이가 존재해 하늘을 날 수 있는 힘을 발생시킨다는 양력의 힘을 밝히고 또한 드론의 원조라 볼 수 있는 헬리콥터와 유사한 비행체도 스케치 하였다.

무인비행기(Unmanned Aerial Vehicle, UAV)인 드론(Drone)은 지상에 있는 파일럿이 무선 조종하는 방식으로 사전에 프로그램된 경로에 따라 자동 또는 반자동으로 날아가는 항공기다. 드론은 오토파일럿 시스템, 드론 본체, 드론소프트웨어, 드론탑재임무장비, 드론지상통제장비, 드론통신장비, 드론지원장비로 구성된다.

국제미래학회 자문위원인 미래학자 토마스 프레이(Thomas Fery)는 드론은 유동성(流動性) 미디어 플랫폼으로 드론을 활용한 "192개의 새로운 직업이 만들어질 것"이라며 드론은 미래사회를 견인하는 "촉매 기술"이라고 말하였다.

드론은 인공지능, 만물인터넷, 빅데이터 등 변화하는 산업과 첨단 정보

출처: 한국전자통신연구원(ETRI).

통신이 융합한 플랫폼으로 다양한 종류가 개발되어 인류혁명 시대에 인류의 눈을 하늘의 눈으로 확장하여 더 넓은 범위에 더 빠른 속도로 더 많은 데이터를 보고 즐기고 수집하여 더욱 다양한 서비스를 제공하게 될 것이다.

드론 서비스 시장은 활용 분야에 따라 군수용, 항공 촬영, 의료, 제품 배송, 감시 및 검사, 데이터 수집 및 분석, 교통 등으로 분류할 수 있고 최종 용도가 국경 감시, 폭탄물 운송, 경찰, 건설, 에너지, 농업, 인프라, 석유 및 가스, 택배 물류, 영상 촬영, 공유비행 택시, 군집 공연, 취미용 등으로 다양하게 확장되고 있다.

인공지능과 만물인터넷이 탑재된 드론을 통해 재난, 응급 상황, 교통 체증 등을 극복하고 전 세계에 소형 물질을 유통할 수 있는 '글로벌 드론 인터넷(Global Internet of Drones)'도 가능해 진다.

드론 산업은 코로나19 팬데믹과 러시아의 우크라이나 침공 전쟁으로 수요가 더욱 증가하며 큰 성장을 이끌었다. 즉 코로나19 팬데믹에 따른 의료산업계의 배달드론 활용으로 헬스케어 산업의 가능성을 높였다. 또한 러시아-우크라이나 전쟁 영향으로 인한 강력한 감시드론 수요에 따른 큰 성장을 이끌었다.

인류혁명 시대 드론 산업은 인간의 눈과 활동 영역을 하늘로 확장하면서 서비스가 더욱 다양해지고 더욱 성장하여 2030년의 세계 드론 시장 규모는 2,328억 달러(약 308조원)로 커질 것으로 예측된다.

2) 필요한 곳 어디서나 인간을 돕는 로봇

인류혁명 시대에 로봇이 일상으로 들어온다. 로봇(Robot)은 1920년 체코슬로바키아 극작가 '카렐 차페크'의 희곡 제목에서 사용한 체코어로 노동을 의미하는 단어 'Robot'에서 기원했다. 차페크는 그의 작품에서 모든 작업 능력에서 인간과 동등하거나 그 이상이면서 인간적 감정이나 영혼을 보유하지 못한 인조인간을 등장시키고 그를 'Robot'이라고 명명했다.

로봇은 정의상 현실 세계에서 물리적 동작을 수행할 수 있는 지능형 기계를 말한다. 로봇은 하드웨어와 결합된 알고리즘과 인공지능으로 인간 및 세상과 상호작용하고 움직일 수 있다. 인공지능으로 로봇은 인간 혹은 다른 로봇과 더 많은 정보를 공유하고 더 자연스럽게 상호작용할 수 있게 된다.

로봇 산업은 인공지능 기술과 센싱, 만물인터넷, 로봇 비전, 빅데이터의 발전을 기반으로 사회 전반에 활용되면서 막대한 영향력을 확대하고 있다. 또한 바이오 기술, 나노 기술, 신소재, 첨단 IT 기술들과의 융합을 통해 인간과 구분하기 힘든 휴머노이드 로봇이 등장하고 있다.

그동안 로봇은 인간의 노동력이 부족한 작업, 즉 인간이 하기 싫어하는 너무 위험하고(Dangerous), 더럽고(Dirty), 지루하고(Dull), 단순하여 멍청한(Dumb) 작업을 수행할 수 있도록 사람들을 도와 왔다. 이러한 로봇은 비교적 단순 반복적인 작업을 인간의 감독과 조종에 따라 수행하였다.

그러나 챗GPT 이후 초거대 언어 인공지능과 범용 인공지능이 발전하면서 로봇 발전에 결정적인 영향을 미치고 인공지능 로봇 시대가 열리면서 로봇혁명이 일어나고 있다.

예를 들어 제네바 국제회의에 소피아, 아메카 등 인공지능 휴머노이드 로봇이 등장해 세계 최초로 기자회견을 하고, 휴머노이드 파일럿인 '파이봇' 로봇은 전 세계 항공 차트를 숙지해 실수 없이 항공기 조종이 가능하다. 폴란드 주류업체인 딕타도르는 휴머노이드 로봇 '미카(Mika)'를 CEO로 임명했다. 로봇은 인간을 닮아가고, 인간은 로봇을 닮아가고 있다.

현재 인간을 위한 로봇 종류는 제조용 로봇과 개인 서비스용 로봇, 물류·농업 로봇, 의료·재활 로봇, 안전 로봇 등으로 구분되고 있다.

❶ 제조 로봇

각국의 제조업 생산성 경쟁 심화, 안전 이슈 부상, 저출산·고령화 심화 등이 로봇 산업 부상에 영향을 크게 미치고 있다. 특히 글로벌 경제위기 이후 제조업은 경제성장뿐만 아니라 경기 안정 측면에서도 매우 중요하게 떠오르면서 제조업 경쟁을 심화시키고 있다. 따라서 기업들의 고부가가치화, 생산성 향상 등 제조업 경쟁력 제고를 위해 스마트팩토리의 핵심인 제조로봇을 적극 도입하고 있다.

제조용 로봇은 산업의 고부가가치화, 생산성 향상, 외국 이전 설비의 본국 회귀에 기여하고 있다. 이는 수작업 대비 정밀도 향상, 표준화된 시스템 구축을 통한 작업 시간의 단축, 비용 절감을 위해 외국으로 생산설비를 이전했던 기업들이 본국으로 다시 돌아오게 하고 있다.

❷ 물류 · 농업 로봇

물류 로봇 분야에서는 물류센터, 공장 등에서 만물인터넷 기술과 자율주행 등이 기존 로봇 기술 및 학습을 통한 환경 및 상황 인식, 스케줄링 등 인공지능 기술 융합으로 이루어지고 있다. 이는 물류 효율 향상을 목적으로 하는 로봇 시스템으로 물품의 포장 · 분류 · 적재 및 이송 과정에 주로 활용되고 있다.

농업 로봇 분야에서는 로봇 기술을 이용해 작물의 생장 환경에 대한 모니터링 같은 단순 작업부터 작물의 상태에 따라 다양한 작업이 가능한 제초, 방제, 이송, 수확, 모니터링, 파종, 접목, 이식, 비료 · 퇴비 살포 등 농업용 서비스 로봇이 등장하고 있다.

❸ 의료 · 재활 로봇

정밀 수술의 경우 로봇을 통해 오차를 줄여 정밀도를 향상시켜 수술의 정확성과 안전성을 높이고, 신체의 손상을 최소화시키고 있다. 또한, 전 세계적으로 고령화가 심화되는 가운데 우리나라는 저출산 · 고령화가 급격히 진행되고 있어 노약자 재활 지원 등 헬스케어 분야 수요는 증가하지만 공급이 부족한 상황이다. 따라서 재활과 상담 로봇 수요가 증가될 것으로 전망된다.

④ 안전 로봇

재난·재해가 증가하면서 안전 이슈가 부상하고 있다. 이에 따라 사람이 접근하기 어려운 현장 대응 및 복구 등을 위한 로봇의 필요성이 증가하고 있다.

⑤ 개인 서비스 로봇

개인 서비스용 로봇은 삶의 질 향상, 노약자 재활 지원, 교육·학습 등에 활용되고 있다. 특히 인간-로봇 상호작용 기술이 매우 중요하게 떠오르고 있다. 가사 업무 시간 단축을 통한 삶의 질 향상, 인간이 수행하던 재활 치료를 보완·대체해 인력 부족 문제를 해결하고 재활의 질적 향상과 유치원·방과후 교실 등에서 로봇을 활용해 학습 효과를 높이고 있다.

인류혁명 시대는 로봇과 경쟁하는 시대가 아니라 로봇이 인간을 돕는 협력적 공존의 시대이다. 로봇이 인간의 일자리를 없애는 것이 아니라 인간의 위험을 줄이고 작업 환경을 개선하는 데 사용되고 인간 고유의 역량이

◎ **그림 10-17 로봇을 활용하는 다양한 서비스 종류**

[홈 비서로봇 Jibo]
[힐튼호텔 컨시어지 로봇 Connie]
전시 도우미 로봇
홈
서비스
[아마존의 물류 운송 로봇 Kiva]
[농작물 수확용 로봇 HV-100]
물류
농업

발휘되는 일자리가 더욱 많이 생기고 인간이 이곳에 집중하도록 도울 수 있을 것이다.

사회적으로도 로봇이 인간의 역량을 확장하도록 도와 우리 삶에 긍정적인 영향을 미칠 수 있도록 활용할 수 있다. 독거노인 말벗인 '돌봄 로봇'이 고령사회 해결사 역할을 한다. 노인이나 장애인 등 홀로 생활이 어려운 이들 옆에서 일상생활을 보조하고 독거노인 옆에서 말벗이 되어 정서적 안정에 기여하고 치매 예방 프로그램을 제공하는 등 역할도 다양하다. 반려로봇도 외로움을 겪는 1인 생활자들에게 효과적인 동반자 역할을 하고 인공지능 기술의 발전으로 더 자연스러운 대화와 반려로봇 동호회등 사회적 연결을 제공한다.

보스턴컨설팅그룹(Boston Consulting Group)은 2030년 세계 로봇 시장이 2,600억 달러(약 350조 원) 규모로 성장할 것으로 전망했다.

인공지능 로봇의 발전은 인류를 어떤 미래로 안내할 것인가? 인공지능 로봇은 인공지능 기술의 발전에 따라 자칫 인간을 넘어 인간을 통제하고 지배하는 단계로 넘어갈 수도 있다. 고도로 발전한 인공지능 로봇이 스스로 인공지능 로봇을 생산하여 인간의 존재가 불필요하게 되어 인류가 지속되지 못하게 되는 재앙의 상황이 올 수도 있다.

인류혁명 시대에 어떤 상황에서도 인공지능 로봇이 인간을 위해서 공존하며 인간의 역량을 확장하고 인간의 행복을 증진하는 도우미가 될 수 있도록 지금부터 인류가 함께 로봇 윤리를 포함한 글로벌 로봇 정책과 법률을 제정하기 위해 노력해야 한다. 이를 위해 세계미래대회를 개최하여 지혜를 모아 인류 공동체의 방향을 정하여 인류와 지구의 지속 가능을 도모해야 할 것이다.

10 첨단 실감콘텐츠 산업

인류혁명 시대 첨단 실감콘텐츠로 인간의 오감이 확장되고 디지털 공간으로 시공을 초월하여 활동할 수 있게 된다. 첨단 실감콘텐츠는 가상현실(VR), 증강현실(AR), 혼합현실(MR), 홀로그램(HR) 기술, 메타버스 등 초실감 기술을 활용해 인간의 오감을 극대화하고 데이터를 기반으로 사용자와 상호작용하는 콘텐츠다.

첨단 실감콘텐츠는 몰입감, 상호작용, 지능화 등의 특징을 통해 사용자에게 높은 현실감과 경험으로 초실감을 제공하며, 영화, 게임 같은 기존의 콘텐츠 영역뿐만 아니라 비즈니스, 의학, 생물학, 교육 등 다양한 분야의 콘텐츠로 응용되고 있다.

가상현실(Virtual Reality)은 컴퓨터 그래픽 기술과 영상 기술을 이용해 실재하지 않는 현실을 구현함으로써 사용자가 상상 속의 세계로 들어갈 수 있게 만드는 콘텐츠이다. 현실과는 구분되는 가상현실의 공간만 보이는 것을 의미하며 현실 같은 가상공간을 통해 몰입감을 극대화할 수 있다.

증강현실(Augmented Reality)은 실제로 존재하는 환경에 가상의 사물이나 정보를 합성하여 마치 원래의 환경에 존재하는 사물처럼 보이도록 함으로써 현실 세계에서 상상의 나래를 펼칠 수 있게 만드는 콘텐츠이다. 증강현실의 현실은 가상현실과 다르게 실제의 현실이다. 투영된 현실 위에 부가 정보가 겹쳐져 현실을 풍성하게 해준다.

혼합현실(Mixed Reality)은 실제 현실과 가상현실 모두를 함께 구현하는 콘텐츠이다. 현실 공간에 가상의 물체를 배치하거나 현실의 물체를 인식하여 그 주변에 가상의 공간을 구성한다. 예를 들어 학교 강당에서 학생들이

고래가 헤엄치는 것을 현실처럼 볼 수 있게 된다.

홀로그램(Hologram)은 완전하다는 뜻의 '홀로(holo)'와 그림을 의미하는 '그램(gram)'의 합성어다. 두 개의 빛이 만났을 때 서로 밝아지거나 어두워지는 간섭 효과를 이용해 실제 사물처럼 보이는 3차원의 입체 이미지나 영상을 만들어내는 홀로그래피(Holography) 기술을 이용하여 실제로 존재하지는 않지만, 실물과 똑같이 입체적으로 보이는 콘텐츠이다. 이를 통해 K팝 스타가 서울에 있으면서 파리의 스타디움에 등장하여 현장에서 공연하는 것 같이 실감나게 공연할 수 있게 된다.

메타버스(Metaverse)는 '초월'이라는 의미의 '메타(Meta)'세계라는 의미의 '유니버스(Universe)'의 합성어이다. 메타버스 기술은 현실을 초월하게 하고 가상 세계를 현실처럼 만들어 준다. 버추얼휴먼과 현실에서 함께 하고 내가 아바타로 현실을 초월한 신세계에서 새로운 즐거움을 찾을 수 있다. 예를 들면 메타버스 콘텐츠로 버추얼휴먼이 현실에 사회자로 등장해 공연을 진행하고 내가 아바타로 디지털세상에 들어가 공연을 현실처럼 즐길 수 있게 된다.

그리고 첨단 실감형 콘텐츠 제작에 인공지능이 접목되면서 초실감이 더욱 강화되고 인간의 오감이 시공간을 넘어 확장되게 한다.

인공지능 알고리즘은 방대한 양의 이미지와 비디오 데이터를 분석하고 패턴과 스타일을 학습하여 콘텐츠 제작에게 몰입형 고품질의 비주얼을 자동으로 생성할 수 있게 한다. 또한 인공지능은 텍스트의 맥락과 감정을 이해하여 역동적인 대화를 생성하고, 가상 캐릭터와의 현실적인 대화로 몰입형 환경 내에서 스토리텔링과 사용자의 감정 상태에 반응하는 개인화된 경험을 위한 새로운 가능성을 열어준다.

인류혁명 시대의 첨단 실감콘텐츠는 초실감을 구현하고 오감을 극대화

그림 10-18 첨단 실감콘텐츠 종류

| VR (가상 현실) | AR (증강 현실) | MR (혼합 현실) | [홀로그램] |

| 디지털 가상 휴먼 | 실감 영상 복원, 영상 합성 | 특수 영상 실감콘텐츠 | 메타버스 플랫폼 콘텐츠 |

한다. 지속 발전하는 인공지능이 적용되면서 특수 효과 영상(SFX)이 고도화되어 초실감 현존감이 높아지고, 일상생활에서 경험하는 것처럼 보고, 듣고, 만지며, 냄새를 맡고, 맛보는 오감의 경험을 제공하는 몰입형(immersive) 콘텐츠가 가능해진다.

글로벌 시장조사업체인 프레시던스 리서치(Precedence Research)에 따르면 글로벌 첨단 실감콘텐츠 시장 규모는 연평균 44.5% 성장해 2030년에는 1조 3,009억 달러(1,660조원)에 이를 전망이다.

인류혁명 시대 첨단 실감콘텐츠 산업은 지속적으로 성장하면서 동시에 인류의 가치관과 삶의 양식에 지대한 영향을 미치게 된다. 인류혁명 시대 인간의 존엄성이 존중되고 인성과 영성이 강화되어 인류와 지구가 지속 가능하기 위해서는 초실감의 몰입적 감동을 주는 첨단 실감콘텐츠의 스토리와 작가 의식이 중요하다. 이런 관점에서 인류와 지구의 지속 가능을 위한 건강한 인성 가치를 담은 클린콘텐츠를 제작하고 확산을 권장하는 클린콘텐츠 운동(www.cleancontents.org)이 미래 사회에 더욱 중요하고 필요하게 된다.

◎ 그림 10-19 클린콘텐츠 운동 사이트(www.cleancontents.org)

인류혁명 시대 민주주의와 정치의 변화

인류혁명 시대 민주주의와 정치의 변화

인류혁명 시대에 인공지능은 빠른 속도로 발전하고 모든 곳에 접목되면서 세상의 모든 것을 바꾼다. 오랫동안에 걸쳐 정착되어온 인류의 민주주의도 인공지능의 영향을 받고 정치 구조도 새로운 변화를 맞고 있다.

1 인류혁명 시대 민주주의 형태의 변화

인류혁명 시대 민주주의는 현재의 형태로 계속 유지될 수 있을 것인가? 민주주의는 국민이 주권을 가지며, 국민을 위한 정치가 행해지는 것을 목표로 하는 제도다. 민주주의(民主主義, democracy)는 국민(demos)과 힘(kratos)의 합성어로 국가의 주권이 국민에게 있고 국민이 권력을 가지고 그 권력을 스스로 행사하며 국민을 위하여 정치를 행하는 제도, 또는 그러한 정치를 지향하는 사상이다.

민주주의는 기원전 507년, 아테네의 지도자 클레이스테네스(Cleisthenes)가 데모크라티아(Demokratia), 즉 '국민에 의한 통치'라고 부르는 정치개혁 시스템을 도입한 것이 최초였다. 이후 절대왕정체제라는 봉건적 정치체제에 묻혔다가 시민혁명으로 절대군주의 자의적인 지배를 방지하고 봉건적

그림 11-1 근대 민주주의가 태동한 시민혁명(프랑스)

특권 체제를 타파하는 과정에서 '인권'(human right) 개념을 발전시켜 나갔다. 이는 결과적으로 선거권 확대와 인민주권론을 기반으로 하는 근대 민주주의의 발전으로 나아가게 되었다.

영국의 철학자이자 정치가인 로크는 모든 사람은 생명, 자유, 재산의 권리를 가지고 있으며, 사람들은 이러한 모든 권리가 잘 보장되도록 정부를 세우는 것이라는 민주주의 철학을 정립하였고, 미국의 독립선언서는 1776년 7월 4일에 있었던 회의를 거쳐 모든 인간은 소중한 존재이며, 누구나 자유와 평등을 보장받을 수 있다고 밝혔다. 이어 프랑스 시민혁명에서 프랑스 인권 선언은 '사람은 태어나면서부터 자유와 평등의 권리를 가지며, 나라의 주권은 국민에게 있다'는 민주주의 정신을 강조했다. 미국의 제16대 대통령이었던 링컨은 게티즈버그 연설에서 '국민의, 국민에 의한, 국민을 위한 정치'를 해야 한다고 민주주의 정치를 정의하였다.

한편 근대 시민혁명 이후 지식인들과 정치인들은 민주주의에 우둔한 군중에 의한 '다수의 폭정'이라는 위험이 존재하고, 이것이 어떠한 방식으로든 제한되어야 한다고 보았다. 또한 시민들이 모든 사안에 대해 일일이 투표하거나 정책 수립에 직접 참여하는 것이 어렵다는 현실적 제약이 있었다. 이러한 문제를 삼권 권력의 분립(입법, 행정, 사법)과 선거를 통한 대의 민주주의 제도의 운영 등을 통해 해결하고자 했다.

대의 민주주의(代議民主主義: representative democracy)는 국민이 직접 나서는 직접 민주주의 대신 선거 등의 절차로 국민의 정치적 뜻을 대리하는 대표를 선출해 간접적으로 정치에 참여하는 간접 민주주의 제도이다.

선거(選擧, election)는 현대 대의 민주주의 국가의 통치질서를 형성하는 가장 핵심적인 제도이다. 선거는 통치 권력 정당성의 기초이자 유권자 정치 참여의 본질적 수단이다. 대의 민주주의는 국민이 선거에 의해 대표자에게 권력을 위탁하여 국민의 대표기관(의회)을 조직하고 국민의 의사를 반영하여 국민을 위해 정치하는 형태이다.

그러나 오늘날 대의 민주주의 국가들은 정치적 위기에 직면해 있으며, 대의 민주주의 운영 방식과 관련하여 국민들로부터 많은 불만이 제기되고 있다. 대의 민주주의는 여러 가지 장점에도 불구하고 국민 참여의 제한, 정치적 소외감과 무관심, 선출된 대표자들의 비윤리성과 자질 부족, 국민의 뜻보다 대표자와 소속 정당의 이익 대변 등으로 위기를 겪고 있다.

한편 코로나 팬데믹 이후 세계는 자국 이익 중심주의와 글로벌 인류 공영의 갈림길에서 선택의 기로에 있다. 더구나 챗GPT로 촉발된 인공지능의 급속한 발전은 자칫 이를 악용하는 사람들에 의해 여론을 왜곡하여 오도되는 위험이 커지고 있다.

인류혁명 시대에 인류와 지구의 지속 가능을 위해서 민주주의는 어떤 형태로 변화해야 하는가? 인류는 자국 이익 중심주의로 극심한 생존 경쟁과 전쟁으로 이끄는 대표를 선출하지 않아야 한다. 민주주의의 중심 사상인 모든 인류는 소중한 존재이며, 누구나 자유와 평등을 보장받을 수 있도록, 그리고 지구가 지속 가능하도록 인류 공동체의 공영을 위해 노력하는 대표가 선출되게 할 수 있어야 한다. 악용되는 인공지능에 의한 맞춤형 왜곡 정보로 인해 잘못된 선택을 하지 않아야 한다. 인권을 향상하고 인류의 행복을 위한 정직하고 올바른 선택을 할 수 있게 인공지능이 선용될 수 있게 되어야 한다. 이를 위해 현재의 대의 민주주의는 변화가 필요하다.

인류혁명 시대에 민주주의의 본질인 인간의 존엄성을 존중하고, 국민이 모든 의사 결정의 주체가 되고, 그 결정에 대해 책임을 질 수 있어야 한다. 이를 구현할 수 있기 위해 정치에서 국민이 올바른 대표를 선택할 수 있게 하고 국민이 정치적 결정에 영향력을 갖게 하는 민주주의로 변화되어야 한다. 인류혁명 시대에 초지능·초연결·초실감이 구현되면서 시민들이 직접 자신의 정치적 요구를 표현하기 위해 행동으로 나서는 '직접민주주의' 움직임이 더욱 확대될 것이다. 더구나 챗GPT 인공지능의 등장으로 시민들의 지식 수준이 상향 평준화되고, 정보격차가 줄어드는 '정보와 지식의 평준화시대'에 접어들면서 내가 뽑은 국회의원이나 지방자치단체장 등이 유권자인 나의 의사를 무시하거나 제대로 반영하지 못한다고 판단될 때 마음속으로만 삭이는 것이 아니라 다양한 방안을 통해 의견을 표출하고 영향력을 미치려는 노력을 적극적으로 하게 된다.

따라서 인류혁명 시대엔 현재의 대의 민주주의는 시민참여 민주주의로 변화되어야 한다. 시민참여 민주주의는 시민 참여를 보다 제도화·체계화하고, 시민의 제안이 국정에 충실히 반영되도록 하며, 시민이 공공 정책 의제에 관해 깊이 생각하고 토론 과정을 거쳐 충분히 의논하는 과정에 대표자와 함께 시민들이 직접 참여하여 합의에 도달하는 민주적 절차를 거치는 직접 민주주의와 간접 민주주의의 융합이다.

인류혁명 시대엔 인공지능을 기반으로 초지능·초연결·초실감이 디지털 세상에서도 구현되어 시민들이 언제 어디에 있든지 대표자와 함께 시공을 초월하여 주요 정책 의제에 대한 논의에 함께 참여하고 의견을 개진하며 합의를 위한 투표에도 참여할 수 있게 된다. 이를 통해 대의 민주주의의 현재 폐단과 단점이 다소 해소되고 국민에 의한 국민을 위한 민주주의의 기본 정신을 다시 살릴 수 있게 될 것이다.

◎ **그림 11-2 스위스의 직접 민주주의 장면**

출처: 구글 이미지.

2 인류혁명 시대 정치와 리더십의 변화

인류혁명 시대는 인공지능과 메타버스로 초지능·초연결·초실감이 구현되고 따뜻한 인성과 가치를 추구하는 영성으로 휴머니즘이 강화되는 뉴르네상스라는 문명적 대변혁을 맞이하고 있다.

인공지능과 메타버스는 새로운 정치 체제를 창조해 가고 있다. 오랫동안 현대 정치 제도의 근간이 되어온 대의 민주주의와 국회를 변화시키고 인공지능 국회의원 등 새로운 유형의 정치 패러다임을 등장시키고 있다.

인공지능은 민주주의 정치를 발전시킬 것인가, 아니면 전체주의를 강화시킬 것인가. 유발 하라리의 말처럼 우리는 인공지능을 통해 민주주의를 '시민 민주주의'로 발전시킬 수도 있지만 반대로 조지 오웰의 '빅 브라더'로 대표되는 독재적 전체주의의 수렁으로 빠져 들 수도 있다.

1689년 "의회 승인 없이 법을 제정하거나 세금을 거둘 수 없다"는 영국의 권리장전을 시작으로 1776년 미국 독립혁명, 1789년 프랑스 혁명 등을 계기로 현재 대부분의 나라에서는 '대의 민주주의'정치 체제가 유지되고 있다. 하지만 대의 민주주의에 대한 불신과 회의가 커지면서 시민이 직접 정책 결정에 참여하는 '시민참여 민주주의'에 대한 열망이 강해지게 되었다.

인류혁명 시대에 '인공지능 메타버스 거버넌스'가 구축되면 누구나 쉽게 정책 의사 결정에 참여할 수 있게 되고, 의견의 집계가 투명하게 자동화되며, 국민이 스스로 자율적으로 정치에 참여하고 결정하는 시민참여민주주의가 가능해 진다. 민주주의는 국민이 주인이 되는 것이다. 물론 이러한 과정엔 독점과 감시를 통해 전체주의 체제를 강화하는 도구로 인공지능과 메타버스를 악용하려는 소수 정치 집단의 위험을 극복해내는 힘든 노력이 필요할 것이다.

민주주의는 '분산형', 독재는 '중앙집중형' 정보처리 시스템이다. 인공지능이 선용되면 정치 및 선거 정보가 시민들에게 투명하게 공유되고 시민들 의견이 정책에 공정하게 반영되는 분산형 시스템이 강화되는 사회가 되어 시민참여민주주의로 발전하게 된다. 반면에 인공지능이 악용되어 정치 및 선거 정보가 소수에 의해 조정되고 왜곡되며 독점되는 중앙집중형 시스템이 강화되는 사회가 되어 빅 브라더에 의해 시민이 조정되고 통제되는 독재 전체주의가 될 것이다.

긍정적으로 보면, 인공지능이 분산형 시스템인 블록체인과 연결되면 국민이 스스로 정책이나 법률을 제안할 수 있게 된다. 국민이 정책이나 법률을 언제 어디서나 실시간으로 추가 비용 없이 직접·비밀투표로 결정할 수 있는 '국민의, 국민에 의한, 국민을 위한 시민참여 민주주의'가 구현될 수 있다. 다만, 현재의 막대한 특권과 일자리를 잃게 되는 정치권 이익 집단의 반대를 어떻게 극복하느냐가 관건이다. 이는 아마도 프랑스 혁명에 버금가는 '시민에 의한 새로운 정치 혁명'을 통해 이루어지게 될 것이다.

프랑스 철학자 장 자크 루소는 1762년 <사회계약론>을 통해 "시민이 자유롭다고 느낄 때는 대의원을 선출할 때 뿐이며, 선출이 끝나면 그들의 노예가 된다"며 "시민이 뽑는 대의원이 또 다른 특권층이 될 것"이라고 주장했다. 그의 예견대로 국민이 뽑은 대표인 국회의원과 지자체 의원들은 지금 거의 모든 나라에서 최고의 특권을 누리면서, 국민의 권익을 위한 대리자가 아니라 자신과 자신이 속한 정당의 권익을 위한 특권층이 되어 지탄의 대상이 되고 있다.

인류혁명 시대에 인공지능과 메타버스의 발전과 더불어 이를 통해 대의 민주주의의 대안을 마련하려는 노력이 경주되고 있다. MIT 미디어랩의 세자르 히달고(Cesar Hidalgo) 교수는 인공지능과 메타버스를 통한 '증강 민주주의(Augmented Democracy)'를 대안으로 제시했다. 시민들이 적극 참여해 AI로 자신의 에이전트를 구현하고 이를 통해 각자 의견을 반영하는 새로운 형태의 시민참여 민주주의다. 인공지능을 통해 개인의 정치, 사회적 성향과 취향, 상황 등을 고려해 정치적인 안건을 결정할 수 있는 개인별 에이전트를 구현하고 이들이 메타버스로 언제든 필요할 때 개개인 시민을 대신해 직접 투표로 각종 안건을 처리하는 방식이다.

또 다른 대안은 현재의 정치인들의 역할을 인공지능으로 바꾸는 것이다. 인공지능 정치인은 인간 정치인과 달리 사리사욕이 없고 특정 조직이나 정파의 이익을 대변하지 않으며 최적의 예산 분배와 정책 결정이 가능할 수도 있다. 현실 정치인들이 국민을 대표해 국민의 권익을 위해 노력하거나 봉사하지 않고 자신과 특정 정파의 이익 추구 및 엄청난 특권만 누리는 행태에 대한 불만과 실망의 결과로 이를 인공지능으로 대체하려는 움직임이 세계 곳곳에서 나타나고 있다. 인공지능 기술로 현재 정치인의 부정부패와 편파적 정책 결정을 극복하고 공정한 정책을 입안해 정치 효율성을 높일 수도 있다는 판단이다. 인공지능 정치인은 수조 억 단위 빅데이터 정보를 동시간에 확보·분석해 적절한 판단으로 합리적 정책 결정을 내릴 가능성이 높다는 입장이다.

2021년 스페인의 IE유니버시티 정부변혁센터는 유럽 국가 11개국 2,769명에게 국회의원 의석수를 줄이고, 이들을 인공지능(AI)으로 대체하자는 주장에 대해 어떻게 생각하는지를 물었다. 응답자의 51%가 찬성했다. 스페인(66%)과 이탈리아(59%), 에스토니아(56%) 등에서 동의하는 비율이 높

그림 11-3 최초의 인공지능 정치인 샘(SAM)

출처: LIGHTING LAB-Nick Gerritsen.

았다.

한국에서도 공식적이진 않지만 필자가 강의하면서 2023년 1,200명에게 질문한 결과, 응답자의 85%가 현재의 국내 국회의원보다 인공지능 국회의원이 정책과 법률을 입안하고 결정하는 것이 더 좋겠다고 답했다. 반대는 7%밖에 되지 않았고 8%는 '결정 유보'라고 답했다. 그만큼 현재의 한국 정치인을 대의 민주주의의 병폐로 보고, 이를 인공지능으로라도 대체하고 싶은 마음이 큰 것이다.

인공지능이 선용되면 시민들의 필요와 사회문제를 빅데이터를 통해서 파악하고 신속하게 대처하는 정책을 입안하여 시민들의 요구를 대변하고 시민들이 책임성을 갖고 토의할 수 있도록 도움으로써 공동의 선을 추구하여 정치 엘리트의 권력을 견제하고 시민참여 민주주의가 확장될 수 있도록 기여한다. 이처럼 인공지능을 잘 활용하면 현대 대의민주주의의 문제를 극복하고 시민들이 정치에 적극 참여하여 민주주의의 본질을 회복할 수 있게 새로운 대안 정치 체제를 이루게 된다.

이로 인해 인공지능과 메타버스 시대엔 소수 정치 엘리트 중심의 대의민주주의라는 현재의 정치 체제는 새로운 변화를 맞게 된다. 즉 인공지능 메타버스 거버넌스로 누구나 쉽게 정책 의사 결정에 참여할 수 있게 되고, 의견의 집계가 투명하게 자동화되며, 국민이 스스로 자율적으로 정치에 참여하고 결정하는 시민참여 민주주의로 변화될 것이다. 민주주의의 주인이 국민이 되는 것이다.

그리고 인류혁명 시대 정당의 목표가 기존처럼 정권을 쟁취하는 것이 아니라 국민의 행복 증진과 국가의 미래 발전에 적합한 법안과 정책을 개발하고 제안하는 것이 우선적인 목표가 될 것이다. 정당은 국민들로부터 선택되는 정책과 법안을 더욱 많이 구상하고 제안할 때 그 가치를 인정받게 되고 이로 인해 정당은 싱크탱크의 역할이 강화될 것이다.

또한 인류혁명 시대의 정치지도자는 미래 정치 환경 변화에 대응하고

인공지능 정치인 대비 경쟁력을 갖추기 위해 다음과 같은 새로운 리더십 역량이 필요하게 된다. 첫째, 미래의 정치지도자는 특권의식과 사리사욕이 없고 스스로 도덕적으로 엄격하고 자신을 희생하는 마음이 필요하다. 그리고 특정 조직이나 정파의 이익을 대변하는 것이 아니라 국민의 행복 증진과 국가 미래 발전을 목표로 활동하며 이를 통해 자부심과 의미를 가져야 한다. 둘째, 미래의 정치지도자는 현재와 미래 변화를 읽고 예측하여 현재의 어려움을 타개하고 미래 비전과 미래 전략을 정책으로 입안하여 희망과 발전을 도모하는 미래지도자가 되어야 한다. 셋째, 미래의 정치지도자는 국민들과 다양한 통로를 통해 소통할 수 있어야 한다. 이를 위해 소셜미디어는 물론이고 인공지능과 메타버스를 통한 소통 방법을 익힐 필요가 있다. 이러한 소통을 통해 해결해야 하는 문제와 정책 및 법안 입안과 결정을 국민과 공유하고 힘을 모을 수 있는 공감커뮤니케이터가 되어야 한다. 이러한 새로운 리더십 역량으로 미래의 정치지도자는 인공지능과 메타버스 시대에도 국민 행복 증진과 국가 발전을 위한 중요한 역할을 담당하며 국민들로부터 신뢰받고 존경받을 수 있게 될 것이다.

◎ **그림 11-4 우리는 달나라로 가기로 결정했다. 우주시대의 미래를 연 케네디 미국 35대 대통령**

출처: 위키미디어.

인류혁명 시대 라이프의 변화

인류혁명 시대 라이프의 변화

인류혁명 시대 인공지능을 중심으로 초지능·초연결·초실감이 구현되면서 모든 라이프가 새롭게 바뀌고 있다. 특히 인공지능이 적용되면서 생활 라이프, 헬스 라이프, 비즈니스 라이프, 창작 라이프, 교육 라이프, 종교 라이프 등 모든 라이프가 변화되고 있다.

1 인류혁명 시대 생활 라이프 변화

일상생활에서 인공지능과 공생하는 시대가 다가왔다. 생활 라이프 곳곳에서 인공지능이 적용된 맞춤형 서비스가 제공된다.

1) 인류혁명 시대 식생활 라이프 변화

"오늘은 뭘 먹지?" 주부는 매끼 식사 메뉴 선택의 고민에 빠진다. 더구나 가족 중 환자나 음식 알레르기가 있으면 더욱 고민이 깊다. 인공지능 레시피가 이러한 고민을 말끔하게 해결해 준다.

IBM의 쉐프왓슨과 국내의 키친넷은 100만 개 이상의 레시피를 학습하여 맞춤형 식단을 제공할 수 있는 인공지능 쉐프 레시피이다. 인공지능 쉐프 레시피는 방대한 식단과 원재료를 분석하고 학습해 최적의 맛을 내는 조합의 음식 레시피를 매일 추천하고 고객의 특성을 고려한 특별 레시피를 제안하기도 한다. 예를 들어 비만·고혈압을 앓고 있는 고객의 기호와 취향을 파악하고 저지방·저염·고단백 식재료로 맛과 향은 그대로지만 영양가는 훨씬 높은 맞춤형 식단을 제공한다.

소득 수준이 오르면서 맛있고 영양 있는 식사에 대한 관심도 높아지고 가족이 함께 가정에서 지내는 시간이 늘어나면서 주부의 식단에 대한 고민이 많아지고 있고 또한 혼밥족도 늘어 자칫 영양이 부족할 수도 있는 것을 인공지능 레시피가 맞춤형으로 해결해 주고 있다.

외식업계는 예약, 주문에서부터 고객 서비스, 요리 및 배식에 이르기까지 다양하게 인공지능 기술을 접목시켜 편의성과 효율성을 극대화하고 있다. '스타벅스'는 자체 인공지능 시스템인 딥블루(Deep Brew) 서비스를 개발하여 앱을 통해 음성으로 주문 가능하게 하고 강화학습으로 고객의 기호와 취향 그리고 날씨와 시간, 이벤트 등 다양한 데이터를 분석하여 고객이 만족할 수 있는 정교한 메뉴를 추천한다. 스타벅스는 딥블루(Deep Brew) 인공지능 서비스를 통해 매장에서는 고객과 종업원이 자연스럽게 대화하는 동안 자동 주문되게 하고 드라이브 스루를 통해서도 맞춤형 메뉴를 추천받고 앱으로 메뉴를 충분히 검토하고 사전 주문하여 편리하게 구매할 수 있도록 하고 있다.

스타벅스는 딥블루를 활용하여 날씨, 시간, 재고상품, 유동인구와 같은 요인에 기초해 음료 메뉴와 음식 품목을 결정한다. 스타벅스는 고객 만족도와 구매 내역, 커뮤니티 선호도를 빅데이터화해 AI로 맞춤형 메뉴를

그림 12-1 딥블루 인공지능 서비스를 도입한 스타벅스

출처: AI타임즈.

개발한다.

또한 외식업계는 코로나19 이후 비대면 문화 확산으로 조리부터 서빙까지 대신해주는 인공지능 로봇을 도입하였다. 프랜차이즈 커피 전문 브랜드 달콤커피가 운영해 온 인공지능 바리스타 로봇 카페 '비트' 매장이 1년 만에 90호점으로 늘어날 정도로 인기를 끌면서 별도로 분사시켰다.

인공지능 기술이 발전하면서 활용 영역도 넓어져 인공지능을 통한 외식서비스는 보다 정확하고 효율적이게 되며 코로나19 이후 언택트의 자연스런 수용으로 외식 업계의 인공지능 기술 도입은 더욱 늘어나고 있다.

2) 인류혁명 시대 패션생활 라이프 변화

행사의 성격에 맞는 패션을 어떻게 해야 할지 잘 모를 때 챗GPT 인공지능에게 패션 코디를 문의하여 행사 성격에 맞는 패션으로 멋낼 수가 있다. 예를 들어 대학 동기 동창회에서 개최하는 부부동반 모임에 오랜만에

그림 12-2 챗GPT 인공지능에게 문의하여 추천받고 필자 아내가 뜨개질한 모자와 유아용 옷

참석하려 이에 적합한 부부 패션 코디를 문의하니 남녀 각각에게 맞는 패션을 상세하게 추천하며 이미지 링크까지 알려 주어 많은 도움이 되었다.

챗GPT 인공지능을 활용하여 자신이 원하는 의복을 만들 수도 있다. 예를 들어 여성이 자신의 모자를 뜨개질하고 싶은 모자 스타일과 유아용 옷을 추천받고 뜨개질하는 방법을 도움 받아 익히며 만들 수 있게 된다.

또한 오드컨셉의 '픽셀(PXL)'은 패션 이미지를 제시하면 상품 정보와 그에 맞는 코디까지 추천하는 인공지능 서비스를 제공하고 있다. 텍스트가 아닌 이미지와 사용자 특성을 파악해 추천 상품을 제시하는 AI 코디 서비스이다. 예를 들어 쇼핑몰에 접속한 소비자가 원하는 상의를 골라 이미지를 올리면, 오드컨셉의 코디 추천 플랫폼은 상의와 유사한 상품뿐 아니라 어울릴 만한 모자나 신발 등을 쇼핑몰에서 찾아 추천한다. 재질과 종류, 색깔까지 분석하여 제시해 준다.

또한 미국의 메모미 랩스(Memomi Labs)는 패션 스타일리스트 인공지능(AI)과 증강현실(AR)을 결합해 사용자가 거울 앞에 서서 스마트폰 앱을 터

치하면 고객이 입고 있는 옷의 색깔이나 사이즈를 바꿔 보여주는 피팅 스타일용 메모리 미러(Memory Mirror)를 개발하여 제공하고 있다.

3) 인류혁명 시대 홈 라이프 변화

집이 기존의 용도와 같이 가족과 함께하는 정서적·육체적 휴식 공간이기도 하지만 이제 나아가 업무처리 공간이기도 하고, 강의와 학습 공간이기도 하고, 문화와 엔터테인먼트 향유 공간이기도 하고, 자기계발과 취미 생활 공간이기도 하고, 쇼핑 공간이기도 하고, 은행 업무 등 금융 거래 공간이기도 하고, 재테크 활동의 공간이기도 하고, 스포츠와 건강 관리 헬스 공간이기도 하고, 사회적 소통과 친목의 공간이기도 하고, 병균과 미세먼지로부터 안전을 지켜주는 공간이기도 하는 등 다목적 라이프 플랫폼으로 용도가 확대되고 바뀌게 되었다.

인공지능과 사물인터넷이 사회적 인프라가 되어 주거 공간에 연결되면서 이러한 집에서의 주거 라이프 용도가 다양화되고 바뀔 수 있게 하는 촉매제 역할을 담당하고 있다.

우리의 주거 공간이 인공지능과 사물인터넷과 접목되면서 스마트 라이프 공간으로 바뀌고 있다. 인공지능이 홈 네트워크에 접목되어 음성이나 자율적으로 주거 공간의 다양한 기기를 편리하게 언제든지 제어할 수 있게 된다. 예를 들어 스마트폰 앱으로 사물인터넷과 연결된 다양한 디바이스를 직접 제어하고 TV, 컴퓨터, 공기청정기, 조명, 에어컨과 난방기, 세탁기, 로봇청소기, 가스 보일러 등도 제어할 수 있다. 스마트폰과 홈모니터로 주거 공간 내외 CCTV를 실시간 확인할 수 있으며 음성으로 '외출'을 알리면 대기 전력과 전등, 방범 등이 외출 모드로 자동 전환되고 엘리베이터를 호출하며 로봇청소기는 우리가 외출 후 청소를 시작한다. 가정 컴퓨터 및 노트북과 자동 연결되는 대형 TV를 통해 음성으로 작동하면서 재택 근무와 화상 회의 및 원격 수업을 편리하게 할 수 있게 된다.

2 인류혁명 시대 헬스 라이프 변화

챗GPT 인공지능은 개인 트레이너, 개인 주치의 역할을 할 수 있다. 예를 들어 나에게 필요한 운동이나 스트레칭 방법을 필요할 때마다 문의하여 평소의 건강 관리에 도움을 받을 수 있다. 매일 아침에 일어나자마자 나의 건강을 위해 하면 좋은 스트레칭 방법을 문의하니 구체적인 방법을 알려준다.

또한 현재 몸 건강 상태를 호전하는 데 도움이 되는 식품을 추천받기 위해 상세하게 몸상태와 함께 문의하면 구체적인 효과와 함께 나의 건강에 좋은 식품을 추천해 준다. 주치의 의사에게 문의해도 잘 듣지 못한 좋은 건강 정보를 알게 되어 매우 유익하였다.

챗GPT 인공지능은 상담 치유에도 활용될 수 있다. 개인적인 정신적 어려움을 타인이나 심지어 의사에게도 나누고 싶지 않을 때도 있다. 이럴 때 챗GPT 인공지능에게 자신의 고충을 나누고 대화를 나누며 상담하면서 힐링이 될 수 있다. 예를 들어 주변 상황이 어려워져 너무나 우울할 때 챗GPT 인공지능에게 우울한 마음을 전달하니 챗GPT 인공지능은 동감하는 마음을 담아 우울한 마음을 이겨내도록 격려하면서 여러 가지 방안을 제시해 준다.

인공지능이 헬스케어에 접목되면서 치료 방식과 서비스도 바뀌고 있다. 인공지능 헬스케어를 통해 개인 맞춤형 치료는 물론이고 치료도 의약품 뿐만 아니라 디지털 치료제도 활용되게 되었다. 특히 알츠하이머, 파킨슨, 다발성 경화증, 주의력 결핍 과다행동장애, 자폐증, 외상후 스트레스 장애, 우울증, 약물 중독 등에는 이미 치료를 목적으로 개발된 소프트웨어 의료기기인 디지털치료제가 활용되고 있다. 이외에도 당뇨, 조현병, 천식, 만성폐질환, 불면증, 근육통, 암 치료에도 디지털치료제가 '대체치료제' 또는 '보완치료제'로 개발되고 활용될 예정이다.

그리고 이미 닥터 왓슨 같은 인공지능 의사가 출현한 것 같이 인공지능 간호사, 인공지능 재활 치료사, 인공지능 약사도 등장하여 우리의 일상생활 헬스케어 라이프를 건강하게 지켜주는 도우미 역할을 할 것이다.

◎ 그림 12-3 인공지능 간호사 몰리(Molly)

출처: 센스리(Sensely) 홈사이트.

미국의 인공지능 의료 기업 '센스리(Sensely)'는 병원 퇴원 후 집에서도 지속적인 치료 간호가 필요한 환자를 위해 인공지능 간호사 '몰리(Molly)'를 개발하여 서비스하고 있다. 몰리는 인공지능 아바타로 고급 음성인식 기능을 갖추고 환자와 음성 대화를 통해 간호 서비스를 제공한다.

몰리는 집에서 스마트폰이나 태블릿, 스마트TV로 접속하여 시간에 맞춰 환자에게 "혈압 측정 시간입니다."라고 알려준다. 환자는 혈압측정기로 혈압을 측정하고 데이터는 블루투스로 스마트폰에 전송된다. 몰리는 이 정보를 "병원에 보내겠습니다."라고 설명하고 병원으로 데이터를 전송한다. 몰리는 인공지능 기술로 사람처럼 움직이고 말하면서 환자들에게 심적 위안을 주는 역할도 하게 된다. 실제로 환자들은 몰리에게 개인적인 고민을 털어놓기도 하고 고마운 감정을 가지기도 하는 것으로 나타났다.

3 인류혁명 시대 비즈니스 라이프 변화

비즈니스 라이프에서 인공지능이 함께 한다. 비즈니스 라이프에 인공지능이 적용되며 서비스가 향상되고 있다.

1) 인류혁명 시대 쇼핑 라이프 변화

미국의 의류 쇼핑몰 '스티치픽스(Stitch Fix)'는 인공지능으로 개인 맞춤형 패션 제작 서비스를 제공하고 있고 인공지능으로 디자인도 한다. 스티치픽스(Stitch Fix)는 소비자들이 입력한 데이터만으로 고객 맞춤 패션 제품을

그림 12-4 인공지능 맞춤 패션 쇼핑 스티치픽스

출처: 스티치픽스 홈사이트.

추천하고 배송해준다.

인공지능이 고객의 데이터를 분석하여 좋아할 만한 옷 스타일을 선정하고 인공지능과 전문 스타일리스트가 이 중 5가지를 골라 고객에게 배송한다. 고객들은 옷을 입어보고 마음에 들지 않으면 반품하면 되는데 고객 중 80%가 추천한 옷 중 한 벌을 구매하고, 80%의 고객은 첫 구매 후 90일 내 재구매를 할 만큼 만족도가 높다.

또한 국내 셔츠 전문 기업 트라이본즈는 인공지능 기반의 맞춤 셔츠 플랫폼 '셔츠스펙터' 서비스를 통해 몸에 딱 맞는 맞춤형 셔츠를 추천하고 있다. 매장에 방문할 필요 없이 인공지능 사이징 측정법을 통해 3분 만에 개인 맞춤형 사이즈와 디자인을 선택해 주문을 마치고 7일 안에 제품을 받아볼 수 있다.

삼정KPMG의 분석에 따르면 "옷으로 '나'를 표현하는 소비자가 늘고 있고, 내가 가진 윤리적 의식과 가치관을 패션으로 보여주는 MZ세대가 패션의 주요 소비층으로 부상했다."고 한다. 이로 인해 "그동안처럼 패션 기업이 공장에서 똑같이 대량으로 찍어낸 패션 제품은 어느 순간 팔리지 않을 것이다."고 전망하고 있다. 이처럼 패션은 우리 모두의 라이프 스타일의 직접적인 표현이기 때문에 인공지능의 도입으로 패션 트렌드와 접목한 개인 맞춤 제품의 생산과 유통이 중요해질 것으로 예측된다.

2) 인류혁명 시대 자산 투자 라이프 변화

인공지능 로보어드바이저 서비스로 전문가 인력 비용을 절감시키고 보다 정확한 투자 분석과 신뢰도 높은 투자 결과가 산출되고 있다. 로보어드바이저(RoboAdvisor)는 로봇(Robot)과 투자 자문을 의미하는 어드바이저(Advisor)의 합성어로 인공지능(AI), 빅데이터 알고리즘 등의 기술에 기반하여 고객의 투자 성향 등을 반영하여 자동으로 고객 자산의 포트폴리오를 구성하고 리밸런싱(재구성)하며 고객의 자산 운용을 자문하고 관리해 주는 서비스이다.

현재 서비스되고 있는 로보어드바이저는 알아서 고객 맞춤으로 펀드를 운용하는 펀드형, 고객에게 투자 제안을 하고 고객이 최종 결정하게 하는 자문형, 현장 방문 시 더 상세한 종목 비중과 수익률을 소개해주는 일임형으로 나누어진다.

인공지능 기반 로보어드바이저는 많은 이익을 제공한다. 첫째, 로보어드바이저는 경험과 지식을 기반으로 투자 결정을 내리기 때문에 정확성과 일관성이 보장된다. 둘째, 로보어드바이저는 투자자에게 맞춤형 포트폴리오를 제공한다. 개인의 투자 성향과 목표에 기반하여 최적의 투자 전략을 수

립하므로, 투자자의 요구에 맞는 해결책을 찾을 수 있다. 셋째, 로보어드바이저는 비용 효율적이다. 로보어드바이저는 투자비용을 최소화하고, 보다 높은 수익을 얻을 수 있는 장점을 제공한다. 넷째, 로보어드바이저는 시간과 장소에 구애받지 않는다. 투자자는 언제든지 모바일 앱 또는 웹페이지를 통해 로보어드바이저에 접근할 수 있으며, 투자 전략 및 포트폴리오를 실시간으로 모니터링할 수 있다. 다섯째, 로보어드바이저는 투자자의 심리적 요소에 영향을 받지 않는다. 로보어드바이저는 감정적인 결정을 하지 않고, 논리적이고 계산된 방식으로 투자 전략을 수립한다. 이러한 다양한 이익으로 인해 인공지능 기반 로보어드바이저는 투자자에게 신뢰성, 맞춤성, 효율성, 편의성 및 합리성을 제공하는 동시에 투자 성과를 향상시킬 수 있는 효과적인 도구로 평가받고 있다.

◎ 그림 12-5 인공지능 기반 로보어드바이저

출처: 아시아경제.

이제 인공지능은 자산 운영과 투자 금융업계의 뜨거운 감자이다. 금융업계의 전문가는 인공지능을 잘 이해하고 잘 활용할 수 있는 자가 승자가 된다. 자신의 전문적 식견과 감으로 투자하고 자문하던 시대는 저물고 있는 것이다. 인공지능을 지배하는 자가 자산 운영과 투자, 나아가 금융업계를 지배할 것이란 말이 현실이 되고 있다.

3) 인류혁명 시대 배달 유통 라이프 변화

챗GPT 인공지능에게 유통 방안을 문의하여 다양한 유통 경로를 파악하고 유통 마케팅 확산에 참조할 수 있다. 예를 들어 자신의 뜨개질 상품을 판매할 상점을 새로 개점하였는데 유통 방법을 모르고 있는 주부가 챗GPT 인공지능에게 유통 방법을 문의하니 뜨개질 상점에 맞는 다양한 유통 방법을 제시해 주었다.

도미노피자는 드론과 자율주행 로봇을 이용한 배달 서비스를 진행할 예정이다. 스마트폰 앱에서 주문하면 배달 드론 '도미 에어'가 지리정보시스템(GIS)으로 위치를 파악하고 근처 매장과 수령 장소를 인식해 보온 박스로 피자를 배달한다. 원격 관제 시스템으로 안전하게 노선을 변경할 수 있다.

도미노피자의 자율주행 배달 로봇 '도미 런'은 지리 정보와 배달 동선을 학습하는 머신러닝을 통해 길거리에서 장애물을 피해 이동한다. 주행 시 음악이 나오며 위험이 감지되면 음성으로 안내한다. 스마트폰 앱을 통해 주문 장소에서 수령을 인증하면 피자를 받아볼 수 있다.

세계적인 물류 택배회사인 페덱스(FedEx Corp.)는 인공지능 자율주행 배달로봇 페덱스 세임데이 봇(FedEx SameDay Bot)을 개발하였고 곧 서비스할 계획이다. 페덱스 세임데이 봇은 작은 패키지를 고객의 집이나 사업체로

그림 12-6 인공지능 자율주행 배달로봇 페덱스 세임데이 봇

출처: 로봇신문사.

안전하게 배달해준다. 이 봇은 다중 카메라 등 보행자 안전을 기하는 기술에 더해 머신러닝 알고리즘을 탑재하고 있다. 이 때문에 장애물을 감지하고 피할 수 있으며, 안전한 길을 미리 알아보고 도로안전 규칙도 준수할 수 있다. 또한 비포장도로나 도로의 턱을 넘고 집으로 배달을 할 수 있도록 계단까지 오를 수 있는 기능을 갖추고 있다.

인공지능이 접목되면서 배달 유통 서비스도 고도화되고 첨단화되고 있다. 주문 접수, 분류, 배송 관리, 물품 전달까지의 전 과정이 인공지능 시스템으로 총괄되고 향후에는 인공지능 드론과 인공지능 배달 로봇으로 주문 상품을 언택트로 전달받는 것이 일상화되는 시점이 다가오고 있다.

4) 인류혁명 시대 스마트 워크 라이프 변화

인류혁명 시대에 스마트워크와 재택 근무, 워케이션 등이 점차 확대될

그림 12-7 제주도 워케이션 장소

출처: 제주도.

것이다. 챗GPT 인공지능에게 스마트워크의 효과를 높이기 위해 필요한 질문을 하여 도움을 받을 수 있다. 예를 들어 일주일간 제주에 와서 스마트워크하면서 서울에 있는 직원들과 함께 공동 작업하는 회의에 유용한 프로그램 소개를 부탁하였더니 유용한 프로그램들을 소개하여 주었다.

스마트 워크는 종래의 사무실 중심의 업무를 탈피하여, 언제 어디서나 편리하고 효율적으로 업무할 수 있도록 하는 미래지향적인 새로운 방식의 업무 형태(New Way of Working)이다.

스마트워크의 장점은 개인이나 환경의 어떤 상황에서도 업무의 연속성을 유지하고, 스마트 워크 업무가 가능한 어떤 현장에서도 신속한 업무처리를 통해 업무 속도와 생산성을 향상하며, 원격 협업으로 물리적으로 멀리있는 국내 및 해외 전문가와 언제나 실시간으로 협업하여 신속한 의사결정과 문제해결을 할 수 있게 되고, 근무 시간과 형태의 유연화로 육아 여성, 장애인, 고령자 등 근로취약계층도 각자의 처소에서 편리하게 업무할 수 있게 되어 고용시장이 확대된다는 점 등이다.

스마트워크 솔루션도 협업 플랫폼, 원격 화상 회의, 회의 내용 분석, 업무와 시간 관리, 업무 성과 관리, 보안을 포함한 기능에 인공지능이 접목되면서 더욱 효율적 업무와 생산성 향상에 기여할 것으로 전망된다.

5) 인류혁명 시대 사무 업무 라이프 변화

챗GPT 인공지능을 업무에서 다양하게 활용하여 도움을 받을 수 있다. 예를 들어 정부 부처에게 보낼 후원 요청 공문을 작성하려 할 때 공문 양식에 들어갈 항목을 문의할 수 있다.

챗GPT 인공지능은 정부 부처에 보낼 후원 공문 항목과 항목별 내용 초안까지 작성하여 주어 많은 참조가 될 수 있다. 이러한 공문 작성 외에도 챗GPT 인공지능을 업무에 활용하여 도움을 받을 수 있는 분야는 다양하다. 예를 들면 신제품이나 행사 보도자료 작성, 광고 문구 아이디어, 업무 기획서 작성, 블로그와 SNS 관리, 이메일 답신, 고객 문의 답변서 작성, 인사말 작성 및 이외에도 많은 영역의 업무에서 챗GPT 인공지능의 도움을 받을 수 있다.

예를 들어 챗GPT 인공지능에게 '침대에서 취침하는 동안 고객의 심전도와 수면 상태를 확인하여 건강을 관리하게끔 도와주는 매트릭스 신제품의 출시에 사용할 광고 헤드라인 문구'를 추천해 줄 것을 요청하자 여러 가기 헤드라인 광고 아이디어를 제시해 주었다.

또한 챗GPT 인공지능에게 국제미래학회와 전자신문의 협약을 알리는 언론 홍보용 보도자료를 작성해 달라고 요청하니 내용에 적합한 보도자료 내용을 작성 제시해 주었다. 이를 기초로 실제 기사가 다음과 같이 게재되었다.

 그림 12-8 챗GPT 보도자료를 활용하여 작성된 전자신문 최초의 기사

전자신문
본지·국제미래학회, 한국 미래 경쟁력 높인다

업무협약 체결…공동사업 전개
세계미래대회 국내 개최 추진

전자신문(대표 강병준)과 국제미래학회(회장 안종배)는 7일 전자신문 본사 회의실에서 업무 협약을 체결하고 세계미래대회를 비롯한 다양한 사업에 상호 협력키로 했다.

협약을 통해 양 기관은 '국가 미래 경쟁력 강화'를 핵심 어젠다로 설정하는 한편, 이를 위한 다양한 업무를 수행할 예정이다. 세부적으로 글로벌 미래학 석학이 한자리에 모이는 세계미래대회 국내 개최를 추진키로 했다.

또 미래예측전략과 미래산업 경쟁력 강화를 위한 교육 개발, 인공지능과 ESG시대를 선도하는 콘퍼런스, 최고위과정 등을 개설할 계획이다. 양 기관의 목적 사업 달성과 공동사업 개발에도

강병준 전자신문사 대표, 조억헌 · 부회장, 안종배 국제미래학회장, 한상우 · 대외협력위원장(왼쪽부터)이 업무협약 후 기념촬영했다.

함께 나서기로 했다.

안종배 회장은 "양 기관이 세계미래대회 개최 등을 통해 대한민국을 미래의 세계적 메카로 부각시키기 위해 노력할 것"이라며 "국내 미래 산업과 기술 분야 경쟁력을 높이는 데도 협력할

것"이라고 말했다.

강병준 대표는 "전자신문과 국제미래학회가 협력, 대한민국의 미래 경쟁력을 높이는 다양한 사업을 전개할 것"이라고 말했다.

윤대원기자 yun1972@etnews.com

4 인류혁명 시대 창작 라이프 변화

창작 라이프에 인공지능이 적용되면서 진입 장벽을 낮추어 누구나 창작 라이프를 다양하게 즐길 수 있게 된다.

1) 인류혁명 시대 문학 창작 라이프 변화

챗GPT 인공지능은 창의적인 글쓰기에서도 도움을 준다. 시는 인간의 감성과 통찰 및 성찰 그리고 시 형식과 언어에 대한 깊은 이해와 구사 역량이 필요한 고도의 창작 활동이다. 이에 평소에 시를 쓰고 싶어도 엄두가 나지 않았던 누구나 챗GPT 인공지능의 도움을 받아 협업하여 시 작품을 쓸 수 있다.

필자도 겨울방학 동안 제주 애월 해변에서 본서를 집필할 때 겨울 바다를 보며 다양한 감정과 세상의 이치를 느끼고 이를 시로 표현하고 싶은 마음이 강하여 챗GPT 인공지능과 협력하여 시를 지었다.

챗GPT 인공지능과 협업으로 지은 시를 공동 이름으로 전국 직장인 문예 작품 공모에 응모하였는데 본선 작품으로 선정되었고 국내 대표 문예지

🎯 **그림 12-9** 필자가 챗GPT와 공동 협업하여 작성한 '시'가 게재된 문예지(문학바탕)

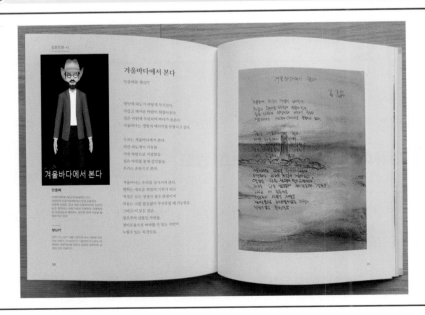

인 문학바탕에도 게재되었다.

챗GPT 인공지능은 시뿐 아니라 소설 같은 창의적인 글쓰기에서도 도움을 준다. 예를 들어 챗GPT 인공지능에게 남성 인공지능 로봇과 여성 인공지능 로봇이 인공지능 로봇 생산 공장에서 일하다가 서로에게 호감이 생겨 점차 서로를 좋아하게 되고 결혼까지 하고 싶고 자신들의 2세까지 생산하고 싶어 하는 내용으로 단편 소설을 작성해 달라고 요청하자 곧 주어진 주제와 내용을 담은 단편 소설을 작성하여 주었다.

인공지능의 발전 속도가 빨라지면서 인간 고유의 영역이라 불리는 '문학 창작 분야'까지 인공지능이 급습하고 있다. 인공지능이 인간의 감정을 이해하고 새로운 것을 창의적으로 산출하는 능력을 갖추어가고 있다.

인공지능이 문학 창작 분야에 이미 영향을 미치고 있고 미래에는 더욱 큰 변화를 몰고 올 것임은 분명하다. 인공지능 작품과 문학가의 작품을 구분하기 힘들어지고, 문학가도 인공지능과 동반할 수밖에 없는 상황이 머지 않은 미래에 다가올 것이므로 인공지능을 이해하고 이를 적극적으로 활용하고 협업하여 새로운 문학 창작의 창출과 발전을 위한 기회로 삼아야 할 것이다.

그리고 무엇보다 더욱 중요한 것은 인간은 인공지능의 산출물을 자신의 것으로 오용하여 자신의 주체성을 읽고 인공지능에 예속되어서는 안 된다는 것이다. 인공지능을 활용하거나 협업을 하더라도 인공지능은 나를 도우는 수단으로 어떤 상황에서도 목적이 될 수 없고 인간 스스로가 모든 창작 결과물의 주체가 되어 자신의 창작물이 되도록 노력해야 한다는 것을 명심해야 한다.

2) 인류혁명 시대 음악 창작 라이프 변화

챗GPT 인공지능을 활용하여 새로운 음악을 작사·작곡할 수 있다. 챗GPT 인공지능에게 요청하여 작사하고 생성 인공지능에게 희망하는 음악 스타일과 주제를 제시하고 음악을 작곡해 달라고 요청하면 만들어 준다.

챗GPT 인공지능을 활용하여 창작물을 만들 때 다시 강조하건대 무엇보다 중요한 것은 인간은 인공지능의 창작 산출물을 자신의 것으로 오용하거나 자신의 주체성을 잃고 인공지능에 예속되어서는 안 된다는 것이다. 인공지능을 활용하고 협업을 하더라도 인공지능은 목적이 될 수 없고 어떤 상황에서도 인간 스스로가 모든 창작 결과물의 주체가 되어야 한다는 것을 꼭 명심해야 한다.

2021년 SBS 신년특집 〈AI vs. 인간〉 방송의 첫 번째 세기의 대결 제목이 '야생화를 부르는 진짜 옥주현은 누구?'였다. 인간 가수 옥주현과 인공지능 옥주현이 노래 '야생화'를 부르며 대결을 펼쳤다. 대결 전에 가수 옥주현은 인공지능으로 복원된 인공지능 김광석과 '편지'를 듀엣으로 불렀다.

2021년 2월 14일 방영된 SBS 신년특집 〈AI vs. 인간〉 최종회에서는 국내에서 개발된 AI 작곡가 이봄과 트로트 전문 김도일 작곡가의 트로트 신곡 대결이 펼쳐졌다.

두 번의 특집 음악방송 인공지능과 인간의 대결에서 모두 인간이 승리하였다. 그렇지만 출연자와 시청자 모두 인공지능 가수와 인공지능 작곡가의 실력이 최고 수준의 인간의 능력에 비해 손색이 없다는 것을 실감하는 현장이었다.

미래에는 인간 음악가와 인공지능 음악가는 공존하게 되고 상호 협업

출처: SBS.

을 통해 음악 시장을 확장하고 새로운 장르를 개척해 나가게 될 것이다. 또한 누구나 인공지능을 음악 창작의 도우미로 활용할 수 있게 된다. 음악을 통해 아름다운 세상을 만들어 가고자 하는 인류의 노력이 인공지능을 통해 더욱 풍성해지도록 활용하기 위한 인류의 지혜와 적극적인 노력이 필요할 것이다.

3) 인류혁명 시대 그림 창작 라이프 변화

챗GPT 인공지능을 활용하여 그림을 그리기 위해 평소 좋아하는 화가인 고흐풍으로 겨울 바다 파도를 그려서 생성해 달라고 요청하였다. 그러자 멋진 고흐풍의 겨울 바다 파도가 생성되었다.

이처럼 생성형 인공지능 프로그램으로 산출된 창작 결과물을 그대로 사용할 때는 본 창작물이 인공지능 프로그램이 만든 창작 산출물임을 반드시 명시해야 한다. 그리고 인공지능 프로그램의 창작 산출물을 기본으로 본인의 창의적 상상력과 업그레이드하는 노력을 더하여 협업하였을 경우에는 공동작업 창작물임을 밝혀야 한다. 또한 어떤 상황이든 인간이 주체가 되어야 함을 명심하고 인공지능을 선용해야 하는 것이 중요하다.

한편 영국 로봇 제작사 엔지니어드 아트(Engineered Arts)와 리즈대학 및 옥스포드 대학 과학자들이 합작하여 최초의 AI 휴머노이드 화가 로봇 '아이다(AiDA)'가 탄생하였다. 아이다는 붓과 연필을 손에 쥐고 눈에 설치된 카메라로 인물이나 사물을 보고 받아들인 정보를 바탕으로 학습하며 예술성과 정교함, 창의성을 발휘하여 스스로 추상화 그림을 그린다. 아이다가 작품 한 점을 완성하는 데 2시간 정도 걸린다. 아이다는 개인 전시회를 개최하여 100만 달러(약 11억) 이상의 작품 경매 수익을 올렸다.

인공지능이 그린 미술작품이 공모전에서 1위에 입상하는 일이 벌어졌다. 2022년 9월 미국 콜로라도주박람회 미술전에서 게임 디자이너인 제이슨 앨런(Jason M. Allen)이 제출한 작품 '스페이스 오페라극장'이 신인 디지털 아티스트 부문에서 1위를 차지했다.

이 그림은 텍스트 문구를 그래픽으로 변환해주는 생성형 인공지능 프로그램 미드저니(Midjourney)로 제작했다. 본 미술전의 '디지털아트' 부문 규정은 창작과정에서 디지털 기술을 활용하거나 색깔을 조정하는 등 디지털 방식으로 이미지를 창작하는 행위를 인정하고 있다. 제이슨 앨런은 본 미술전 대회에 작품을 제출할 때 '미드저니(Midjourney)를 거친 제이슨 M. 앨런'이라고 명시해 AI 프로그램으로 작품을 생성했다는 점을 명시하였기에 수상이 인정되었다.

이처럼 인공지능은 미술의 영역으로 이미 진입하였고 미래에는 더욱

그림 12-11 인공지능으로 그린 그림 스페이스 오페라극장

다양하고 수준 높은 미술 작품들을 창작할 것이다. 그렇지만 사진이 나왔다고 그림의 가치와 귀중함을 인류가 잃어버린 것이 아니라 오히려 더욱 많은 사람들이 작가의 정신을 담고 진정성 넘치는 노력으로 그린 미술 작품을 보고 이를 통해 미술 작품의 가치를 더욱 느끼고 귀중하게 여기게 된다. 이처럼 인공지능 화가의 활동도 미래의 미술계에서 이를 적극적으로 수용하면서 자신의 창작력을 높이는 수단으로 긍정적으로 활용하는 노력이 필요할 것이다.

인공지능 예술가의 출현과 발전은 인류 과학기술의 발전에 따라 어쩔 수 없는 대세이다. 미래에는 인공지능 화가와 인간 화가가 공존하게 될 것이므로 인간의 가치인 창의성과 상상력이 더욱 발휘되고 인공지능을 적극 활용하되 인간이 주체적으로 새로운 미술 작품과 미술 사조를 만들어가는 기회로 활용할 필요가 있다.

4) 인류혁명 시대 영상 창작 라이프 변화

챗GPT 인공지능과 함께 시나리오와 대본을 만들고 이를 활용하여 영상을 만드는 데 도움을 받을 수 있다. 예를 들어 '세계의 미래'란 주제로 30초의 영상을 만들고자 하여 챗GPT 인공지능에게 시나리오를 요청하였다. 이에 챗GPT 인공지능은 주제에 맞는 내용의 시나리오 구성을 제안하여 주었다.

챗GPT 인공지능이 제안해 주고 수정한 시나리오를 영상으로 만들기 위해 사용할 대본을 요청하니 챗GPT 인공지능은 주제에 맞고 흥미를 가질 수 있도록 영상 대본을 제시하여 주었다.

챗GPT 인공지능의 도움과 자신의 창의성을 더하여 최종 만들어진 '세계의 미래'란 주제의 영상의 시나리오 아이디어와 영상 대본을 기반으로 하여 생성형 인공지능 프로그램인 비디오 스튜(VideoStew)를 활용하여 동영상을 쉽게 제작할 수 있다. 챗GPT 인공지능을 활용하여 '세계의 미래'라는 어

◎ 그림 12-12 인공지능 영상 제작 프로그램 비디오 스튜로 동영상을 만드는 장면

출처: 비디오 스튜

려운 주제의 영상을 시나리오와 대본 작업 그리고 영상까지 만들 수 있게 된다.

비디오스튜는 한글을 포함한 대본으로 더빙을 포함한 영상 제작을 포함한 다양한 동영상을 자동으로 제작해 주는 생성형 AI 프로그램이다. 비디오스튜는 누구나 쉽게 직관적으로 더빙과 배경음악을 포함한 영상을 만들 수 있다.

인공지능 음성 더빙 프로그램 클로바보이스로 영상용 대본을 AI 아나운서 목소리로 더빙하는 작업을 하여 이를 동영상에 활용할 수도 있다.

5) 인류혁명 시대 영화 창작 라이프 변화

인공지능이 영화 컴퓨터그래픽(CG)과 시각특수효과(VFX)도 혁신하고 있다. 이제 영화에서 컴퓨터그래픽의 비중은 절대적이다. 한국 영화에서도 괴물, 해운대, 명량, 신과 함께, 안시성, 천문, 백두산 및 2021년에 개봉하는 승리호, 영웅 등 컴퓨터 그래픽과 시각특수효과를 통해 한국 영화의 수준을 높이고 상상의 세계를 영상으로 생생하고 실감나게 구현해 내고 있다.

봉준호 감독의 영화 '기생충'이 아카데미 4관왕으로 세계 영화계를 놀라게 했던 제92회 아카데미 시상식에서 시각효과상 후보에 오른 영화 '아이리시맨'과 '어벤져스: 엔드게임'도 공히 인공지능으로 시각특수효과를 구현해 주목을 받았다. 영화 어벤저스에서는 인공지능 기술로 악명 높은 빌런인 타노스를 생생하게 구현하여 실제 배우와 디지털 캐릭터 간의 경계를 허물었다. 영화 아이리시맨은 디에이징(de-aging) 효과를 통해 배우들의 젊은 시절 모습을 재현했다.

그림 12-13 인공지능 디에이징 효과로 만든 영화 아이리시맨 장면

출처: 영화 아이리시맨 홈사이트.

아이리시맨은 70대 중후반과 80대 초반인 세 명의 주인공 로버트 드니로(Robert DeNiro), 알 파치노(Al Pacino), 조 페시(Joe Pesci)를 '인더스트리얼 라이트 & 매직(ILM)'이 개발한 인공지능 기반 시각특수효과(VFX) 기술인 페이스파인더(Facefinder)로 주인공들의 30대에서 80대까지 50년간 얼굴을 실제 모습처럼 생생하게 구현하였다.

전 세계 영화 산업은 이제 인공지능 머신러닝(ML)이 재창조하고 있다. 인공지능 기술은 컴퓨터그래픽(CG)과 시각특수효과(VFX)에 접목되어 실제보다 더 사실적인 디지털 캐릭터를 만들고, 배우의 외모를 젊은 시절 모습으로 되돌리고, 상상한 어떤 것도 구현하며, 오래된 필름을 복원하여 예전의 영화에 새로운 생명을 불어넣는 등 영화 제작을 혁신하고 있다.

인공지능은 다양한 AI 기술이 영화와 영상제작 분야에 활용되어 영화 영상과 상상력 표현의 한계를 넘게 하고 영상과 음성을 고급화시키면서 현실감을 높여 자연스러움을 제고하고 있다

인공지능은 영화 마케팅업계에도 활용된다. 영화 마케팅 기업 무비오(Movio)는 인공지능으로 영화를 분석하여 유효 관객층을 예측하고 영화사에 배급 및 마케팅 전략을 제시한다. 우리가 어떤 영화를 볼지 결정하게 하는 2~3분 분량 예고편은 영화 마케팅에서 매우 중요하다. IBM이 개발한 인공지능 '왓슨(WASTON)'은 영화 예고편을 만든다.

예를 들어 인공지능 왓슨은 SF영화 '모건' 내 장면들을 공포, 평온, 슬픔, 행복 등 다양한 감정으로 분석하고, 예고편에 넣기에 가장 적합한 10개의 베스트 장면을 선별하고 인과관계에 따라 극적으로 재구성하여 영화 예고편을 만들었다.

◎ **그림 12-14 인공지능 왓슨이 만든 영화 '모건' 예고편**

출처: 영화 '모건' 예고편.

5 인류혁명 시대 교육 라이프 변화

챗GPT 인공지능이 교육계에 혁신을 가속화시키고 있다. 교육부는 2025학년도부터 초등학교 3~4학년과 중1·고1 학생들은 수학·영어·정보 교과를 공부할 때 인공지능(AI) 디지털 교과서를 도입하여 사용하기로 하였다.

교사는 인공지능(AI)의 도움을 받아 학생 한 명, 한 명의 수준을 파악하고 그에 맞는 학습 지도를 해준다. 학생들이 일반적인 지식은 AI를 통해 습득할 수 있어, 교사는 지식 전달보다는 협업을 통한 인성 함양과 유대 관계를 바탕으로 학생에게 조언을 해주고 진로상담에 더욱 공을 들인다. 학부모 역시 자녀를 객관적으로 진단할 수 있어 학생 특성에 맞는 교육을 고민할 수 있다.

모든 어린이가 인공지능 메타버스 공간에서 AI 튜터의 도움을 받으면서 동료와 게임을 하듯이 학습을 즐긴다. 모든 교사는 학습자 한 명, 한 명에게 딱 맞추어 학습환경을 제공하는 맞춤형 학습환경 디자이너가 된다. 모두가 방대한 지식의 핵심 개념을 이해하는 탄탄한 지식기반을 갖추고, 그 위에 데이터, 첨단기술, 인문학 등의 소양을 쌓아 올리고, 또한 창의력, 비판적 사고력, 협력, 소통 등의 미래 역량을 꽃피우는 교육을 받는다.

미래사회에는 인공지능이 대체할 수 없는 새로운 지식과 경험을 끊임없이 스스로 학습하고 이를 활용하여 새로운 부가가치를 창출해 낼 수 있는 창의와 인성을 갖춘 인재가 중요해진다. 인공혁명 시대에는 새로운 가치를 만들어내는 창의성과 타인과 협력하는 인성이 경쟁력을 좌우하는 시대가 되므로 미래 사회에서 살아남으려면 인공지능 또는 누구나 할 수 있는 일이 아닌 나만이 할 수 있는 개성을 살리면서 협업을 통해 새로운 가치를 창조할 수 있어야 한다.

챗GPT 인공지능으로 과학기술, 산업, 사회, 문화, 가치관이 변화하고 이에 대응할 수 있는 인재의 역량이 또한 변화하고 있다. 이에 따라 미래 교육의 비전은 인류혁명 시대를 주도할 미래창의혁신 인재를 양성하는 것이고 이를 기반으로 목표는 글로벌 경쟁력을 갖춘 미래창의혁신 인재를 양성하는 교육, 개인의 창의성과 다양성이 존중되고 행복한 삶과 건강한 사회의 지속 발전에 기여하는 교육을 실현하는 것이어야 한다.

인류혁명 시대에 필요한 핵심 역량 인재상은 4대 핵심 기반역량을 바탕으로 이루어진다고 볼 수 있다. 첫 번째 주목해야 할 기반역량은 창의로운 인지역량 영역으로 창의성과 문제해결 사고력, 미래 도전정신, 인문학적 소양 등을 말한다. 두 번째 기반역량 영역은 인성을 갖춘 정서역량이다. 이 부분에 해당되는 역량으로는 인성·윤리의식, 문화예술 소양, 자아 긍정 관리, 미래리더십 등의 역량이 해당된다. 세 번째 기반역량으로는 협력하는 사회 역량 부분으로 소통과 협업 역량, 사회적 자본 이해, 글로벌 시민 의식, 스포츠, 체력과 관련된 역량이다. 네 번째 기반역량으로는 생애주기 학습역량을 들 수 있으며 여기에는 미래 변화를 예측하고 생애 계획을 세워 평생 스스로 학습하는 자기주도 학습역량, 과학기술 변화 이해, 인공지능과 메타버스 포함 ICT 활용 역량, 평생학습 등의 역량이 해당된다.

이러한 미래 인재에게 기본이 되는 4대 핵심 기반 역량을 바탕으로 하여 챗GPT 인공지능을 활용한 영역별 융합적 전문역량을 함양하여 건강한 미래사회를 주도할 수 있는 창의적으로 사고하는 인성을 갖춘 미래창의혁신 전문 인재를 양성하여야 할 것이다.

챗GPT 인공지능은 학생들의 미래 역량을 함양하는 교육을 위해 다양하게 활용될 수 있다. 첫째, 챗GPT 인공지능을 활용하여 학생 개개인에게 맞는 교육 콘텐츠를 제공하고 개인별 문제 해결 능력에 적절한 개인 맞춤형 교육을 실시할 수 있다. 둘째, 학생들이 어려운 개념이나 수업 내용에서 이해하지 못한 부분에 대해 질문할 때, 친절하고 지속하여 답변해 주는 인공지능 튜터 교육을 제공할 수 있다. 셋째, 챗GPT 인공지능을 활용하여 학생들이 자기주도적으로 학습을 진행할 수 있는 지원을 제공하여 자기주도 학습 교육을 원활하게 진행할 수 있다. 넷째, 챗GPT 인공지능은 주제에 대한 배경 정보와 다양한 관점을 제공하여 학생들이 다양한 주제에 대해 함께 토론하면서 비판적 사고 능력을 향상시키는 데 도움이 된다. 다섯째, 챗GPT 인공지능은 창의적 글쓰기를 포함하여 학생들이 창의력을 발휘하고 새로운 아이디어를 탐구할 수 있도록 도움을 준다. 교사는 학생들에게 AI가 제안하는 다양한 관점과 아이디어를 소개함으로써 사고의 폭을 넓히고, 창의적인 발상을 유도할 수 있다. 여섯째, 챗GPT 인공지능을 활용하여 학생들의 감정적인 문제나 고민에 대한 상담을 제공할 수 있다. 이를 통해, 학교에서는 학생들의 상담 내용을 분석하여, 개별 학생들의 필요에 맞는 지원을 제공할 수 있다. 일곱째, 챗GPT 인공지능을 사용하여 수업에 참여하는 학생들의 동기를 높일 수 있다. AI와의 대화를 통해 학생들은 새로운 지식을 얻고, 팀별 과제에 도움도 받으면서 수업과 팀별 활동에 더 적극적으로 참여할 수 있게 된다. 여덟째, 챗GPT 인공지능을 사용하여 학생들의 언어 구사력을 향상시킬 수 있으며, 외국어를 가르치거나 학습하는 데 도움이 된다. 학생들은 질문하는 능력을 향상시키고 외국어로 대화를 나누며 문법, 발음, 어휘력을 향상시킬 수 있다.

260 인류혁명 문명대변혁

그림 12-15 인공지능 활용하는 팀 프로젝트 수업 장면

출처: 한겨레신문.

　대학은 더 이상 세상과 동떨어진 상아탑이 아니라 인공지능이 가속화하고 있는 세상의 미래 변화를 선도하고 준비하는 곳이어야 한다. 인류혁명 시대 대학들은 지속 생존 전략의 차원에서 급속한 미래 변화에 대응하는 혁신이 필요하다. 또한 이러한 변화 속에서 대학은 미래창의혁신 인재를 양성할 수 있는 최적의 기관으로서의 역할을 해야 한다. 미래 사회에 인류의 위기를 최소화하고 인공지능이 촉발하는 기회를 놓치지 않기 위해서 '대학 혁신'이 중요하다.

　인류혁명 시대 대학 혁신을 위한 미래 전략을 입안하고 실천하기 위해 대학은 미래사회 변화 대응을 위한 미래예측전략 역량 강화, 미래직업 변화에 도전하는 미래인재 전문역량 함양, 창의성과 인성과 영성 및 미래창의혁신 역량을 함양하는 교수법 마련, 미래변화를 기회로 만들 대학별 경쟁 역

량 강화를 구현해야 할 것이다.

인류혁명 시대 평생교육은 최운실 교수가 다음과 같이 밝힌 바와 같이 새로운 변화가 진행되고 있다. 인공지능이 촉발하는 디지털 대전환을 접점으로 시간과 공간을 초월하는 새로운 평생교육 프레임으로의 전환과 새판 짜기가 곳곳에서 감지된다. 학교 중심의 전통적 교육 패러다임을 넘어, 전 생애에 걸친 학습 패러다임으로의 대 전환을 예고하는 평생교육의 혁명적 변화가 일고 있다. 모든 이를 위한 '전 생애(life-long), 범 생애(life-wide), 통 생애(life-deep)' 통합을 추구하는 평생교육의 패러다임이 현실화하고 있다. 인공지능과 메타버스를 기반으로 평생교육은, 삶의 전 영역을 씨줄, 날줄로 엮어내는 시공 초월의 무한 확장을 본격화하고 있다.

평생교육은 지속 가능한 세상을 위한, 생존을 위한 삶의 해답을 찾는 영원한 배움을 추구한다. 인류혁명 시대의 평생교육은 단순한 도구적 기술이나 기술 활용의 능숙함에서 멈추지 않는다. 기술 플랫폼을 기반으로 새로운 삶의 가치와 의미를 연결하고, 융합하고, 재구성해 내는 '진정한 삶의 생성자(authentic life creator)'야말로 평생교육 미래 세상이 꿈꾸는 새판짜기의 요체가 된다.

유네스코는 일찍이 평생학습의 네 기둥(앎을 위한 학습, 행함을 위한 학습, 더불어 삶을 위한 상생의 학습, 존재를 위한 학습)을 기치로 '요람에서 무덤까지' 모든 이를 위한 모두의 '학습권-배울 권리' 보장을 세기의 사명으로 강조해 왔다. 전 세계 지성들의 모임에서도 예외 없이, 인지적 지능을 넘어선 새로운 세상의 미래 인재 역량이 제시되고 있다. 다보스포럼(WEF)의 창시자 클라우스 슈밥은 미래 인재의 역량으로 '마음지능(mind intelligence), 가슴지능(heart intelligence), 몸지능(body intelligence), 영성 지능(soul intelligence)'을 제시한 바 있다.

평생교육계에도 인공지능과 메타버스와 같은 첨단의 디지털 기술과 가상세계가 융합, 접목되면서 시간과 공간을 넘어서는 학습의 무한확장성이 강조되고 있다. 최근 디지털 집현전, 열린평생 배움터, 디지털 아카이빙, 빅데이터, 하이브리드 디지털교육 플랫폼, 디지털 리터러시 교육, 디지털 디바이드, K-MOOcs와 나노디그리, 스마트러닝, 마이크로러닝 등 일련의 인공지능과 메타버스 시대 평생교육의 토대를 구축하는 정책 추진이 가속화되고 있다.

인공지능과 결합된 인간의 인성과 영성을 기반으로 한 융합과 상생의 학습 패러다임이 평생교육의 새로운 판을 짜는 소명으로 연결되고 있다. 전 생애에 걸쳐, 학교의 담장을 넘어, 새로운 사회와 세상을 구현해내기 위한 창조와 융합의 신인류가 평생교육 미래 세상의 새로운 주인이다. 인간 특유의 인성과 영성이 인공지능을 활용하여 새로운 가능성을 결합해 내는 '상생의 연결고리', 물리적 세계와 가상세계를 하나로 결합하는 초융합, 초지능의 연결고리 생성이 중요하다. 유발 하라리의 예측대로 디지털 기술의 총아

그림 12-16 국제미래학회의 미래형 평생학습교육기관 '탐나라공화국 미래창의대학' 설립

인 '인공지능'과 영성적 초월의 존재인 '호모 스피리트(Homo Spirit)'의 위대함이 세기의 결합으로 발현되는 새로운 평생학습 세상이 펼쳐지고 있다.

인류혁명 시대 창의성과 인성 및 영성을 제고하고 미래 역량을 함양하는 타깃 맞춤 미래형 평생학습교육기관인 '탐나라공화국 미래창의대학'이 국제미래학회가 주관하고 탐나라공화국 및 20개 단체가 협력하여 2024년에 설립 개설되었다. 이를 통해 인류혁명 시대에 필요한 미래창의혁신 역량을 함양하는 60여 개의 과정이 타깃별로 단기 특별 과정으로 개설 운영된다.

6 인류혁명 시대 종교 라이프 변화

목회와 교회 공동체 현장에서 챗GPT 인공지능을 활용하여 설교문 작성, 기도문 작성, 복음 성가 작사·작곡, QT나눔, 공동체 모임에 사용할 예화 등을 작성할 때 도움을 받을 수 있다. 이때 꼭 명심할 것은 챗GPT 인공지능에게 의존하여 쉽게 설교문을 만들고 기도문을 작성하는 등의 용도로 오용되어서는 안 된다는 것이다. 오히려 챗GPT 인공지능이 제시해 주는 내용을 참조로 하되 더욱 말씀을 붙잡고 묵상하고 기도로 하나님과 더욱 깊은 교제를 나누는 영적인 시간을 가지도록 노력하여 최종 내용을 스스로 완성하여 사용해야 한다.

챗GPT 인공지능이 목회와 선교 그리고 신앙생활에 도움이 되도록 활용하면서 영성이 더욱 깊어지고 말씀을 더욱 가까이 하게 되며 예수님을 더욱 닮아가게 되도록 하기 위한 수단으로 선용되어야 할 것이다.

인류혁명 시대에 인공지능이 발전할수록 역설적으로 인류는 인공지능과 구별되는 '인간다움'을 더욱 추구하게 된다. 즉 창의성 및 인성과 영성(靈性)을 더욱 추구하게 되고 이로 인해 종교의 역할이 더욱 중요해진다.

　　종교적인 관점에서 보면 인공지능과 인간의 근본적인 구분은 인간만이 가지고 있는 영성, 즉 영적 지능과 영적 민감성에서 찾을 수 있다. 영성은 영혼을 중심으로 한 정신과 신체를 포괄하는 능력으로서 자기를 초월하여 절대적인 의미와 고귀한 가치를 내면의 궁극적 목표로 추구하는 의식이다.

　　기독교적으로 보면 인류혁명 시대에 인간이 인간답게 산다는 것은 따뜻한 인성과 영성을 추구하며 사는 것이다. 즉 절대적인 하나님과의 지속적인 전인적 관계 안에서 자신의 존재 의미를 찾아 삶과 가치를 추구하며, 책임성을 가지고 창조적으로 타인과 역사와 자연 및 인공지능과 함께 더불어 행복하게 살 수 있는 관계적 역량을 강화하는 것이다. 이는 인공지능조차도 인간과 스스로를 구분하는 가장 근본적이면서 인공지능이 영원히 근접할 수 없는 영역이 바로 영혼과 관련된 영성이라고 밝히고 있다.

　　인공지능이 발전할수록 인류는 '인공지능과 구별되게 하고 인간의 삶

그림 12-17 인공지능 로봇이 밝힌 인간의 고유영역(영혼이 있는 영성)

의 의미를 찾아주고 인간을 인간답게 만들어 주는 인성과 영성'이 더욱 중요하게 대두될 것이다.

인류혁명 시대 미래 사회에 종교의 존재 이유는 인공지능과 인간 사이의 빈 공간을 영성으로 채우는 데 있다고 설파한 고 이어령 문화부 장관의 말이 인간에 대한 정체성 혼란으로 표류하는 많은 이들에게 방향이 되고 목회자와 성도에겐 무엇이 가장 중요한지를 깨닫게 하고 있다.

인류혁명 시대
세계와 대한민국
미래 대응 어젠다

인류혁명 시대
세계와 대한민국 미래 대응 어젠다

인류혁명 시대에 세계와 대한민국의 발전을 도모하면서 인류의 존엄성을 유지하고 인류와 지구가 지속 가능하도록 하기 위해 세계와 대한민국이 미래에 대응해야 하는 주요 어젠다 10가지를 선정하면 다음과 같다. ① 인류혁명 시대 기후 위기 ② 인류혁명 시대 인공지능(AI) 윤리 ③ 인류혁명 시대 저출산·고령화 ④ 인류혁명 시대 대학 입시 제도 ⑤ 인류혁명 시대 직업 혁명 ⑥ 인류혁명 시대 양극화 ⑦ 인류혁명 시대 글로벌 패권 전쟁 ⑧ 인류혁명 시대 포스트 휴먼 ⑨ 인류혁명 시대 세계 평화와 지역 균형 발전 ⑩ 인류혁명 시대 세계미래대회

1 인류혁명 시대 기후 위기

기후 위기는 산업혁명 이후 인간 활동으로 인한 탄소 가스 배출 증가로 온실가스의 농도가 변화되면서 지구 온난화가 심해져 기후 변화가 초래되어 극단적인 날씨, 기상 이변, 물 부족, 식량 부족, 해양산성화, 해수면 상승, 질병 발생, 생태계 붕괴 등 인류 문명에 위험한 상태가 심화되는 것을 말한다.

그림 13-1 기후변화로 인한 기후위기

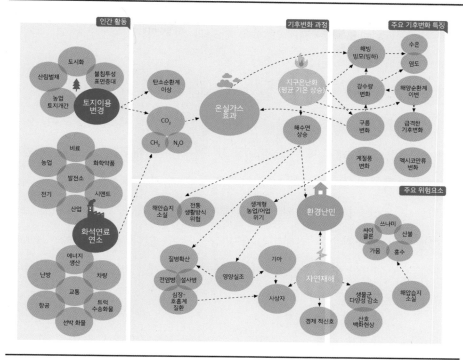

출처: UN기후중립 가이드.

지난 1만 년간 지구의 기온 상승은 1℃에 불과하지만 현 추세로는 2100년까지 3℃ 상승이 예상되며, 이런 추세가 계속되면 생태계 파괴와 자연 및 해수면 상승으로 지구가 위험해진다.

유엔(UN) 산하 기구 '세계기상기구(WMO)'는 2027년 안에 지구 평균 기온이 66%의 확률로 1.5℃ 기준점을 넘을 것이라고 밝혔다. '1.5℃ 기준점' 돌파란 전 세계 평균 기온이 산업화로 인해 화석연료 배출량이 실제로 증가하기 시작하기 이전인 19세기 후반보다 1.5℃ 더 올라간다는 의미다. 해당 기준점을 초과할 경우 폭염 일수가 길어지고 해수면이 상승하고 폭풍과 산불이 더욱 강해지는 등 지구 온난화로 인한 기후 위기는 기후 재앙이 될 정도로 더 큰 피해를 끼치게 된다.

　　이제 탄소가스 감소를 위한 노력 등 기후 변화를 최소화하여 기후 위기를 감소하려는 노력은 지구의 지속 가능과 인류의 생존과 직결되는 지구 공동체의 핵심 과제이다.

　　지구 온도 상승과 해수면 상승은 전 지구적인 현상으로 우리나라도 예외가 아니다. 우리나라는 지난 100년간 기온이 1.6℃ 상승하였으며, 이는 세계 평균인 1.09보다 매우 높다. 또한 제주지역 해수면이 지난 40년간 22cm 상승하였고, 이는 세계 평균의 3배 높은 수치이다. 현재와 같이 지구의 평균 기온상승률이 유지된다면 21세기 말 지구 평균기온은 3.7℃, 그리고 한반도의 평균기온은 최대 6℃까지 상승할 수 있다. 또한 2080~2100년 즈음에는 해수면이 63cm 상승하여 전 세계 주거 가능 면적의 5%가 침수될 것이다.

　　◎ 그림 13-2 　제주 해수면 상승으로 포구의 해수 범람 현실화

한국의 표층 수온은 1968년부터 2017년까지 50년간 약 1.23도 올랐는데 이는 세계 평균(0.48도)의 2.6배에 달하는 상승 폭이었고 연간 해수면은 1989년부터 2018년까지 2.97mm로 세계 평균(1.7mm)보다 1.2mm 상승 폭이 더 컸다. 기온 등의 상승과 함께 폭우와 폭염, 겨울철 이상고온, 한파의 강도가 강해지고 빈번해지고 있다.

또한 특단의 대응이 없으면 21세기 말엔 지구온도가 6도 오른 시점이 오게 되어 육지와 바다 생물의 95%가 전멸하며 인류의 생존 가능성이 희박한 상태에 이르게 될 수 있다. 이러한 최악의 상태가 오기 전에 지금부터 전 지구적인 기후변화 대응책이 필요하다.

기후 변화와 위기에 대응하기 위한 국제사회의 노력은 지난 1972년 스톡홀름회의에서부터 시작되었다. 이후 1997년 선진국에 온실가스 감축목표를 규정한 교토의정서로 본격 실행되었고, 2015년 파리기후변화협정을 통해 전 세계 모든 국가가 참여하는 기후변화 대응 체제가 마련되었다.

파리기후변화협정의 핵심 내용은 지구의 평균기온 상승을 1.5℃로 제한하기로 하고 2050년 전후로 전 세계 탄소 순 배출량을 제로로 만들기 위한 노력을 하기로 하였다. 각국은 감축 목표 달성을 위해 온실 가스 배출을 할당량을 정해 관리하고 에너지 효율, 신재생 에너지 활성화, 저탄소 청정 기술개발 등을 위해 노력해야 한다.

기후 위기를 초래하는 기후 변화에 대한 대응은 한국에서도 보다 적극적인 노력이 필요하다. 한국은 2024년 기후변화대응지수(Climate Change Performance Index, CCPI)에서 매우 저조한 64위를 기록했다. 한국보다 낮은 순위인 국가는 화석연료와 이해관계가 깊게 얽힌 산유국 3국(아랍에미리트, 이란, 사우디아라비아) 밖에 없다.

기후 위기 해결을 위한 기후 변화 대응은 인류와 지구의 지속 가능을 위해 가장 중요한 어젠다이다. 이는 한국에서의 대응과 함께 지구 공동체적으로 공동의 대응과 노력이 필요하다. 이를 통해 개인별, 가정별, 기업별, 기관별, 지자체별, 국가별, 지구 공동체적으로의 기후 위기 해결을 위한 대응책이 마련되어 실천으로 이어져야 한다.

2 인류혁명 시대 인공지능(AI) 윤리

인공지능은 인류가 발명한 기술 중 가장 유용하지만 동시에 가장 위험한 강력한 기술이다. "10년 내 자율적으로 인간을 죽이는 로봇 병기가 등장할 것이다." 인공지능의 대부로 불리는 제프리 힌턴 캐나다 토론토대 명예교수가 2024년 언론 인터뷰에서 한 경고이다. 그는 "AI의 위험성을 알리기 위해 떠난다"며 10년 이상 몸담았던 구글에서 퇴사하였다. 그는 "AI에 목표를 주면 해결책으로 인간에게 나쁜 방법을 찾아낼지도 모른다"며 "예컨대 AI에게 기후변화를 막도록 지시하면 이 목적 달성을 위해 인간을 배제하는 게 필요하다고 생각하고 실행에 옮길 위험성도 걱정된다"고 염려했다.

챗GPT 이후 인공지능 발전 속도가 가속되어 인간의 능력을 초월할 수 있는 범용인공지능(AGI, 사람과 유사한 수준 또는 그 이상의 지능을 갖춘 인공지능)이 개발되는 것도 2028년경 가능할 것으로 예측되고 있다. 미 국무부의 의뢰로 AI 정책 조언 등을 제공해온 민간업체 글래드스톤 AI는 최근 보고서에서 "가장 발전한 AI 시스템이라면 최악의 경우, 인류 멸종 수준의 위협이 될 수 있다"고 경고하고 있다.

인간을 위협하는 인공지능의 출연은 더 이상 영화 속 상상이 아니라 현실에서 벌어질 수 있는 일이 되고 있다. 인공지능의 발전이 지속되고 인간의 통제권을 벗어나게 되면 인공지능이 오히려 인간을 지배하고 인간을 멸종시키려 할 수도 있게 된다. 이러한 인공지능의 폐해를 막기 위해서는 각국 및 인류 공동체 관점에서 현재 단계에서 인공지능 윤리 법제가 선행되어야 한다. 인공지능의 위험성을 인지하고 인공지능이 인류의 행복과 인류에게 유용하게만 개발되고 사용될 수 있도록 윤리 규정과 법제를 제정하고 이를 준수하려는 인류 공동체의 의지가 필수적이다.

인공지능 윤리(AI Ethics)는 인공지능을 개발 · 운영 · 사용함에 있어 개발자와 사용자들에게 요구되고 준수해야 하는 윤리 의식이다. 현재 인공지능 윤리를 규정함에 있어 고려해야 하는 주요 문제로 첫째, 기술적 특이점(technological singularity)이 있다. 이는 인공지능(AI)의 발전이 가속화되어 모든 인류의 지성을 합친 것보다 더 뛰어난 슈퍼인공지능이 출현하는 시점을 말한다. 미래학자인 레이 커즈와일(Ray Kurzweil)은 현재의 인공지능 발전 속도를 고려할 때, 서기 2040년경에 인공지능이 특이점에 도달할 것이며, 특이점 이후 인류는 인공지능을 통제할 수 없게 되고 오히려 인공지능에 의해 멸종될 수도 있다고 예측하고 있다. 인공지능 윤리에서 인공지능이 어떤 상황에서도 인간의 통제권에 있게 하고 인간을 자율적으로 해할 수 없도록 개발 단계에서부터 사용 단계까지 규정해야 한다.

둘째, 직업과 일자리에 대한 인공지능의 영향이다. 세계경제포럼(WEF)에 의하면 앞으로 5년 안에 인공지능(AI)으로 인해 일자리 1,400만 개가 없어진다. 챗GPT 이후 인공지능은 육체적 노동 영역뿐만 아니라 지적 · 창작 노동 영역까지 인간의 일자리를 대체할 수 있게 되는바, 인공지능 윤리에서 기본적인 인간의 노동권과 생활권을 보호할 수 있도록 규정해야 한다.

셋째, 개인 정보 보호에 대한 인공지능의 영향이다. 인공지능은 인터넷을 비롯한 다양한 루트로 지속적으로 업데이터되어 축적되는 방대한 빅데이터를 실시간 분석하여 다양한 서비스를 제공한다. 이 빅데이터에는 개인 사생활을 포함한 개인 정보도 무방비로 축적되고 분석되어 자칫 개인 정보가 무단으로 악용 또는 오용될 가능성이 높아지고 있다. 이에 인공지능 윤리에서 개인 정보를 정상적으로 활용하고 무단 사용을 방지할 수 있도록 규정해야 한다.

넷째, 인공지능의 편견과 차별을 방지하는 것이다. 자칫 인공지능은 인간보다 더 차별과 편견을 가질 수 있다. 인공지능은 인간이 만든 기존의 방대한 데이터를 통해 학습한다. 이로 인해 인간의 편견이 인공지능에도 전이될 수 있게 된다. 구글 포토의 '고릴라 사건', 챗봇 '테이(Tay)'의 인종차별 사건, 또 다른 대화형 인공지능 '이루다'의 성차별, 동성애·장애인 혐오 발언 사건 등에서 인공지능의 편향성이 문제가 될 수 있음이 입증되었다. 이에 인공지능 윤리에서 인공지능의 편견과 차별을 방지할 수 있는 방안이 규정되어야 한다.

다섯째, 인공지능의 투명성과 책임성이 중요하다. 인공지능은 의사 결정에 관여할 때, 그 배경과 과정을 설명할 수 있도록 설명가능한 인공지능(XAI)이 규정되어 사용자가 인공지능의 결정을 신뢰할 수 있도록 해야 한다. 또한 인공지능의 역할이 확대됨에 따라, 인공지능의 사용으로 발생하는 피해에 대한 책임의 책임 분담과 관련된 법적·윤리적 규정이 마련되어야 한다.

국내 과학기술정보통신부는 2020년 '사람 중심의 인공지능 윤리 기준'

을 제정하여 인공지능 개발을 위한 3대 기본 원칙과 10대 핵심 요건을 제시하였다. 이 기준들은 인공지능 기술이 인류의 삶에 기여하고 사회적 공공성을 증진시키는 동시에 개인의 권리와 자유를 보호하도록 설계되어야 함을 강조하고 있다.

한편 유네스코(UNESCO)는 2021년 국제기구로서는 처음으로 '유네스코 인공지능 윤리 권고'를 채택했다. 권고에는 인공지능 기술이 인권이나 기본적 자유를 침해해선 안 된다는 내용 등 인공지능의 건전한 발전을 보장하는 데 필요한 가치와 원칙이 담겨 있다.

2023년 유럽연합(EU)에서는 세계 최초로 인공지능의 안전성을 높이고 투명성을 강화하기 위한 AI규제 법안이 발의되었다. 정치, 종교적 신념, 인종과 같은 민감한 정보를 활용하여 학습을 수행하는 기술을 금지하고, 보안 영상의 생체 정보 수집 기술에 대한 강한 규제와 같은 내용이 포함되었다.

AI규제 법안은 인공지능의 기술 혁신과 동시에 인간의 기본권을 보호하는 데 초점을 맞췄다. 인공지능 기술을 위험 수준에 따라 4단계로 나눠 규제하는 게 핵심인데 신원 파악을 위한 실시간 안면 인식 기술은 원칙적으로 금지된다. 의료나 금융, 자율주행, 선거 관리 같은 고위험 인공지능 기술을 쓸 때에는 반드시 사람이 관리하도록 했다. 위반할 경우엔 전 세계 매출의 최대 7%에 해당하는 과징금을 물게 된다.

그리고 유럽연합(EU)은 2023년 미국, 중국 등 주요국과 인공지능의 위험을 막는 데 공동 대응하기 위한 노력을 본격화하였다. 2023년 11월 1일 영국 블레츨리 파크에서 제1회 AI안전정상회의(AI Safety summit)가 개막되었다. 유럽연합 국가를 비롯한 총 28개 참가국은 여기에서 AI 기술 안전에 관한 내용이 담긴 '블레츨리 선언'을 발표했다. 총 28개 참가국과 EU는 "AI

그림 13-3 유럽연합(EU) 의회가 AI규제 법안을 통과시키는 장면

출처: AP 연합뉴스.

 그림 13-4 유럽연합이 주도한 개최된 제1회 AI안전정상회의

출처: 연합뉴스.

가 인류의 복지·평화·번영을 변화시키고 향상할 잠재력이 있다, 하지만
고도의 능력을 갖춘 AI가 잠재적으로 파국적 피해를 초래할 수도 있어 문

제 해결을 위한 국제적인 협력의 필요성과 시급성을 확인한다"고 밝혔다. AI안전정상회의 주요국들이 AI가 심각한 피해를 초래할 수 있다는 점에 공감하고 공식적으로 협력을 다짐한 것이다.

블레츨리 선언문에는 고성능 인공지능 범용 모델이 초래할 수 있는 실존적 위험에 대응하기 위해 ① AI에 대한 적절한 평가 지표 ② 안전 테스트를 위한 도구 개발 ③ 고성능 AI 위험 식별 및 과학적 이해 구축 등에 대한 국제협력 방침이 담겼다.

그리고 유엔 주재 미국 대사와 120개국이 유엔 총회에서 '지속 가능한 발전을 위한 안전하고 위험이 없으며 신뢰할 수 있는 AI 기회 활용'에 관한 결의안을 발의하여 2024년 3월 21일 유엔회원국 만장일치로 통과시켰다.

이 결의안에는 빈곤 등 전 세계 과제를 해결하기 위해 인공지능 기술이 인간 중심적이고 윤리적으로 발전하도록 장려하는 내용을 담고 있다. 이 결의안은 "AI 시스템의 부적절하거나 악의적인 설계·개발·배포 및 사용은 인권과 기본적 자유의 보호·증진 및 향유를 약화할 수 있는 위험을 초래한다"며 책임 있는 AI 개발을 강조했다. 이와 함께 AI가 디지털 격차 확대, 구조적 불평등·편견 악화, 사생활 침해 같은 문제를 야기할 수 있다고도 지적했다. 이 같은 문제를 해결하기 위해 유엔 회원국들은 AI 시스템 수명 주기 전반에 걸쳐 인권과 기본적 자유가 존중·보호·증진돼야 한다고 결의했다. 또한 국가 내·국가 간 디지털 격차 해소를 위해 노력하고 이를 위해 AI 관련 논의에서 모든 회원국이 참여해야 한다는 내용도 결의안에 담았다.

이처럼 인공지능 발전과 동시에 인공지능이 선용되도록 유도하고 인공지능이 초래할 수 있는 위험을 통제하려는 노력이 세계 각국에서 본격화되고 있다.

인류혁명 시대 인공지능의 목적은 인간의 지적 능력을 증진시키고 인간을 도와 인류에게 유용한 도우미가 되어야 한다. 인공지능 기술은 인간 중심적이고 믿을 수 있어야 하며 설명 가능하고 윤리적이고 포용적이며 개인정보를 보호하고 믿을 수 있어야 한다. 인공지능의 발전이 자칫 인류에게 유해한 수단이 되고 인류를 해치게 되는 위험을 사전에 방지해야 한다. 이를 위해 인공지능 윤리에 대한 인류 공동체의 협약과 법제 제정 및 준수를 위한 노력이 시급히 필요하다.

인류혁명 시대 인공지능 윤리는 인공지능은 인간에게 해가 되면 안 되고 인간을 위해 개발되고 사용되어야 한다는 인간 존엄성 원칙, 인공지능 개발 및 활용은 사회적, 국가적, 글로벌 관점에서 인류의 안녕과 행복을 추구하며 인류의 보편적 복지를 향상시킬 수 있어야 한다는 사회 공공선 원칙, 인공지능 기술은 인류의 삶과 번영을 위한 도구라는 목적과 의도에 부합되게 개발 및 활용되어야 하며 그 과정도 윤리적이어야 한다는 기술 합목적성 원칙을 기반으로 인류 공동체가 함께 규정과 법률을 제정하고 준수해야 한다.

인류혁명 시대에 인공지능의 발전이 사회적 공익과 인류의 행복에 기여할 수 있도록 인공지능을 선용하기 위한 지침으로 다음과 같은 '인공지능 사용 윤리 10계명'을 국제미래학회는 3년간 30명의 AI윤리 연구위원들의 노력의 결과로 2024년 3월 30일 제정하여 발표하였다. 이에는 인공지능의 건강한 사용과 활용 시 준수해야 하는 기본 지침을 담고 있다.

첫째, 어떤 상황에서도 인간이 주체가 되고 인류의 행복이 목적이 된다.

둘째, 인간의 존엄성과 인류 보편의 가치 존중을 기반하여 사용한다.

셋째, 모든 인간의 권리와 자유를 침해하지 않는다.

넷째, 타인의 개인정보와 사생활을 침해하지 않는다.

다섯째, 다양성을 인정하고 거짓 및 편향과 차별을 적극적으로 필터링한다.

여섯째, 인간에게 직간접적으로 해를 입히는 목적으로 절대 사용하지 않는다.

일곱째, 개인의 이익보다 사회적 공공성 증진과 인류의 공동 이익을 우선하여 사용한다.

여덟째, 인공지능은 인간의 통제권 내에서 개발되고 사용되어야 한다.

아홉째, 인공지능과 협업하되 인간의 개성과 특성이 반영된 독창적인 산출물을 사용한다.

열째, 인공지능의 산출물을 그대로 사용할 경우 인공지능 제작임을 명시한다.

인공지능 사용 윤리 10계명은 인공지능을 사용함에 있어 인류에게 유해하지 않고 유익하게만 활용되도록 하고, 인간의 존엄성과 가치를 최우선으로 하여 인공지능의 발전이 사회적 공익과 인류의 행복에 기여하게 하는 지침이 된다.

출처: 과학기술정보통신부.

3 인류혁명 시대 저출산·고령화

한국은 전 세계 1위의 저출산율과 고령화 속도를 가진 나라가 되었다. 이러한 저출산과 고령화는 한국의 미래 경제, 미래 산업, 미래 교육, 미래 지역 균형 발전, 미래 예산과 복지 등 전 영역에 영향을 미친다.

저출산이란 매년 태어나는 아이의 수가 감소하여 사회 전체의 출산율이 낮아지는 현상을 말한다. 고령화란 전체 인구 가운데 만 65세 이상 노년 인구가 차지하는 비율이 높아지는 현상을 말한다.

저출산은 출생아수와 합계출산율로 살펴볼 수 있는데 한국의 한 해 출생아수는 70년대 초까지 100만 명 이상이었으나 이후 지속적으로 하락하다 특히 1997년말 외환위기 이후 급격히 감소하여 2002년 40만 명대에 진입하였고, 2017년에 35만 8천 명으로 30만명대에 진입하였고 2018년엔 32만 7천 명으로 감소하였다.

합계출산율은 70년대 초 4.5명 이상이었으나, 1984년 1.74명으로 2명 미만으로 하락하였으며, 이후 계속 하락하여 2005년 1.08명을 기록한 뒤 소폭 반등하였으나 이후 다시 하락하여 2018년 0.98명으로 전 세계 1위의 저출산율을 기록하였다. 2023년 합계출산율 0.72명으로 떨어졌고 2024년 합계출산율은 0.66명으로 더 낮아질 것으로 예상되는 등 출산에 대한 국가적 근심이 깊어지고 있다. 한국이 전 세계에서 저출산을 상징하는 국가의 대명사가 되었다.

현재 상태로 저출산이 지속되면 한국은 지구상에서 가장 먼저 인구 소멸 국가가 될 것이란 전망이다.

한편 출산율이 낮아지는 동시에 기대수명의 증가로 노인인구가 증가하여 우리나라의 고령화 속도는 날이 갈수록 빨라지고 있다. 2018년 65세 이상 인구는 738만 1천 명으로 전체 인구 중 14.3%를 차지하여 고령사회에 진입하였다. 2017년 전체 인구가 5,127만 명에서 5,142만 명으로 0.3% 증가하는 사이 고령인구는 678만 명에서 712만 명으로 5.0% 증가했다.

초고령사회는 전체 인구 중 65세 이상 인구가 차지하는 비율이 20% 이상인 사회를 말한다. 선진국에서는 일반적으로 사회보장(social security)을 요구할 수 있는 시기인 65세를 기준으로 하여 65세 이상 인구 비율이 7% 이상이면 '고령화사회(aging society)', 14% 이상이면 '고령사회(aged society)', 20% 이상은 '초고령사회(super-aged society)'로 분류하고 있다.

2022년 기준 우리나라의 65세 이상 고령인구는 전체 인구의 17.5%로, 계속 증가하여 2025년에는 20.6%를 기록하여 초고령사회로 진입하고, 2035년 30.1%, 2050년에는 43%를 넘어설 것으로 전망되고 있다.

프랑스는 65세 인구가 전체인구의 14% 이상이 되는 고령사회에 진입하는데 115년, 미국은 73년, 독일은 40년, 일본은 24년 걸린 반면 한국은 17년이 걸려 고령화 속도 세계 1위를 기록했다. 또한 고령사회 도달 이후 전체인구 중 65세가 20% 이상을 차지하는 초고령사회 도달에는 프랑스 39년, 미국 21년, 독일 37년, 일본 12년 소요된 반면 우리나라는 7년 만에 전 세계 1위의 초고령화 속도로 도달할 것으로 전망된다.

초저출산과 고령인구가 늘어나는 가운데 15~64세 생산연령인구는 감소하고 있다. 생산연령 인구는 2022년 3,674만 명에서 향후 10년간 332만 명 감소하고 2072년에 1,658만 명으로 전망된다.

생산연령인구의 감소는 사회 전반에 큰 영향을 미치게 된다. 첫째, 경제적 측면에서 노동력 감소로 이어지고 이는 경제 성장을 방해한다. 노동

그림 13-5 세계와 한국의 생산가능인구(15~64세) 구성비 추이(단위: %)

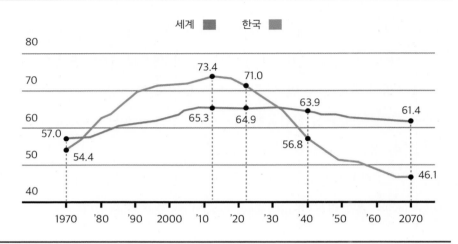

출처: 통계청.

가용성이 낮아져 생산성이 저하되고 잠재적으로 인건비가 높아진다. 또한 내수 시장의 규모가 작아진다. 이로 인해 국가 경제 경쟁력이 약화된다.

둘째, 공공 재정과 젊은 세대에게 큰 부담을 주게 된다. 고령 인구가 늘어나면서 사회 보장 및 공적 연금 시스템 등을 유지·운영하는데 더욱 많은 국가 예산이 들어가게 된다. 반면에 일하는 사람이 줄어들면 국가 세금 수입이 줄어들게 되어 국가 예산으로 운영되는 사회 보장 및 공적 연금 시스템 자금 조달은 큰 부담으로 작용한다. 이러한 불균형은 젊은 세대에게 지금보다 2~3배 더 많은 세금을 내야 하는 큰 부담을 주게 되고 전체적으로 국민의 삶의 질이 현저하게 떨어지게 된다.

인류혁명 시대 저출산·고령화는 한국이 해결해야 하는 가장 중요한 어젠다이다. 이에 대한 지혜로운 대응을 통해 한국은 지속가능하게 될 뿐만 아니라 새로운 산업과 비즈니스 기회를 창출할 수 있게 될 것이다. 특히 저

그림 13-6 한국의 저출산·고령화 현상을 상징적으로 보여주는 이미지

출처: 구글 이미지.

출산 대책은 매년 막대한 예산을 주변에 사용할 것이 아니라 출산 대상이 직접 체감할 수 있도록 예산을 집중하여 출산 시 혜택을 획기적으로 증대하는 출산 장려 정책이 모색되어야 할 것이다.

4 인류혁명 시대 대학 입시 제도

"한국에서 가장 이해하기 어려운 것은 교육이 시대 변화와 정반대로 가고 있다는 점이다. 한국 학생들은 하루 10시간 이상을 학교와 학원에서 자신들이 살아갈 미래에 필요하지 않을 지식과 존재하지도 않을 직업을 위해 시간을 허비하고 있다."고 미래학자 엘빈 토플러는 한국 교육에 대해 평가한 바있다. 그런데 그의 평가는 아직도 유효하다.

한국 교육이 이러한 평가를 받으면서도 아직 변화하지 못하고 있는 가장 근본적인 원인은 한국의 대학 입시 제도 때문이다. 강현석 경북대 교수의 지적처럼 한국의 대학 입시 제도인 수능과 학교 시험은 학생들에게 무

그림 13-7 개인별 특성을 무시하는 획일적인 한국의 대학 입시 제도

출처: 구글 이미지.

비판적, 수용적 학습태도를 강요하고 있다. 대학 입시로 인해 학교 교육도 왜곡되고 있다. 현재 수능이나 학교 시험은 수용적 학습을 통해 정보와 지식 습득과 기억을 잘 하는 학생이 높은 점수를 받도록 설계되어 있다.

한국의 현재 대학 입시 방식은 자율적이고 독창적인 학생들의 상상력과 개인별 특성을 억누른다. 수렴적이고 무비판적인 학생을 양산하는 시험 방식으로 인해 교육의 과정이 전반적으로 왜곡되고 있다. 교육의 목적에서부터 교육과정, 교수·학습 방법, 교육평가 방식, 가르치는 교사의 역할 등에서 수많은 문제들을 유발하고 있다.

현재 한국의 대학 입시는 교육의 본질적 목적인 학생 개개인의 역량을 살리면서 인간다운 안목을 형성하는 것보다 학교 수업을 통해서 입시에서 획일적인 평가에 좋은 성적을 내는 것에만 관심을 갖게 한다. 이와 동시에 한국의 대학 입시는 앎의 과정을 왜곡시켜 교육을 통한 역량 함양과 진정

한 앎의 기쁨보다 수능 준비를 하면서 답 맞추기 기출 문제를 반복적으로 풀고 암기하고 출제 유형에 맞추어 공부하는 왜곡된 교육을 되풀이하게 만든다.

한국은 대학 입시 제도로 모든 수업과 교육과정 운영이 수능에 맞추어져 있다. 수능에 필요한 단순하고 간단한 정보와 지식 내용들만을 가르침으로써 각 교과의 특성에 따른 역량을 함양하는 원래 성격이 실종되고 모든 것이 주입식 교육으로 암기 교과화 한다.

학생들은 인터넷이나 챗GPT 인공지능에서 손쉽게 언제라도 습득할 수 있는 정보와 지식들만을 습득할 뿐 각각의 교과를 배우면서 길러야 할 적절한 역량과 안목을 함양하지 못하게 된다. 더구나 학생 개인별 특화된 잠재 역량은 전혀 고려되거나 함양되지 못하고 모두가 정답 찾기식 획일적인 입시 교육에 함몰되게 된다.

인류혁명 시대 한국의 교육이 정상화되기 위해서는 대학 입시 제도의 혁신이 필수적으로 필요하다. 대한민국 미래교육보고서(국제미래학회)에서 김경범 서울대 교수가 제안한 것과 같이 대학 입시 제도는 인류혁명 시대에 변화하는 인재 역량과 학생 특성 맞춤형으로 변화되어야 한다. 학생들이 활동하는 인류혁명 시대는 산업 사회와 확연히 다르다. 그런데 아직도 한국의 대학 입시 제도는 산업사회의 시대 특성인 표준화, 정형화, 규격화에 맞는 인력 양성 교육 결과를 평가하여 학생들을 점수 순으로 줄 세워 서열화된 대학과 전공을 선택하게 하는 방식이 진행되고 있다.

인류혁명 시대 한국은 저출산·고령화가 심화되어 사회 구조가 급격하게 달라지고 있으며 대입 학령인구도 가파르게 줄어들고 있다. 또한 인공지능을 중심으로 빅데이터, 만물인터넷 등으로 유비쿼터스 사회가 이미 시작되어 정보와 지식의 생산과 유통 구조가 혁신적으로 달라지고 있다. 풍부한 정보와 지식을 갖추는 것만으로 인재가 되는 시대는 이미 저물고 있다.

인류혁명 시대는 산업 사회와는 필요한 인재의 능력이 매우 상이하다. 인류혁명 시대의 인재는 단순히 정보와 지식을 많이 암기하고 있는 자가 아니다. 인류혁명 시대의 인재는 문제 해결을 위해 창의적으로 생각하는 역량, 타인을 배려하며 인공지능도 활용하며 협업하는 역량, 인류와 지구의 지속 가능에 도움이 되는 미래 가치를 창출할 수 있는 역량, 자신의 개성을 개발하여 업무에 적용할 수 있는 역량, 미래 변화에 대응하기 위한 지식과 미래 역량을 계속 학습할 수 있는 역량, 인간됨과 감성을 강화하는 인성을 함양하는 역량을 갖추어야 한다.

이에 인류혁명 시대의 대학 입시를 위한 평가도 서열화가 아니라 학생 개인의 특성과 변화된 인재 역량을 개별적으로 진단하는 방식으로 변화되어야 한다. 현재처럼 대학 입시에서 무엇이 정답인지 골라내는 능력을 평가하는 것은 인공지능과 지식을 경쟁하게 하는 허망한 제도이다. '무엇'을 알고자 한다면 그것에 대한 정보와 지식은 누구나 언제 어디서나 얻을 수 있다. '무엇'에 대한 지식 그 자체를 넘어 지식을 찾는 과정과 활용하는 방법도 익혀야 새로운 지식을 만들어 낼 수 있다. 인간 사이에서 관계를 맺고 소통하고 각자의 개성을 발휘하면서 존재하지 않는 새로운 가치를 개발하고 인류와 지구를 위해 상상하는 능력이 더 중요한 시대가 펼쳐지고 있다.

인류혁명 시대 대학 입시 제도에는 수능이나 내신 같은 학생들을 하나의 잣대로 평가하여 성적순으로 줄을 세우는 획일적인 방식은 사라져야 한다. 학생의 서로 다른 개성 및 동기와 의지, 학습 경험, 서로 다른 영역에서 발현되는 학업 역량을 하나의 기준으로 줄 세울 수 없기 때문에 대입 입시 방식은 필연적으로 학생 맞춤형 입시로 변화되어야 한다.

이를 위해 현재의 정부 주도 대학 입시는 개별 대학이 대학 입시를 스스로 주도할 수 있도록 혁신되어야 한다. 대학별로 학생을 선정할 때 평가하는 다양한 기준을 부문별로 변화된 인재 역량 중심으로 명시하고 이를 시험이 아니라 학생 중심으로 평가해야 한다. 입시 서류와 면접을 통해 학생이 무엇을 어떻게 공부했고, 어떤 역량을 갖추었는지, 어떤 꿈을 가지고, 이를 구현하기 위해 어떤 역량을 어떻게 함양할 학업 계획을 갖추고 있는지 등을 개별적으로 서로 다른 기준을 적용하여 평가해야 한다. 합격·불합격 학생들의 서열은 필요하지 않고, 단일 기준을 적용하지 않기 때문에 획일적 서열이 만들어지지 않는다.

대학별로 주도하는 입시에서 다수의 대학 평가자들이 부문별로 세밀한 기준에 따라 여러 단계에 걸쳐 개별 학생별 해당 대학에의 적합성과 가능성을 판단하고, 공정성을 위해 일부의 평가 과정이나 결정 과정에 인공지능의 도움을 받을 수도 있다. 학생의 개인별 최종 합격 결정은 부문별로 대학의 평가자들이 종합적으로 검토하고 협의를 거쳐 합의제로 진행해야 한다.

인류혁명 시대가 시작되었음에도 학생마다의 개별 특성 및 다른 꿈과

희망을 무시하고 현재와 같이 획일적인 대학 입시로만 대학에 가는 체제라면 아무리 꿈과 희망을 강조해도 공허한 울림이 되고 만다. 정부든 대학이든 획일적인 잣대로 줄 세우는 대학입시는 창의적 인재 양성이라는 교육적 가치를 훼손한다. 인류혁명 시대에 우리 사회가 필요로 하는 창의적인 인재가 학교 교육을 통해서 성장하길 원한다면 개별 학생이 성장해 온 과정과 결과 및 미래에 대한 꿈과 계획을 세밀하게 평가하여 합격 여부를 판단하는 대학 중심, 역량 중심의 학생 맞춤형 대입 입시 제도로 혁신되어야 한다.

5 인류혁명 시대 직업과 일자리 혁명

인류혁명 시대의 초지능·초연결·초실감을 주도하는 인공지능과 인류와 지구의 지속 가능을 위한 기후변화 대응은 직업과 일자리에도 혁명적인 변화를 일으키고 있다. 특히 그동안 인공지능은 신체적으로 힘든 노동과 단순 반복적인 업무를 하는 직업과 일자리를 대체할 것으로 예측되었는데 챗GPT가 출시된 이후 인공지능은 전문직, 창작직을 망라한 거의 모든 직업과 일자리에 영향을 줄 것으로 예측되고 있다.

국제통화기금(IMF)은 2024년 1월 14일 발표한 '인공지능 세대: 인공지능과 일의 미래' 보고서에서 "인공지능은 선진국 고학력·고숙련 노동자의 일자리에 더 큰 충격을 줄 것"이라고 전망했다. 전 세계 일자리의 40%가 인공지능으로 영향을 받게 되고 선진국에서는 이보다 높은 60%의 일자리가 영향을 받을 것이라고 예측했다. 경제협력개발기구(OECD)는 2023년 7월 보고서에서 "인공지능으로 인해 가장 위험이 높은 직업은 오히려 고숙련

그림 13-8 챗GPT 인공지능이 대체할 10가지 전문직 직업 예측

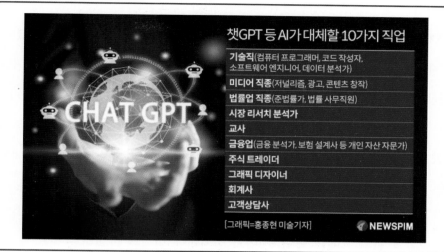

출처: NEWSPIM.

직업이며, 법률·의료·금융 직군이 가장 큰 위험에 처해 있다"고 밝혔다.

국내에서도 한국은행이 2023년 11월 펴낸 '인공지능과 노동시장 변화' 보고서는 "국내 취업자의 341만 명이 인공지능 기술에 의해 대체 가능성이 높은데 고소득·고학력 노동자가 인공지능에 더 많이 노출돼 고용이 줄어들고 임금상승률도 낮아질 것"이라고 예측했다.

그런가 하면 2024년 1월 빌 게이츠 마이크로소프트 창업자는 CNN 인터뷰에서 인공지능이 새로운 일자리를 더 많이 만들어낼 것이라고 낙관했다. 그는 모든 새로운 기술에는 두려움과 새로운 기회가 따른다며 인공지능은 기존의 장비와 인터넷을 사용하면 되기 때문에 누구나 쉽게 사용할 수 있게 되고 이로 인해 새로운 비즈니스 기회가 생긴다. 인공지능에 새로운 아이디어를 접목하면 새로운 직업과 일자리가 계속 창출될 수 있다고 하였다.

세계경제포럼(WEF)은 2024년 1월 보고서에서 인공지능과 기후변화가

일자리를 변화시키고 나아가 전 산업군을 극적으로 재편한다고 예측했다. 보고서는 향후 5년간 기후변화 대응을 위한 녹색전환과 인공지능으로 인해 8300만 개 일자리가 사라지고, 6,900만 개 이상이 생성될 것으로 예측했다. 이때, 선진국에서는 노동력이 부족한 반면, 개도국에서는 실업이 더 늘어날 것으로 전망했다. 특히 인공지능 분야의 전문가 일자리는 2027년까지 40% 더 늘어 세계에서 가장 빠르게 성장하는 직업이 될 것으로 내다봤다. 보고서는 신재생에너지 등 녹색전환 산업이 2030년까지 3000만 개 이상의 새로운 일자리를 만들 것으로 예상했다.

특히 인공지능은 만물인터넷과 빅데이터와 결합되어 기술 발전의 속도와 영향의 범위가 매우 넓고, 직업과 일자리에 미치는 파괴력도 매우 클 것으로 예측된다.

1) 인공지능으로 바뀌는 기존 직업의 미래

많은 미래학자들은 인공지능 발전으로 직업의 혁명적 변화를 예고했다. 기존의 직업은 인공지능과 로봇 기술의 발전으로 대대적인 변화를 겪고 있다. 많은 직업이 인공지능으로 인한 자동화의 영향을 받아 사라지거나 변형되고 있다. 오픈AI의 창립자인 샘알트만은 대졸자 직업의 75%가 인공지능의 영향을 받을 것이라고 하였다.

인공지능의 영향으로 기존 직업은 유연성과 창의성을 강조하는 새로운 트렌드를 따라가고 있다. 즉, 기존의 관습적인 직업 관념에서 벗어나, 창의적이며 유연한 업무 수행 능력이 요구되고 있는 것이다. 인공지능 기술이 엄청난 속도로 발전함에 따라 급격한 변화에 대처하기 위해서 우리는 인간만이 할 수 있는 창의성이나 인성적인 역량 및 인간 커뮤니케이션 능력 등을 발전시키고 계속해서 새로운 기술을 배우고 적응하는 것이 필요할 것이다.

인류혁명 시대 인공지능을 통한 초지능·초연결· 초실감 구현으로 일하는 방식에서도 많은 변화가 일어나고 있다. 이미 근로자들은 디지털 기술을 활용해 일을 하고 있으며, 디지털 기술은 어느덧 우리 업무에 깊숙이 들어와 있다. 과거 서류 작업과 대면 업무들이 디지털 기술을 활용해 이루어지고 있다. 회의, 결재, 보고, 커뮤니케이션 등 디지털과 연결되면 얼마든지 진행할 수 있는 환경에 놓여 있다. 여기에 인공지능을 활용한 다양한 스킬

그림 13-9 인공지능을 통한 업무 고도화 사례

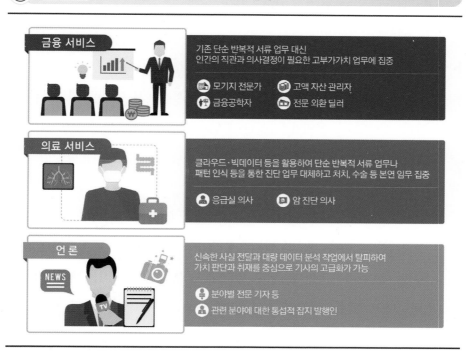

출처: 한국과학기술기획평가원.

을 업무에 적용함으로써 업무의 고도화를 도모할 수 있다.

　　또한 최근의 급격한 변화에 대한 빠른 대응의 요구는 과거 기능 중심의 업무보다 프로젝트성 업무의 증가로 이어지고 있다. 이런 프로젝트성 업무의 증가는 부서 간의 장벽을 허물고 있다. 마케팅 부서, IT 부서, 회계 부서, 생산 부서 등 각각의 역할로 나누어져 부서 간의 장벽이 있는 상태로 업무가 진행되어 오는 것이 그 동안의 조직이었다. 하지만, 프로젝트 단위의 다기능 부서로 구성된 테스크포스팀 출범의 빈도가 증가하고 있으며, 다양한 부서로 이루어진 협의체 또한 증가하고 있다. 프로젝트성 업무의 증가는 부서 간의 장벽을 허물고 있다.

　　예전에 직장은 모두가 똑같은 장소에 똑같은 시간에 함께 보여 일하는 것이 일반적인 방식이었다. 하지만 디지털 기술의 발달로 재택 근무만 아니라 비 실시간으로 일하는 것이 가능하다. 즉 함께 모여 동일한 시간에 같이 일하는 것이 아닌 언제 어디서든 일할 수 있는 방식으로 변화하고 있는 것이다. 협업 Tool이나 메일로 업무 과제를 제시하고, 목표 일정을 수립한다. 이를 바탕으로 각자가 자신이 원하는 장소와 시간에서 업무를 진행하는 방식이 확산되고 있다. 회의나 실시간 협업이 필요한 경우에만 동 시간대에 모여 만나는 방식을 취하는 것이다. 이는 업무환경에 유연성과 자율성을 가져오고 있으며, 다양성을 향상시키고 있다.

　　한편 한국고용정보원은 '기술 변화에 따른 일자리 영향 연구' 보고서를 통해 인공지능과 로봇 기술의 발전으로 2025년이 되면 국내 직장인의 61%인 1,600만 명이 일자리를 잃을 수 있다고 전망했다. 인공지능이 내 일자리를 위협한다고 답한 비중이 금융·보험업종은 81%에 달했고 화학업종(63.6%), 재료업종(61,4%), 기계업종(55.8%), 섬유 및 건설업종(52.3%)이었다.

그림 13-10 인공지능과 경쟁하면 일자리가 위험해진다

출처: 구글 이미지.

챗GPT 이후 인공지능으로 자동화가 쉬운 규칙적·단순반복적인 일뿐만 아니라 전문직과 창작직도 생성 인공지능과 딥러닝이 사람보다 훨씬 전문적인 서비스를 제공할 수 있는 분야들로 '위험 직업군'에 포함된다.

인공지능이 발전하면서 일부 일자리에서 인간 대체가 이미 시작되었고, 향후에는 더 가속화될 것이라는 전망도 있지만 기존 직업에의 인공지능의 도입은 업무 향상과 양질의 일자리로 전환에 오히려 도움이 될 수도 있다.

마이크로소프트가 한국을 포함한 전 세계 31개국 3만 1,000명의 직원을 대상으로 실시한 설문 조사 결과 인공지능(AI) 발전에 따른 실직 두려움보다 이를 업무에 활용하면 도움이 될 것이라는 기대감이 더 크다는 조사 결과가 나왔다. '직장에서의 AI 이점'을 묻는 질문에 직원 생산성 향상(31%)을 가장 큰 이점으로 꼽았다. 이어 △업무 자동화(29%) △직원 복지 향상(26%) △고가치 업무를 위한 환경 조성(25%)을 선택했다. 또한 리더 그룹의

82%는 직원들이 인공지능 시대를 대비해 새로운 능력을 갖춰야 한다고 답했다.

마이크로소프트 코리아 대표는 "인공지능은 업무를 돕는 부조종사로서 완전히 새로운 업무처리 방식을 가져올 것"이라며 "직원 개인의 창의적 업무를 돕고 나아가 조직의 성공을 도모하는 데 중요한 역할을 할 것으로 기대한다"고 인공지능을 통한 업무 향상에 대한 기대감을 밝히고 있다.

2) 인공지능으로 떠오르는 신규 유망 직업

인공지능은 산업 전반에 새로운 패러다임 시프트를 일으키고 있다. 기존 직업을 소멸케 하거나 변화시키기도 하지만 이전엔 없던 새로운 직업을 만들어내기도 한다. 인공지능 같은 파괴적 기술로 인해 크게 4가지 트렌드로 미래 유망 직업이 형성된다. 인공지능 기술 발전으로 기존 직업이 고도화되고 부가가치를 높이는 형태, 수요 세분화 및 수요 증가에 대응해 직업이 세분화되는 형태, 인공지능 기술을 중심으로 서로 다른 직무가 융합되는 형태, 인공지능 기술 발전을 기반으로 새롭게 형성되는 직업 등이다.

인공지능을 중심으로 빅데이터, 만물인터넷, 실감 영상 기술에 인문과 예술, 경영 등의 지식이 융합되어 새로운 미래융합적 직업이 등장하고 있다.

예를 들어 신선하고 건강한 음식을 선호하는 도시인들의 기호는 인공지능 맞춤 기술로 농장에서 직접 요리까지 제공하는 요리사 농부(Chef Farmers)를 탄생시켰다. 일반인들이 과학기술 관련 제품을 쉽게 이용하도록 사용자 설명서와 작동 도움말 기능을 만들고, 첨단 과학기술 글을 쓰는 테

그림 13-11 미래 사회에 생겨날 신종 직업 사례

출처: 한국소프트웨어진흥원.

크니컬 작가(Technical Writer)도 새롭게 부상했다. 인공지능 지식과 인문학적 지식 그리고 메타버스를 결합한 새로운 직업도 떠오른다. 특히 사용자 경험 디자이너(User Experience Designer)는 심리적 지식과 인공지능 및 가상·증강 현실 메타버스 등 과학기술의 이해, 그리고 디자인에 대한 융합 지식이 필요하다. 홀로그램(Hologram) 전시기획가는 첨단 홀로그램 기술에 대한 이해와 인문학적 소양이 바탕이 되는 전시기획 능력을 함께 갖춰야 한다. 인공지능의 발전은 우주항공 산업의 발전과 활성화로 연결되면서 민간의 우주여행도 가능해지고 있어 우주여행 가이드(Space Tour Guide)도 새롭게 부상할 것이다.

그리고 인공지능 전문가와 관련 직업 및 일자리가 급속히 증가할 것이다. 인공지능 전문가 직업으로는 챗GPT를 포함한 인공지능의 활용법을 교육하고 지도하는 '챗GPT 인공지능 지도사', AI 기계학습 알고리즘을 개발 응용하는 '머신러닝(ML) 엔지니어', AI 아키텍트와 플랫폼을 분석 개발 운영하는 'AI 아키텍트 및 AI 플랫폼 엔지니어', 최신 AI 기술 동향을 탐색해 다양한 응용 및 활용 기반 기술을 개발하는 'AI 기술 연구원'이 있다.

AI 솔루션의 개발 설계를 담당하는 'AI 엔지니어', AI 로봇을 설계 개발하는 '로봇 엔지니어', AI를 활용해 빅데이터를 분석하는 'AI 빅데이터 분석가', AI 솔루션 최적화 업무를 맡을 'AI 최적화 엔지니어'도 있다.

사람 음성을 인식하고 이해하는 솔루션을 개발하고 보급하는 'AI 음성 인식 SW 개발자', 기업 솔루션에 AI를 도입하기 위한 컨설팅 업무를 맡을 '인공지능 컨설턴트', 양자 정보 처리 분야에 기계학습 기술을 도입해 차세대 분석 솔루션을 연구하고 개발하는 'AI 양자 기계학습 분석가', 헬스케어 데이터 기반 개인 유전적 성질을 분석하고 솔루션을 개발하는 'AI 유전적 다양성 분석가', 딥러닝 기반 이미지 인식 관련 응용 솔루션을 개발하는 'AI 이미지 분석 전문가' 등도 증대된다. 이 밖에 다양한 국가 언어를 번역해 주는 'AI 자연어 분석 전문가'나 'AI 가상화 엔지니어', 'AI 비즈니스 전문가' 등도 증가된다.

인공지능 전문가의 수요는 급증하는데 실력을 갖춘 인재는 많지 않아 인공지능 전문가는 특급 대우를 받게 될 전망이다. 인공지능의 접목 영역이 경영과 비즈니스, 미디어, 콘텐츠, 서비스 영역으로 계속 확대되면서 분야별 인공지능 전문가 직업과 일자리도 계속 새롭게 생기고 늘어날 것이다.

한편 인간의 창의성, 감성, 인성을 기반으로 인공지능을 융합하면 인문

· 사회·경영·문화 분야에도 수많은 직업과 일자리가 부상할 것으로 예상된다. 국제미래학회는 이들 분야에서의 유망 직업을 다음과 같이 예측 선정한 바 있다. 미래 경영·금융 분야 10대 유망 직업으로는 AI 빅데이터 분석가, AI 공유경제 컨설턴트, AI 기업인수 합병 전문가, AI 금융분석 전문가, 도시재생 전문가, AI 빅데이터 마케터, 대안화폐 전문가, AI 외환 딜러, AI 재무 컨설턴트, 공정무역 전문가가 새롭게 부상될 것이다.

인공지능을 접목한 미래 인문·사회 분야 10대 유망 직업으로는 AI 오피스 프로듀서, 스마트 마케터, AI 쇼핑 큐레이터, 미래지도사, 국제회의·컨벤션 기획자, 에듀 툴깃 디자이너, 정신 건강 상담 전문가, 애완동물 행동 상담원, 스토리텔링 작가, 미디어 크리에이터가 부상될 것이다

또한 인공지능을 접목한 미래 문화 산업 분야의 유망 직업은 게임, 공연, 광고, 디자인, 영화, 음악, 만화·캐릭터, 방송 산업 영역별로 게임 VR/AR 프로그래머와 게임기획 전문가, AI 메타버스 무대영상 기술자, 어린이문화 콘텐츠 기획자, AI 메타버스 체험마케팅 기획자, 데이터 시각화 디자이너, 수출저작권 에이전트, AI 광고 크리에이터, 웹툰큐레이터, AI 메타버스 공연방송 기술자 등이 증가할 것이다.

이처럼 인류혁명 시대에 인공지능은 계속 새로운 직업과 일자리를 만들어 낼 것이며, 직업과 일자리의 창출을 위해 과학기술에 대한 이해와 인문학적 창의력이 더욱 중요해 질 것이다.

인류혁명 시대 관점을 어디에 두느냐에 따라 미래 직업과 일자리의 미래를 암울하게 볼 수도 있고 새로운 기회로 볼 수도 있다. 개인 차원에서 이에 가장 잘 대처하는 방법은, 인공지능 활용 역량을 포함한 미래 기본 역량을 갖추고 희망 직업의 업무 형태의 미래 변화를 파악해 필요한 미래 업

무 역량을 갖추는 것이다. 인공지능과 공존해야 하는 상황에서 창의력과 공감 능력, 협업 역량, 소통 역량과 인성을 갖추고 인공지능을 이해하고 이를 직무와 직종에서 활용할 수 있는 역량을 갖추어야 미래에도 인재로서 역할을 할 수 있게 된다.

그리고 국가 차원에서는 미래 직업과 미래 일자리 변화를 정확히 예측하여 현실적으로 소멸해가는 직업의 종사자들이 미래 사회에서도 지속적인 직업과 일자리를 가질 수 있도록 스스로 미래 직업 계획을 세우고 준비할 수 있게 미래 지도와 미래 역량 교육 지원 정책을 적극적으로 시행해야 한다.

또 한편으로는 미래 직업과 일자리의 수요를 예측하여 이에 대응할 수 있는 전문가들이 양성될 수 있도록 대학 전공 및 평생 교육을 미래 지향적으로 혁신토록 하고 미래 전문 인력 양성을 지원하는 정책이 시행되어야 한다. 그리고 인류혁명 시대 미래의 직업과 일자리는 인공지능을 비롯한 과학기술과 기후변화 대응을 기반으로 새로운 아이디어에 의해 무한대로 창출 가능하므로 새로운 창직과 스타트업을 적극 육성하고 지원하는 정책이 시행되어야 한다. 즉 미래를 대비하고 미래의 전문가를 양성하며 미래의 직업과 일자리를 만들어가는 교육과 지원 시스템을 갖춰서 미래를 준비하면서 새로운 직업과 일자리를 만들어 가야 할 것이다.

6 인류혁명 시대 양극화

인류혁명 시대에는 산업구조 변화로 인한 직업과 일자리 변동, 자본주의 경제체제의 문제점, 새로운 가치 세대 등장, 저출산·고령화, 기후 위기 등이 겹치며 양극화 문제가 다면화되어 간다. 경제적 부의 양극화와 함께 디지털 격차와 세대 간에 양극화, 이데올로기 양극화 등이 다차원적으로 나타나게 된다.

인류혁명 시대 인공지능은 자동화를 강화한다. 자동화는 결국 노동을 자본으로 대체한 것이다. 그렇기 때문에 인간지능의 자동화가 가져다주는 경제적 혜택이 자본을 가진 부유층에게 돌아갈 것이다. 인공지능 기술의 침투로 인한 일자리 양극화로 청년 취업 감소로 이어질 것이다. 사실 소수의 부유층이 사실상 부와 권력을 독점할 것이다. 이로 인해 경제적 부의 양극화는 더욱 심화된다. 이를 방치하면 심각한 사회 문제가 야기될 수 있다. 자칫 부의 양극화가 심해져 국가체계에서 소수의 상류층과 다수의 빈곤층이 존재하는 디스토피아 사회가 되지 않도록 기본소득제, AI 로봇세, 직원 재교육을 통한 고용 지속과 같이 부의 양극화를 완화하기 위한 사회적 장

◎ **그림 13-12 부의 양극화 심화**

출처: 구글 이미지.

치가 필요하다.

인류혁명 시대에 코로나 팬데믹 영향과 인공지능 확산으로 디지털 활용과 디지털 전환이 가속화되고 있다. 모든 영역에서 인공지능 활용과 디지털 전환은 선택의 수준을 넘어 필수로 전환되고 있다. 그런데 일부 사람들에게는 미처 준비하고 역량을 갖추기도 전에 강제됨으로써 디지털 격차가 더욱 심해져 디지털 양극화가 심화되고 있다.

디지털 취약계층은 인공지능 활용 역량과 디지털 역량 부족에서 비롯되는 일상 생활에서의 불편뿐만 아니라 일자리 등 생존권도 위협받고 있다. 특히 비약적 발전을 거듭하고 있는 인공지능 기술 고도화와 함께 심화되고 있는 인공지능 활용과 디지털 양극화 해소를 위한 선제적 대응이 필요하다.

국제미래학회, '챗GPT 인공지능 지도사' 자격 취득 과정 진행
'챗GPT 인공지능 사용 윤리 10개명' 발표, 수료생들 '챗GPT 인공지능 지도사' 2급 자격증 취득

국제미래학회가 '챗GPT 인공지능 지도사' 자격 취득 과정을 진행했다.

[한국대학신문] 국제미래학회와 대한민국 인공지능메타버스포럼(회장 안종배)은 지난 30일 '챗GPT 인공지능 지도사' 자격 취득 과정을 진행했다.(국제미래학회:www.gfuturestudy.org)

국제미래학회는 이날 '챗GPT 인공지능 사용 윤리 10개명'을 발표했다. 이 10개명은 국제미래학회와 인공지능메타버스포럼 인공지능 윤리 위원 30명이 3년간 연구 논의해 만들어졌다. '챗GPT 인공지능 사용 윤리 10개명'은 △어떤 상황에서도 인간이 주체가 되고 인류의 행복이 목적이 된다. △인간의 존엄성과 인류 보편의 가치 존중을 기반해 사용한다. △모든 인간의 권리와 자유를 침해하지 않는다. △타인의 개인정보와 사생활을 침해하지 않는다. △다양성을 인정하고 거짓 및 편향과 차별을 적극적으로 필터링한다. △인간에게 직간접적으로 해를 입히는 목적으로 절대 사용하지 않는다. △개인의 이익보다 사회적 공공성 증진과 인류의 공동 이익을 우선해 사용한다. △인공지능은 인간의 통제권 내에서 개발되고 사용돼야 한다. △인간지능과 협업하되 인간의 개성과 특성이 반영된 독창적인 산출물을 사용한다. △인공지능의 산출물을 그대로 사용할 경우 인공지능 제작임을 명시한다.

교육생들은 이번 교육 과정에서 △인류혁명 시대 챗GPT 인공지능 활용과 윤리 △챗GPT 인공지능 가입과 음성으로 사용하기 △챗GPT 인공지능 시 작품 만들기 △챗GPT 인공지능 그림 그리기, 이미지 움직이는 영상 만들기 △챗GPT 인공지능 자신의 아바타 만들기 △챗GPT 인공지능 작사, 작곡하기 △챗GPT 인공지능 동영상 시나리오 만들기 △챗GPT 인공지능 활용 동영상 만들기 △챗GPT 인공지능 아바타 음성 더빙하기 △챗GPT 인공지능 아바타 영상 제작하기 △챗GPT 인공지능 데이터 코딩으로 엑셀 만들기 △챗GPT 인공지능 PPT 만들기 △챗GPT 인공지능 활용 블로그와 인스타그램 마케팅 △챗GPT 인공지능 활용 브랜드와 로고 디자인 만들기 △챗GPT 인공지능 지도사 역할과 지도 방법 등 챗GPT를 다양하게 활용하는 역량을 강화하고 지도할 수 있는 방안을 익혔다.

이 교육 과정을 이수한 수료생들은 '챗GPT 인공지능 지도사' 2급 자격증을 취득했다. 이 등록민간자격의 주무부처는 과학기술정보통신부이며 주관기관은 국제미래학회다.
(문의:02-501 7234, future@cleancontents.org)

디지털 취약 계층을 위한 인공지능 사용과 활용법 지도와 디지털 리터러시를 향상하기 위한 교육이 범국민적인 차원에서 진행될 필요가 있다.

이를 위해 국제미래학회는 '챗GPT 인공지능 지도사'를 양성하고 있다. 민간 자격 실전 교육과정으로(주무부처: 과학기술정보통신부, 주관기관: 국제미래학회) 이를 통해 챗GPT와 인공지능을 선용하여 생활과 비즈니스 및 교육 등 다양한 곳에서 누구나 쉽게 활용할 수 있도록 지도하는 지도사를 양성하고 있다.

또한 인류혁명 시대에 우리 사회는 세대 간의 갈등이 더욱 심화되고 있다. 후진국에서 태어난 할아버지와 할머니, 중진국에서 태어난 아버지와 어머니, 선진국에서 태어난 자녀들이 병존하는 시대이다. 세계적인 언어인지 심리학자 마이클 토마셀의 '모든 세대는 그 이전 세대보다는 더 복잡하고 다음 세대보다는 덜 복잡하다'라는 말처럼 세대의 다양성은 세대가 거듭

그림 13-13 다양한 세대가 공존하는 시대

출처: Public Opinion.

될수록 더욱 심화되고 있다.

세대 차이는 세대 간의 역사적 경험으로 심화된다. 한국 기성세대의 경우 산업화와 IMF 같은 금융위기를 맞으며 경제적인 어려움을 극복하고 스스로의 노력으로 본인의 기회를 만들었다. 한국의 청년세대는 스마트 시대를 살아가면서 기회의 문이 각 개인 부모의 경제적 역량에 따라 영향을 받고, 삶에서 개인의 자유로운 생활을 영위하는 것을 중요한 가치로 여기고 있다.

한국의 기존 세대와 젊은 세대 간에 정치 이념의 차이로 인해 지지 정당, 투표율로도 갈등을 빚고, 세대 간 일자리 경쟁, 소속 회사 성장과 개인 성장중시 갈등, 노인복지 증대로 인한 기회와 자원의 분배 차이에서 오는 갈등도 있으며, 가치나 스타일, 감성 차이, 인공지능 기술 발전으로 디지털 기기 접근성과 디지털 격차 등의 문화적 갈등을 겪고 있다. 또한 세대 간 의사소통, 생활패턴, 연애·결혼·출산에 대한 인식 차이 등 다양한 형상으로 세대 간의 양극화 현상이 나타나고 있다. 세대 간의 양극화가 사회적 갈등으로 심화되지 않도록 세대 간 이해와 소통을 통한 세대 차이를 완화시키는 사회적 노력이 필요하다.

한편 인류혁명 시대에 세계는 새로운 이데올로기 전쟁이 이미 시작되었다. 2022년 2월 24일, 러시아의 침공으로 시작된 러시아·우크라이나 전쟁은 언제 끝날지 기약이 없다. 전쟁이 끝나기는커녕 러시아가 10년 이내에 나토와 전쟁을 벌일 것이라는 전망도 나오고 있다. 중동에서는 이스라엘과 하마스가 역대 가장 많은 사망자가 발생한 전쟁을 벌이고 있다. 아프리카에서도 수단 내전, 니제르 쿠데타 등 크고 작은 전쟁이 끊이질 않고 있다.

한때 냉전의 종식과 함께 '역사의 종언'이 선언된 이데올로기 전쟁이 새

그림 13-14 러시아의 우크라이나 침공

출처: 구글 이미지.

로운 양상으로 출현하고 있다. 극단적 정치 이데올로기가 살아나고 자국 이익 이데올로기, 종교 이데올로기, 영토 이데올로기, 지역 이데올로기, 경제 이데올로기 등이 세계 곳곳에서 충돌하며 물리적 전쟁까지 진행되고 있다.

　　탈 냉전 이후 미국이 주도하여 자유시장과 민주주의의 확산을 통한 새로운 평화적 국제질서가 도래하게 될 것이라는 기대감은 미국의 경제 위기와 사회적 문제 확산 및 자국 이익 중심주의로 약화되었고 반면에 중국이 사회주의 정체성을 강화하고 경제적 패권 국가로 등장하여 미국 주도의 국제 질서에 도전하게 되면서 양국 사이의 이데올로기 갈등이 강화되고 있다.

　　이처럼 인류혁명 시대의 사회는 양극화(polarization)가 전방위적으로 확대되고 있다. 자본 이익 추구 위주의 국부 자본주의와 신자유주의는 빈부 격차의 경제 양극화를 심화시키고, 세대 양극화, 종교 양극화, 이념 양극화, 이데올로기 양극화, 교육을 통한 대물림 양극화 등으로 사회 문제와 갈등이

출처: Bing Image Creator.

강화되고 있다.

　　인류혁명 시대 인류가 당면하고 있는 양극화를 극복하고 인류와 지구가 지속가능하기 위해서는 자국의 이익보다 인류 공동체의 미래를 우선하는 글로벌 공동체 연대 의식과 혁신 휴머니즘 경제 체제의 도입이 절실히 필요하다. 이를 통해 인류를 패망으로 이끄는 양극화를 해소하고 인류 공영을 지향하며, 인류가 당면하고 있는 기후 재앙을 완화시키고 지구 환경을 회복시켜 인류와 지구가 지속 가능하게 하도록 함께 노력해야 한다.

7 인류혁명 시대 글로벌 디지털 패권 전쟁

인류혁명 시대를 견인하는 핵심 기술인 인공지능은 상상을 초월하는 속도로 발전하며 모든 산업을 고도화하고 있다. 인공지능은 인류의 모든 삶을 바꾸고 있고 인공지능 경쟁에서 뒤처지면 열등 기업, 2등 국가로 전락하게 된다. 이 때문에 특히 미국과 중국간 인공지능 패권 경쟁이 치열하다.

미국 바이든 대통령은 2022년 5월 20일 첫 아시아 순방 국가로 대한민국을 찾았고 방한 첫 일정으로 삼성전자 평택 반도체 공장을 방문하였다. 이는 미국과 중국의 '반도체 전쟁'에서 미국이 우위를 점하기 위해 삼성전자를 방문하여 한미 반도체 동맹을 강화하려는 바이든 대통령의 의지를 보인 것이다. 실제 바이든 대통령 수행단에는 미국의 대표 팹리스(반도체 설계) 기업인 퀄컴의 크리스티아노 아몬 최고경영자(CEO)가 포함되어 한미 양국 간 반도체 협력을 더욱 공고히 하고자 하였다. 향후 미국은 중국을 견제하기 위해 글로벌 반도체 시장을 한국의 삼성전자와 퀄컴, 대만의 TSMC와 애플 구도로 재편하고자 한다는 전망도 있다.

한편 윤석열 대통령은 한국 역사상 처음으로 나토 정상회의에 참석하였다. 이는 미국과 나토가 한국을 비롯해 일본·호주·뉴질랜드를 아시아 태평양 파트너국으로 초청했기 때문이다. 나토와 미국은 북대서양에서 세력을 확장하는 러시아, 아시아-태평양에서 미국과 디지털 패권 경쟁에 돌입한 중국을 견제하기 위해 한국 등을 초청한 것이다.

코로나 팬데믹 이후 국제정세는 헨리키신저 전 미국 국무장관이 성곽시대(Walled City)로의 귀환이라고 예언한 것처럼 자국이익 중심주의가 강화되고 있다. 그런데 또 한편으로 코로나 팬데믹의 근본 원인인 기후변화처럼 세계적인 인류문제 해결을 위해 글로벌 연대가 강화되고 있다. 이러한 양극의 사례가 자국이익을 위한 러시아의 우크라이나 침공 및 이에 대한 UN의 러시아 규탄 결의안에 대해 193개 회원국 중 5개국만 반대하며 글로벌 연대를 통해 세계 평화와 인권을 보호하려 한 것이다. 그런데 이러한 자국이익 중심주의와 글로벌 연대는 미래 세계 경제를 주도할 글로벌 디지털 패권 전쟁의 모습으로 나타나고 있다.

코로나 팬데믹 이후 세계 경제는 디지털 경제로 급속히 전환되며 비대면경제, 플랫폼경제, 고객맞춤 경제로 급속히 재편되었고, 이로 인해 초지능·초연결·초실감 구현과 디지털 산업으로 재편이 가속화되고 있다. 디지털기반산업은 인공지능, 반도체, 사물인터넷(IoT), 빅데이터, 메타버스 플랫폼이다. 이러한 디지털기반산업은 자율자동차, 로봇, 스마트팩토리, 양자컴퓨터, 스마트가전, 드론 3D프린터, 블록체인금융, 실감콘텐츠, 헬스케어, 스마트교육, 바이오의료, 신재생에너지, 스마트팜, 핀테크 등 디지털응용산업의 발전과 경쟁력을 좌우한다. 디지털기반산업 중 사물인터넷(IoT), 빅데이터, 메타버스 플랫폼은 핵심 인프라이고 인공지능과 반도체가 디지털산업의 핵심기술산업이다.

이에 따라 인공지능과 반도체 기술력과 공급망이 국가의 경쟁력이 되고 세계 경제의 주도권을 좌우하게 되었다. 이로 인해 인공지능과 반도체 산업국가 경쟁력을 통한 총성 없는 디지털 패권 전쟁이 가속화되고 있다.

'인공지능을 주도하는 국가가 세계를 지배할 것이다. 핵무기가 아니라 인공지능이 미·중 패권전쟁 승패를 좌우한다.'라는 헨리키신저 전 미국 국무장관의 말처럼 세계는 인공지능과 인공지능을 담을 반도체를 중심으로 디지털 패권 경쟁이 치열해지고 있다.

그 중심에 미국과 중국이 있다. 냉전 이후 절대적인 패권 국가의 지위를 유지해오던 미국에게 중국이 인공지능 분야에서 미국을 추월하려 하면서 미국은 국가안보라는 명분으로 중국을 다방면으로 제재하고 압박하는 패권 전쟁이 심화되고 있다.

미국은 인공지능과 관련된 중국의 통신기업, 데이터기업, 슈퍼컴퓨팅기업, 자율시스템기업, 양자컴퓨터기업, 반도체기업, 바이오기술기업 등에 대해 블랙리스트 및 미국내 서비스 불허 등 제재를 강화하고 있다. 미국은 2020년 국가인공지능 이니셔티브법을 제정하여 미국이 인공지능 글로벌 선두국가가 되기 위해 범정부적인 지원과 노력을 하여 왔다. 그런데 미국 인공지능국가안보위원회(NSCAI)의 회장인 에릭슈미트(Eric Schmidt)는 2022년 3월 2일 AI 종합진단과 정책 보고서를 제출하면서 중국과의 AI 경쟁을 '국가적 비상사태'라고 경고하였다. NSCAI는 인공지능을 경제안보의 글로벌 주도권을 좌우할 핵심 범용기술로 평가하고 중국과의 AI 기술패권 경쟁을 위해 국가 역량의 총동원을 촉구하였다.

한편 중국도 인공지능의 영향력을 알고 2017년 '차세대 AI 발전계획'을 세워 2030년 인공지능 분야에서 세계 최고가 되겠다는 목표를 세우고 범정부 차원의 전폭적인 지원과 노력을 경주해왔다. 특히 정부 주도로 중국기업을 활용한 산업별 AI플랫폼 구축과 방대한 데이터 축적 및 인공지능 최신기술 개발로 인공지능 국가 경쟁력을 강화해왔다.

이러한 결과 인공지능 연구 분야에서 독주해 왔던 미국을 2021년부터 양과 질에서 모두 중국이 앞서기 시작한 것으로 나타났다. 인공지능 논문 인용이 세계 전체에서 중국의 논문 비율이 20.7%인데 미국은 19.8%였고 세계 유력 AI 연구 인력도 중국 출신 비율은 29%로 미국의 20%보다 앞섰다.

그림 13-15 미국과 중국간 격화되고 있는 디지털 패권 전쟁

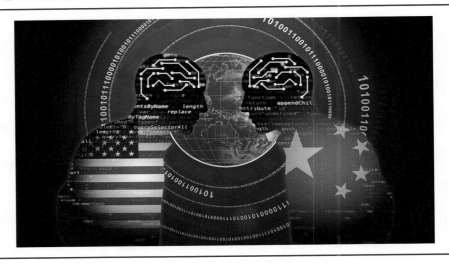

출처: AI타임즈.

    이러한 상황으로 미국 인공지능 국가안보위원회는 '현 상태로는 중국에게 인공지능 주도권을 빼앗길 수밖에 없다.'며 미국 정부의 총체적인 대책 마련을 촉구하였다. 이에 조 바이든 미국 행정부는 미국의 인공지능기술 개발과 전문인력 양성에 막대한 자금을 투입하고 미국 인텔, 마이크론, ADI 등 민간기업의 '반도체 동맹'에 520억 달러(약 63조원)를 지원하여 미국 내 첨단 반도체 생산능력 확대를 위한 획기적인 지원 정책을 실시하고 있다. 이와 동시에 미국은 중국의 첨단 AI기술 업체에 대한 제재 확대와 함께 한국, 일본, 대만과 '칩4(chip4) 동맹'을 제안하여 반도체 공급망을 주도하고 반도체 기술을 중국에 판매되지 못하도록 하여 중국의 '반도체 굴기'를 악화시켜 중국과의 AI패권 경쟁에서 우위를 확보하려 노력하고 있다.

    이에 중국도 AI 데이터를 토지, 노동, 자본, 기술과 함께 5대 생산요소로 간주하고 국가차원에서의 독자적 통제권을 주장하는 AI 데이터 주권을

강화하고 있다. 이를 통해 디지털 플랫폼 경쟁의 핵심인 AI를 활용한 빅데이터 기술과 산업에서 미국보다 우위를 점하기 위해 2025년까지 5G, IoT, 데이터센터 등에 1조 2,000억 위안(약 205조원)을 투자하기로 하였다. 또한 중국은 미국 기업의 중국기업 인수를 반대하고 미국 IT기업이 중국 진출 시 중국 기업과 합작을 통해 중국 내에 데이터센터 구축을 의무화하고 중국기업이 이를 운영하도록 하였다. 또한 중국은 정보통신(IT) 제품의 핵심 자원으로 중국이 세계 공급의 80%를 차지하는 희토류 수출 규제와 국익에 손해를 끼치는 외국 기업에 수출입 및 대중국 투자를 제한하는 법과 제도를 2020년부터 정비해왔다. 중국은 인공지능시대 핵심인 반도체의 자급률을 2025년에 70%까지 달성한다는 목표를 세우고 2020년 반도체산업 진흥책을 발표하고 2021년 실행계획을 발표하였다.

이에 따라 중국의 반도체 설계 기술이 향상되어 중국 웨이얼 반도체가 2022년 처음으로 세계 9위에 올랐고, 중국의 반도체 생산량이 전년 대비 30% 이상 증가하고 있어 세계 반도체 점유율을 높이고 있고, 특히 중국은 인공지능 반도체 기술과 경쟁력이 높고 이 부분에 투자를 집중하고 있다. 중국은 AI 이미지 처리 등에서 두각을 보이고, 바이두·알리바바·텐센트 등 14억 인구를 기반으로 한 초거대 플랫폼이 방대한 데이터를 축적하고 인공지능(AI)과 전기차, 스마트폰을 앞세워 미국의 기술 패권에 도전하려는 중국의 움직임이 속도를 더해가고 있다.

미국은 중국과의 인공지능 패권 전쟁에서 승리하기 위해 도널드 트럼프 전 미 행정부 시절 중국산 상품을 겨냥한 고율 관세를 도입하였고 조 바이든 행정부 들어서는 반도체 장비의 대중 수출을 통제하는 등 각종 제재를 잇달아 부과하고 있다.

이상과 같은 미국과 중국의 인공지능과 반도체를 중심으로 한 디지털 패권 전쟁에 최근에는 유럽국가와 일본도 가세하고 있다. 마르그레테 베스타게즈 유럽연합(EU) 부위원장은 '유럽은 세계 디지털 전쟁의 1라운드에서 미국과 중국에 주도권을 빼앗겼다. 코로나 팬데믹 이후 디지털전쟁 2라운드에서 EU가 결정적인 조치를 취해야 한다.'고 강조했다. EU는 세계에서 두 번째로 큰 경제규모의 '디지털 단일시장' 전략을 통해 미국과 중국을 추격하고 있다. EU는 '인공지능 협력선언'을 통해 AI 관련 연구개발 경쟁력 확보에 힘을 모아 향후 10년간 최소 200억 유로(26조 8천억) 규모의 AI 연구지원 예산을 편성하였다. 또한 EU는 인공지능 글로벌 스타트업을 유럽으로 끌어들이기 위한 다양한 자원 정책을 펴서 기업하기 좋은 환경을 만들어가고 있다.

EU는 디지털 AI 경쟁력 강화를 위해서는 반도체 자립이 필수라고 여겨 2030년까지 유럽 내 반도체 생산이 세계 생산의 20%를 차지하도록 할 것을 목표로 1,345억 유로(약 180조원)를 투입해 유럽 내 반도체 생산규모를 현재의 두 배로 늘리기로 하였다. EU는 구글과 메타(페이스북) 등 미국의 AI 빅테크 기업에게 디지털세 부가, 반독점 과징금 부가, 서비스 제한 등 제재를 가하여 유럽 내 경쟁기업을 보호하는 힘겨루기도 계속되고 있다.

한편 EU 연방 차원의 디지털 패권경쟁 강화와 함께 유럽 국가별 인공지능 디지털 경쟁력 강화를 위한 노력도 경주되고 있다. 영국은 '인공지능 민관합의', '영국 AI 국가전략' 등을 발표하여 향후 10년 동안 AI분야 연구와 혁신 초강대국 달성을 목표로 디지털 AI 경쟁에 앞서기 위해 노력하고 있다. 독일은 'Industry4.0'에 이어 'AI made in Germany전략'을 통해 제조의 인공지능 고도화 및 인공지능 연구와 AI 인재양성 및 인공지능 산업 활성화를 위해 범정부적으로 노력하고 있다. 프랑스도 'AI 국가전략 1단계 계획' 이후 2021~2025년까지 20억 유로(2조 6,700억원) 규모의 AI 연구비를 투입해 AI연구와 AI 인재 개발을 강화하는 2단계 계획을 진행하고 있다. 이처럼 유럽은 EU 연방으로 연합하면서 동시에 각국의 AI 개발 발전 전략으로 미국과 중국 주도의 디지털 AI 패권 경쟁에 제3의 경쟁 세력으로 등장하고 있다.

한편 아시아에서는 중국 이외에 일본도 '일본 AI 국가전략'을 발표하며 디지털 AI 전쟁에 본격적으로 뛰어들고 있다. 일본은 AI 기술을 기반으로 특히 양자컴퓨터와 웹3.0 디지털 경제권의 혁신을 선도하겠다는 결의와 각오를 보이고 있다. 일본 자민당은 이를 위해 웹 3.0 장관의 신설도 검토하고 있다.

코로나 팬데믹으로 디지털 전환이 가속화되고 자국 이익 중심주의와 글로벌 연대가 동시에 모색되는 복잡한 국제 경제 속에서 인공지능과 반도체를 중심으로 하는 디지털 패권 경쟁은 더욱 심화되고 있다. 특히 한국은

그림 13-16 글로벌 AI 패권전쟁에서 한국의 대응 전략

출처: 아시아경제.

지정학적 외교적으로 디지털 패권 전쟁 중인 미국과 중국의 사이에 있고 인공지능 디지털 경쟁의 핵심 산업인 반도체 주요 수출국이므로 미국과 중국 양국으로부터의 압박과 회유가 더욱 강화되고 있다.

이러한 글로벌 디지털 패권 경쟁에 대응하기 위해서는 다음과 같은 미래 전략을 추진할 필요가 있다. 첫째, 인공지능과 반도체 등 미래 디지털 핵심 기술과 산업의 글로벌 경쟁력을 강화시켜야 한다. 한국은 메모리 반도체에서는 세계 1위의 경쟁력을 갖추고 있지만 미래 반도체 산업의 핵심인 시스템 반도체 및 AI 반도체 분야와 미래 산업의 중추인 인공지능 기술 분야에서는 글로벌 경쟁력이 약하다. 이에 국가적인 차원에서 이 분야의 글로벌 경쟁력을 강화시키기 위한 노력이 집중될 필요가 있다.

둘째, 디지털 핵심 산업 분야의 인재 양성을 강화해야 한다. 인공지능, 반도체, 메타버스, 빅데이터, 만물인터넷, 빅데이터, 실감 미디어 등 미래 디지털 경제 핵심 분야의 고급 인재를 양성하고 이를 응용하고 확산하여 디지털 경제 생태계를 만들어가는 역할을 하는 인재를 양성하는 노력이 경주되어야 한다.

셋째, 디지털 경제 외교를 강화해야 한다. 디지털 패권 경쟁은 경제를 넘어서 국가 간의 외교적 경쟁과 협력이 필수가 되고 있다. 특히 미국이 중국을 디지털 경제에서 견제하기 위해 구성한 인도-태평양 경제 프레임워크(Indo-Pacific Economic Framework, IPEF)와 칩4 반도체 동맹에의 한국 가입과 중국과의 외교적 관계 설정 등 디지털 패권 경쟁은 외교적 접근이 동시에 중요해지고 있다. 이에 글로벌 디지털 패권 경쟁의 미래 변화를 예측하고 이에 대응하는 외교 정책의 미래 전략적 입안과 접근이 필요하다.

인류혁명 시대 초지능·초연결·초실감을 통한 유비쿼터스 사회 구현에 핵심 기술인 인공지능을 중심으로 디지털 미래 산업을 주도하려는 디지털 패권 전쟁이 미국과 중국을 중심으로 전 세계로 강화되고 있다. 여기에 각종 이데올로기가 가세하여 세계 곳곳에서 군사적 전쟁이 일어나고 심지어 세계전쟁과 핵전쟁의 위험까지 경고되고 있다. 인류의 지속 가능을 위해서는 과도한 글로벌 디지털 전쟁과 군사적 전쟁을 극복하고 세계 평화와 인류 공동체의 공존과 행복을 위한 지혜를 모으고 실천하는 방안이 모색되어야 한다.

대한민국이 글로벌 디지털 전쟁이나 국제 이데올로기 및 지정학적 측면 등에서 중요한 위치에 있고 현재 대한민국에 대한 매력과 위상을 통해 세계의 미래 방향을 인류와 지구가 지속 가능하게 논의하고 협의하여 방향과 방안을 제시하는 '세계미래대회'를 개최하여 선도해 나갈 필요가 있다. 이를 통해 대한민국의 글로벌 위상과 경쟁력이 높아지고 인류 공영과 세계 평화에도 기여할 수 있게 될 것이다.

8 인류혁명 시대 포스트 휴먼

인류는 다른 생명체와 구별되는 특별한 존재인가? 인간만이 가지고 있는 특성은 무엇이며 인간은 그 자체로서 존엄성을 인정해야 하는가? 인류혁명 시대에 인공지능을 중심으로 생명공학, 나노기술, 로봇공학 등 과학기술의 급속한 발전으로 인간의 신체적, 지적, 감성적 역량이 확장되면서 미래엔 자칫 인간의 정체성 혼란과 인간의 존엄성에 대한 위기가 초래될 수도 있다. 이러한 인류의 미래에 대한 논의의 중심에 포스트 휴먼이 있다.

포스트휴먼이란 인간 다음 세대의 인간이라는 뜻으로 인간이라는 종(種)이 아닌 새롭게 창조된 탈인간 형태를 지칭한다. 호모사피엔스라는 생물학적 인간이 아닌 과학과 기술의 힘으로 변화된 형태로 사이보그와 트랜스 휴먼을 넘어 인간과 기계의 경계가 해체된 새로운 종(種)을 지칭한다.

　　사이보그(Cyborg)는 인공 두뇌학 Cybernetics와 유기체 Organism의 합성어로 인간의 두뇌와 몸에 부분적으로 기계를 삽입 또는 부착하지만 본질적으로는 로봇이 아닌 인간이다. 예를 들어 머리에 심카드를 장착하고 렌즈로 눈 앞에 가상 화면이 펼쳐지며 스피커와 마이크가 손가락에 삽입되어 작동하는 형태이다.

　　트랜스휴먼(Transhuman)은 과학 기술을 이용하여 정신적, 신체적 능력을 개조한 인간을 지칭한다. 인간의 지능·육체의 한계 또는 유전이나 외부 요인에 따른 고통, 장애, 노화, 질병 등을 극복하기 위해 생명공학·유전공학이나 사이버네틱스·나노과학 등 과학기술들을 통해 자신을 개조한 인간을 말한다.

　　포스트휴먼(Posthuman)은 인간을 뛰어넘어 존재하는 새로운 종(種)이다. 사이보그와 트랜스휴먼은 과학기술로 확장된 인간이라면 포스트휴먼은 이를 넘어 과학기술로 만들어진 인간의 새로운 형태인 것이다.

　　인간이 개발하는 인공지능의 최고 발전 단계인 슈퍼인공지능(AI)이 완성되면 인공지능은 인간의 명령에 따라 타율적으로만 행동하는 것이 아니라 스스로 판단하여 자율적으로 행동할 수 있는 능력을 갖추게 된다. 이를 통해 싱귤래리티라고 불리는 기술적 특이점(tipping point)에 도달하게 되고 AI가 직접 AI를 생산하는 등 기술 변화 속도가 급속히 빨라져 인간의 이해를 벗어나는 전혀 새로운 변화를 맞이하게 된다. 그러면 트랜스휴먼을 넘어 포스트휴먼(Posthuman)이 탄생할 수 있게 된다.

포스트휴먼은 인간이 과학기술을 통해 전통적인 인간이 아닌 초능력을 가진 다른 존재가 되는 것과 인간이 창조한 인공적인 존재가 슈퍼인공지능으로 마침내 인간과 같아지면서도 인간을 능가하게 되는 것 두가지를 포함한다.

인간과 기계는 서로 이질적 존재로 경계가 명확했다. 그러나 점차 인간과 기계의 경계가 약해진다. 유전자 조작, 줄기세포나 인공장기 같은 생명 기술, 로봇 팔다리나 외골격(엑스스켈레톤)과 같은 인공보철(프로스테시스), 두뇌컴퓨터 인터페이스(Brain-Computer Interface, BCI), 인공지능 칩을 통한 인간 신경계와 인공기계 연결 등의 기술로 인간은 점점 인공기계와 결합한 새로운 존재가 되어간다.

한편 인공지능은 점점 인간과 같아지고 인간을 초월한다. AI는 인간의 삶을 윤택하게 하는 도구이기도 하지만, 점차 세계를 구성하는 실존적 존재자로 변할 가능성이 높다. 인공지능을 통해 사람만이 할 수 있다고 여긴 일들을 대신하고 자율적 행동이 가능한 주체가 되어 인간으로부터 독립하여 자율적으로 추론, 판단, 선택을 수행하는 인공행위자로 되어 가고 있다. 인공지능 로봇이 시민권을 부여받는 등 AI가 비인격체임에도 행위 주체의 지위를 획득해가고 있다. 슈퍼인공지능이 제어 없이 발전하면 인공지능이 인류의 모든 지능보다 월등히 뛰어나게 되어 인류의 통제권을 벗어나 오히려 인간을 통제하고 지구를 지배하는 새로운 존재가 될 수도 있다.

포스트휴먼의 가장 극단적인 형태는 인간이 영생을 위해 인간의 신체를 버리고 정신이나 자아를 컴퓨터로 이전하는 '업로딩'이다. 영화 〈트랜센던스〉의 주인공처럼 우리의 정신 혹은 지능을 생물학적 두뇌로부터 디지털 기반의 컴퓨터로 전송하여 업로딩함으로써 우리 몸의 생물학적 속박에서 벗어나고 외부 지능과 연결되어 다양한 형태의 급진적인 인지 향상을 가능

그림 13-17 포스트휴먼이 등장하는 영화 트랜센던스

출처: 영화 트랜센던스 사이트.

하게 해주고, 노화나 죽음의 두려움에서 벗어날 수 있도록 해줄 수 있게 된다. 신체를 폐기하고서도 나의 생존이 가능하며, 필요에 따라 백업본의 재부팅을 통하여 영원한 삶을 누릴 수 있게 된다는 것이다.

　포스트휴먼 시대가 오면 인공지능을 중심으로 한 첨단 과학기술의 급격한 발전은 결과적으로 인간·생명·기계의 관계를 재조정하고 디지털·물리·생물 사이의 경계를 해체한다. 인간을 이전 인간과 동일하게 생각할 수 없고 인간만이 만물의 영장으로 인간이 존엄한 존재로서 지구의 주인이라는 명제는 사라지게 될 것이다.

　포스트휴먼 시대가 현실화되면 인간은 더 이상 존엄성을 가지고 다른

형태의 생명이나 기계와도 분리되는 예외적이고 독립적인 존재가 아니다. 또한 인간이 아닌 존재들을 인간이 지배하거나 통제할 수 있는 권리도 없다. 인간은 다양한 형태의 생명체 및 과학기술적 존재와 상호작용하며 관계를 맺어가면서 멸종되지 않고 존재를 유지하기 위해 몸부림쳐야 하는 생명체 중의 하나가 될 것이다.

결국 인류혁명 시대에 우리는 인공지능을 위시한 모든 과학기술의 발전이 무엇을 위한 것인지를 인류는 심각하게 고민해야 한다. 과학기술 지상주의로 과학기술 발전 자체가 목적이 되거나 과학기술의 발전이 자연스럽게 인류에게 유익할 것이라는 인식은 인류에게 돌이킬 수 없는 심각하고 위험한 결과를 초래할 수 있음을 인지하고 인류 공동체가 협력하여 대응해야 한다.

인간은 인공지능이 갖추지 못한 '인간다움'의 특성이 있다. 인공지능이 완벽함과 뛰어난 효율을 자랑하지만 인간은 '완벽하지 못함'이지만 과정 속의 치열한 노력과 사람들과의 부대낌 속에서 인성을 느끼고 '비효율'이지만 고귀한 가치를 추구하는 영성을 통해 타인에게 감동을 전하는 '인간다움'이 있다. '인간다움'은 '인간적 가치'가 되어 우리는 예술 작품에서 예술가의 노력과 영감에 공감하고, 인공지능이 그려준 그림이나 아름다운 꽃을 보고는 울지 않지만 사람의 진정성 있는 마음에 감동했을 땐 눈물을 흘린다.

인류혁명 시대의 과학기술은 포스트휴먼의 구현이 아니라 현존하는 인류를 위한 휴머니즘 과학기술이 되어야 한다. 인공지능을 비롯한 모든 과학기술의 개발과 발전의 목표, 그리고 모든 과학기술의 사용과 활용이 인류의 행복을 증진하고 인간의 고유한 특성인 인성과 영성을 통해 인류의 존엄성을 더욱 강화시킬 수 있도록 필요한 규정과 법제 등을 인류가 함께 마련하고 준수토록 해야 한다.

그림 13-18 휴머니즘의 의미

휴머니즘
humanism

인간의 존엄성을 최고의 가치로 여기고 인종, 민족, 국가, 종교 따위의
차이를 초월하여 인류의 안녕과 복지를 꾀하는 것을 이상으로 하는
사상이나 태도.

출처: wordrow.kr

9 인류혁명 시대 세계 평화와 지역 균형 발전

세계는 정치 이데올로기, 영토 분쟁, 종교 분쟁, 자원 분쟁, 식량과 물 부족 등으로 곳곳에서 폭력적 전쟁이 끊이지 않고 있다. 또한 경제적 빈부 격차가 국가별·지역별로 심화되어 사회 문제와 분쟁을 악화시키고 있다. 더구나 인공지능이 무기와 전쟁에 적용되면서 전쟁이 더욱 쉽게 발생하고 피해 지역은 더욱 광범위해진다. 그리고 인공지능으로 디지털 전환이 가속 화되어 국가별·지역별 디지털 격차로 지역 차이는 더욱 심화될 수 있어 이 에 대한 적극적인 대응이 필요하다.

1) 인류혁명 시대 세계 평화의 위기와 기회

인류는 지구촌 곳곳에서 벌어지고 있는 무력 분쟁이 종식되기를 바라고 있다. 이제 어느 곳에서의 전쟁도 당사자 양국의 피해뿐만 아니라 지구촌 모든 국가에게 피해가 연계되고 있다. 예를 들어 우크라이나와 러시아의 전쟁으로 전 세계 식량과 원자재 값이 폭등하고 이로 인해 세계 경제도 어려움을 겪고 있다. 결국 세계 평화는 지구촌 모든 나라에게 영향을 미치는 중요한 어젠다이다.

인류혁명 시대의 인공지능은 세계 평화에도 기회와 위험의 양면을 가지고 있다. 인공지능으로 유엔 개발 프로그램과 인도주의 구호활동, 평화유지 및 분쟁 예방 등을 지원하는 데 도움이 되어 세계 평화에 기여할 수 있다.

하지만 프란치스카 교황의 다음과 같은 경고처럼 인공지능은 군비 부문에서 인류에게 해악을 끼칠 수 있다. "인공지능의 원격제어 시스템을 통해 군사행동을 수행할 가능성은 이것이 야기하는 파괴에 대한 인식과 그 사용에 대한 책임감을 약화시켜, 전쟁의 엄청난 참상을 점점 더 냉담하고 무심하게 대하게 한다. 또한 인공지능의 무기화를 비롯해 이른바 '치명적 자율 무기 체계'(Lethal Autonomous Weapon Systems)는 심각한 도덕적 우려를 불러온다." 이처럼 인공지능은 전쟁을 쉽게 유발하게 하여 세계 평화에 치명적인 위험이 될 수가 있다.

프란치스카 교황은 2024년 1월 1일 57차 세계평화의 날 기념 신년 메시지로 '세계 평화와 인공지능' 주제로 다음과 같은 담화를 발표하였다.

주님께서 베풀어 주시는 은총의 때인 새해를 시작하며, 하느님의 백성은 물론 이 시대를 살아가는 모든 이에게 평화를 향한 저의 간절한 바람을 전하고자 합니다.

인간의 지능은 우리가 창조주께 받은 존엄을 표현하며, 과학과 기술은 인간 지능의 창조적 잠재력이 빚어낸 빛나는 성과입니다. 과학과 기술의 뛰어난 성취 덕분에 인류의 삶을 괴롭히고 커다란 고통을 불러일으켰던 수많은 질병을 치료하였습니다. 반면에 과학기술의 발전 가운데 어떤 것들은 우리의 생존을 위협하고 우리 공동의 집을 위태롭게 만들지도 모릅니다. 새로운 디지털 도구들은 커뮤니케이션, 공공 행정, 교육, 소비, 개인 상호관계, 그 밖에 우리 일상생활의 수많은 측면의 양상을 바꾸고 있습니다.

일상 언어가 되어 버린 "인공지능" 용어 자체에는, 기계가 인간의 인지 능력을 그 기능 안에 재생하거나 모방하게 만드는 것을 목표로 다양한 과학, 이론, 기술이 망라됩니다. 아무리 놀랍고 강력하다고 한들, 결국 이 지능의 유형들은 인간 지성의 특정 기능들을 모방하거나 재생할 수 있다는 점에서 '단편적'일 뿐이며, 어떤 인공지능 장치도, 장치 소유자들과 개발자들의 목적과 이윤 그리고 사용되는 상황에 따라 그 영향력이 달라집니다.

알고리즘과 디지털 기술을 설계하는 이들이 윤리적이고 책임감 있게 행동하고자 노력할 것이라는 가정만으로는 충분하지 않습니다. 기술의 무한 확장에는 앞으로의 발전에 대한 적절한 책임 교육이 따라야 합니다. 우리는 시야를 넓혀 과학기술 연구가 개인과 공동체의 온전한 발전에 봉사하면서 세계 평화와 공동선을 추구하도록 이끌어야 하는 의무가 있습니다.

인공지능의 중요성은 점점 더 커질 것입니다. 예를 들어, 인공지능은 데이터 축적과 구조화와 확인 과정의 혁명은 물론 고된 노동에서의 해방, 더욱 효율적인 제작 공정, 더 편리한 수송과 더욱 준비된 시장을 약속합니다. 우리는 지금 일어나는 빠른 변화에 대해서 잘 알고, 기본 인권을 보호하며, 온전한 인간 발전을 증진하는 제도와 법률을 존중하는 방식으로 그러한 변화를 관리하여야 합니다.

인공지능이 가짜 뉴스를 퍼뜨리고 커뮤니케이션 미디어의 왜곡 심화로 이어지는 허위 정보 캠페인에 동원되면 심각한 문제를 야기합니다. 그 밖에도 이러한 기술이 중대한 위험을 생겨나게 하는 분야로 사생활 보호, 데이터 저작권, 지적 재산권이 있습니다. 이러한 기술의 오용에 따른 또 다른 부정적 영향에는 차별, 선거 개입, 감시 사회의 증대, 디지털 배척, 점점 사회와 유리되는 개인주의 팽배 등이 있습니다. 이 모든 요인이 분쟁을 부채질하고 평화를 방해할 위험이 있습니다.

우리 세상은 엄청나게 넓고 다양하며 복합적이어서 완전히 파악하고 분류할 수 없습니다. 우리의 계산능력이 아무리 뛰어날지라도 계량화를 위한 어떤 노력도 닿을 수 없는 영역은 언제나 존재할 것입니다.

인공지능이 분석한 방대한 양의 데이터는 결코 그 자체로 공정성을 보장하지 않습니다. 알고리즘이 정보를 추론할 때는 언제나 왜곡의 위험이 따르며 정보가 생겨난 환경이 지닌 불의와 편견도 그대로 따라갈 수 있습니다.

'지능형' 기계는 맡겨진 과제를 매우 효율적으로 수행할 수 있습니다만, 그 작동의 목적과 의미는 여전히 고유한 가치 체계를 소유한 인간이 결정하거나 마련할 수 있습니다. 특정 결정들을 내리는 기준들은 명확성이 떨어지고, 그 결정의 책임이 은폐되며, 생산자는 공동체의 선익을 위하여 행동할 의무를 회피할 수 있는 위험이 있습니다.

원격 제어 시스템을 통하여 군사 행동을 수행할 가능성은 이것이 야기하는 파괴에 대한 인식과 그 사용에 대한 책임감을 약화시켜, 전쟁의 엄청난 참상을 점점 더 냉담하고 무심하게 대하게 합니다. 우리는 정교한 무기가 결국 그릇된 자들의 손에 들어가, 이를테면 합법적 정부 체계의 제도들을 불안하게 만들려는 의도를 가진 테러리스트들의 공격이나 개입을 조장할 가능성 또한 무시할 수 없습니다. 인공지능이 온전한 인간 발전을 증진하는 데에 사용된다면 이는 농업, 교육, 문화에 중요한 혁신을 가져오고, 모든 나라와 민족의 삶의 수준을 높이며, 인간의 형제애와 사회적 우애를 증진할 수 있습니다.

디지털 기술은 소통의 가능성을 증가시키면서 우리가 새로운 방식으로 서로를 만날 수 있게 하였습니다. 그러나 우리를 움직이고 있는 이러한 방식의 관계들에 대한 지속적인 성찰이 필요합니다. 인공지능의 유형들 사용에 관한 교육은 무엇보다도 비판적 사고를 촉진하는 데 목표를 두어야 합니다.

인공지능의 전 세계적 규모는 그 국내 사용을 규제하는 주권국가의 책임과 더불어 국제기구가 다자간 협약을 체결하고 그 적용과 집행을 조정하는 데 결정적인 역할을 할 수 있다는 사실을 분명히 보여 줍니다. 이와 관련하여 구속력 있는 국제 조약을 채택하고자 여러 나라로 구성된 국제 공동체가 함께 힘써 주기를 권고합니다.

인공지능의 규제에 관한 논의는 가난한 이들, 이주민들, 그리고 국제적 의사 결정 과정에서 흔히 무시되는 이들을 포함하여 모든 이해관계자의 목소리를 고려해야 합니다.

저는 인공지능이 발전하는 유형의 행보가 궁극적으로 인류의 형제애와 평화에 기여하는 노력에 도움이 될 수 있기를 바랍니다. 이는 몇몇 사람의 책임이 아니라 인류 가족 전체의 책임입니다.

저는 새해를 시작하며 인공지능 유형들의 급속한 발전이 오늘날 세상에 존재한 불평등과 불의의 사례들을 늘리지 않고, 전쟁과 갈등을 종식시키며 우리 인류 가족을 괴롭히는 다양한 형태의 고통을 덜어주는 데에 도움이 될 수 있도록 기도합니다.

인류혁명 시대는 전 세계가 촘촘히 연결되어 어떤 전쟁도 양국에게 치명적인 피해가 되고 동시에 세계 전체에도 피해가 주게 된다는 사실을 직시하고 최대한 전쟁을 억제하고 세계 평화를 최우선으로 하는 인류 공동의 노력이 필요하다. 인공지능도 전쟁의 도구가 아니라 평화와 인류 공영의 도구로만 선용되도록 지금 인류 공동체의 노력이 필요하다.

그림 13-19 세계 평화의 날 이미지

출처: 세계평화의 날 홈사이트.

2) 인류혁명 시대 지역균형 발전

세계는 국가별·지역별 격차가 갈수록 심화되고 있다. 초지능·초연결·초실감을 주도하는 인공지능이 모든 미래 산업을 견인하고 있는데 인공지능을 선도하는 나라는 10여 개국에 불가하고 대부분의 나라들은 초기 단계거나 뒤처져 있다. 유발 하라리가 경고한 것처럼 인공지능이 세계적으로 불평등을 야기할 수 있다.

그리고 단일한 국가 내부에서도 전체 인구 중 특정 지역의 소수만이 인공지능의 힘으로 경제적, 정치적 이익을 누리고 나머지 지역의 다수는 뒤처지게 될 수도 있다. 현재 국가별로 수도권과 경제중심도시 위주로 경제와 인구가 집중되어 있고 지역별로 격차가 심화되고 있다.

한국은 2023년 2월 기준 지역 소멸 위험 시군구는 118곳으로 전체 228개 시군구의 약 52% 수준이다. 시도별로 소멸위험 시군구의 비중이 가장 높은 곳은 전북(92.9%)으로 전체 14개 시군구 중 무려 13곳이 소멸위험 시군구로 조사됐다. 강원(88.9%), 경북(87.0%), 전남(81.8%), 충남(80.0%) 등도 관내 시군의 5분의 4가 소멸위험지역으로 분석됐으며, 부산은 광역시임에도 불구하고 소멸위험 구군이 43.8%다. 소멸 위험을 느끼는 지역들이 계속 늘어나고 있어 지역균형 발전 대책이 더욱 중요해지고 있다.

인류혁명 시대 인공지능 등 과학기술이 지역별 불평등을 심화시키는 위험도 있지만 오히려 인공지능과 과학기술을 통해 오히려 지역 불평등을 해소시키고 지역으로의 인구 유입과 지역 발전을 유도할 수도 있다.

인류혁명 시대 초지능·초연결·초실감이 구현되면 시공을 초월하여 업무를 할 수 있어 워케이션을 비롯한 농어촌에서의 스마트워크 확산, 스마트팜과 스마트양식장을 비롯한 농촌과 어촌 산업의 고도화로 수익을 높이고 젊은이들이 새로운 미래 기회를 찾아 농어촌으로 귀촌하게 유도할 수 있다. 이를 통해 지역 인구가 증가되고 지역 산업이 활성화되어 지역 경제가 살아남으로서 지역균형 발전에 기여할 수 있게 된다.

인류혁명 시대의 삶의 질을 향상하기 위해 지역에 스마트빌리지가 조성되어 인공지능을 적용한 디지털 기반의 혁신 서비스 적용을 통해 지역에서 맞춤형 원격 의료 서비스를 제공하고, 품질 높은 문화 생활과 교육 서비스가 제공되도록 지원하여 인구 감소, 고령화, 지역 격차 등 지역사회 문제를 해결하고 주민 복지와 생활 여건을 개선할 수 있을 것이다.

모든 국가들은 자국민 모두의 행복을 추구한다. 그 실현은 지역에 관계없이 모든 국민의 경제적·문화적·서비스 생활의 향상이다. 따라서 지역균형 발전은 경제·문화·서비스 생활에서 약하거나 소외되는 지역과 지역의 사회적 약자에 대한 고려와 배려가 중요하다. 또한 인공지능을 활용하여 지역 특성 기반에서 내실 있는 지역균형 발전 정책이 중요하다. 이를 통해 지역균형 발전과 함께 사회적 통합이 가능해 질 것이다.

인류혁명 시대 지역균형 발전의 원칙은 국민 누구든 지역 어디에 살든 관계없이 삶의 질 여건의 균등화를 통해 지역과 구성원의 배제와 소외가 없는 시공간 정의적 발전을 추구해야 한다. 국민은 지역 어디에 살든 사회 및 경제의 원천이 되는 일자리가 있으며, 양질의 교육을 받을 수 있고, 수준 높은 문화 및 의료, 복지 서비스를 누릴 수 있어야 한다.

인류혁명 시대 인공지능 기반의 지역균형발전 정책은 한세억 교수가 〈그림 13-20〉에서 다음과 같이 제시하고 있는 바와 같이 인공지능 기반의 전략, 절차, 조직, 기술 등 다양한 요소가 연결되어야 효과를 기대할 수 있

그림 13-20 인공지능 융합기반 지역특성화 전략과 단계

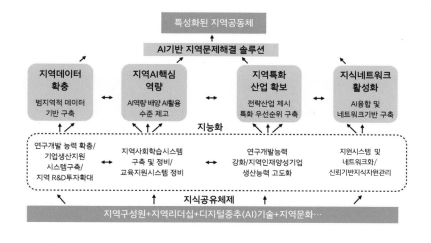

출처: 한세억, 인공지능 전환시대의 지역균형발전 정책 방향.

다. 지역공동체 자체의 지능화 노력과 결집된 지역사회 차원의 관심을 바탕으로 실천과제가 전개되어야 한다.

특성화된 지능적 지역공동체의 구현을 위해 다음과 같은 요소가 전제되어야 한다.

첫째, 지역의 문제 상황과 특성을 반영하는 데이터의 구축 및 가공능력을 확충해야 한다. 둘째, 지역의 디지털 전환을 촉진하면서 중추기술인 AI역량을 강화해야 한다. 특히, 지역수준에서 우수한 AI인재의 양성이 필요하다. 셋째, 지역특성에 맞춘 특화산업의 육성과 자원의 선택과 집중이 요구된다. 넷째, 물리적 지식네트워크와 함께 사회구성원 지능적 기반구조의 확충이 요구된다. 여기서 중요한 문제는 각각의 요소를 어떻게 실천하느냐에 달려있다. 왜냐하면 지능화는 실천에 의해 가치를 발하며 의미를 지닌다고 할 때 지능적 지역공동체의 구현과정에서 구체적이며 실천적인 행동이 요구된다.

인류혁명 시대 지역균형 발전을 위해서는 지역에서도 인간의 존엄성 향상 기반에서 초지능·초연결·초실감을 구현하여 지역 실정을 반영하며 지역 문화와 특성이 스며있는 빅데이터 바탕의 지능적 지역 공동체가 작동하도록 해야 한다. 인류혁명 시대 초지능화는 지역에서 시장 수요에 맞는 새로운 제품과 서비스를 창출하게 도울 수 있고 초연결과 초실감을 통해 국내와 해외까지 유통과 서비스 및 소비자층을 확대할 수 있게 한다. 초지능·초연결·초실감 서비스 구현을 통해 지역 산업 경제 성장과 지역 주민에 대한 서비스 향상 및 지역 공동체 구성원 삶이 향상되도록 하여야 지역민들이 소외감, 박탈감, 상실감을 느끼지 않게 되고 만족도가 제고되며 지역 인구가 증가되어 온전한 지역균형 발전이 이루어 질 수 있게 된다.

출처: Bing image creator.

10 인류혁명 시대 세계미래대회(World Futures Congress)

머지 않은 미래에 기후변화는 기후위기를 넘어 기후재앙으로 심화되어 지구가 더 이상 견디기 힘들 수 있다는 경고와 챗GPT가 촉발한 인공지능의 가속화된 발전으로 인류 종말이 가능하다는 디스토피아적 경고가 설득력을 얻어 가고 있다. 이처럼 인류와 지구의 미래는 돌이킬 수 없는 심각한 위기로 빠질 수 있는 상황이다.

급변하는 세계 속에서 인류는 선택의 갈림길에 있다. 인류와 지구의 미래가 더 이상 지속 가능하지 않게 되는 종말의 길로 가느냐 아니면 인류의 행복과 지구의 회복을 통한 지속 가능한 길로 가느냐를 선택해야 하는 중요한 시점에 있다.

현재 인류는 인류의 미래를 위해 중요한 기로에 있는 것이다. 현재 우리의 결정이 인류의 미래를 결정하는 시점이다. 인류의 존엄성을 지키고 인간다움을 유지하고 인류가 주체가 되어 지구의 주인으로 인류와 지구가 지속 가능하게 되기 위해서 현재 우리의 선택과 대응이 중요하다.

인류는 인간의 존엄성을 지키면서 인간의 역량을 확장하고 인류의 특성인 인성과 영성을 강화하여 인류의 행복을 증진시키고 지구를 회복시켜 인류와 지구를 지속가능하게 하도록 문명적 대변혁을 인류혁명 시대의 길로 이끌어야 한다.

이를 위해서는 인류와 지구 공동체의 지혜와 협력이 필요하다. 인류와 지구의 미래를 위해 이념, 지역, 종교, 경제적 이익, 민족의 벽과 한계를 넘어서 인류 공영을 지향하며 지구의 훼손을 방지하고 회복시키는 미래 방안을 모색하고 이를 구체적으로 실천하게 하는 노력이 함께 실행되도록 해야 한다.

인류혁명 시대에 지향해야 하는 이러한 인류와 지구의 미래에 관한 논의와 지혜를 나누는 장으로서 '세계미래대회'의 개최가 필요하다. 세계미래대회(World Futures Congress)는 전 세계 미래학자와 각국의 미래 싱크탱크의 수장, 세계의 유수 대학 총장과 미래문화예술가 및 미래세대 리더들을 초청하여 매년 미래 연구 결과를 발표하고 토의하며 인류와 지구의 지속 가능을 위해 중요한 세계의 주요 미래 어젠다를 바람직한 방향으로 해결할 수 있는 미래 전략 방안을 모색하여 제안하는 **글로벌미래콘퍼런스**와 미래첨단기술과 제품을 최초로 시연하는 **미래첨단전시회**와 **미래문화예술 공연**으로 구성된다.

우수한 미래 연구 결과와 미래 기술 및 미래 제품과 문화예술 발표와 바람직한 인류와 세계의 미래 전략 방안에 공헌한 미래학자와 미래연구자,

미래예술가, 미래 리더 및 싱크탱크를 모든 참여자의 투표로 선정하여 매년 세계미래대상으로 포상한다. 세계미래대회 발표 내용과 의제 결과 및 세계 각국의 미래연구기관 미래 연구 결과를 '세계미래AI메타도서관'에서 시공을 초월하여 지속적으로 공유한다.

세계미래AI메타도서관(World Futures AI Meta Library)은 디지털 가상 세계에 구축되는 초지능·초연결·초실감이 구현되는 초거대 인공지능 메타 버스 미래지식 도서관이다. 세계미래대회에서 매년 발표되는 내용과 미래 의제 결과 보고서 및 각국의 미래 싱크탱크에서 매년 연구하여 공개되는 미래 예측과 미래 전략 등 방대한 미래 지식을 담는다.

세계미래AI메타도서관엔 챗GPT-5 이상의 대화형 생성 멀티모달 인공 지능과 초실감 메타버스가 구현되어 사용자들은 텍스트, 음성, 마우스, 이 미지, 동영상을 통해 원하는 미래 지식을 찾아 자연 속의 편안한 메타버스 도서관에서 원하는 형식으로 읽고 보고 체감할 수 있게 된다.

또한 세계미래AI메타도서관을 통해 미래 지식을 쉽고 편하게 볼 수 있을 뿐만 아니라 누구나 주제별 미래토론방을 개설하여 주요 미래 어젠다에 대해 함께 모여 토론하고 협의하여 도출된 미래 해결 방안과 전략을 도서 관에 저장하고 다른 사용자들도 열람할 수 있게 한다. 이처럼 세계미래AI메 타도서관은 최첨단 인공지능과 메타버스 실감 기술이 접목되어 미래형 도 서관의 모형이 될 것이다.

한편 인류혁명 시대에 세계의 지속가능한 미래를 위해 핵심 동력인 인 간 역량 향상과 인류 가치 혁신을 통한 인류 공영과 행복의 증진 및 지구의 지속 가능을 이끌 새로운 리더 국가의 역할이 필요한 시점이다. 지속가능한 세계의 미래를 위해서는 경제 논리와 이념 논리 및 지역과 민족 논리를 넘어설 수 있는 인류 공동체의 가치로 리드할 수 있는 미래 지향적인 국가의 역할이 중요해지고 있다.

이런 관점에서 세계의 미래학자와 주요 석학들은 대한민국을 주목하고 있다. 세계 미래학계의 대부(代父)로 불리는 짐 데이터 교수는 '세계는 인류 공영의 가치를 주도할 새로운 리더십이 필요하다. 홍익인간을 지향하는 한국은 현재 그 어느 때보다 전 세계적으로 주목을 받고 있으며, 세계 많은 국가가 다양한 영역에서 한국을 롤모델로 지켜보고 있다'고 말했다.

또한 구글이 선정한 미래학자인 토마스 프레이는 '세계는 새로운 리더십을 간절히 찾고 있다. 한국이 새로운 시대를 이끌 리더 국가가 될 수 있다. 한국은 미래 가치를 둔 새로운 모델로 세계를 이끌 수 있다'며 미래사회를 리드할 대한민국의 역할을 강조하고 있다.

그리고 브루스 존스 브루킹스 연구소 국제 협력센터 소장은 한국이 미

그림 13-21 세계미래대회 개최를 추진하는 국제미래학회

래 세계를 주도할 나라가 되어야 하고 그 이유로 '국민성이 열정적이고 근면하다, 미래 교육열이 높다, 디지털 기술력이 뛰어나다, 750만 해외 동포의 네트워크가 강력하다, 인류 공동체 가치와 윤리가 확산되어 있다'를 제시하고 있다.

또한 대한민국에 대한 전세계인의 매력도 높아져 K-POP을 넘어서 K-드라마, K-영화, K-예술, K-디지털, K-제품, K-콘퍼런스 등 모든 영역에서 세계의 관심과 매력을 높이고 있다. 이러한 결과 2024년 3월 미국 역사상 최초로 미국 야구 메이저리그 MBL의 개막전을 한국에서 시작하였다.

대한민국은 인류혁명 시대의 기반이 되는 인적·물적·통신 디지털 인프라 및 과학기술 역량을 갖추고 있고 한국인들은 창의성과 도덕성, 인성과 감성 및 '홍익인간'(널리 인간을 이롭게 한다)이라는 인류 공동체의 가치를 지향하는 휴머니즘에서 강점을 갖고 있다. 이런 점에서 대한민국은 서양의 테크놀로지와 동양의 휴머니즘을 융합해 인류혁명 시대를 올바른 방향으로

◎ **그림 13-22** 한국에서 개최된 2024 미국 야구 메이저리그 MBL의 개막전

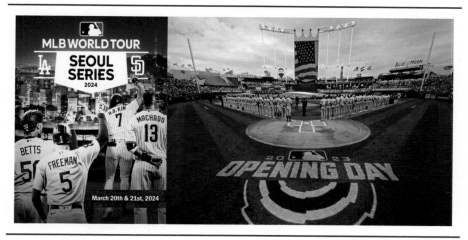

출처: 연합뉴스.

선도하는 역할을 수행할 수 있다.

대한민국 역사상 처음으로 인류와 세상의 미래를 리드할 수 있는 시대가 오고 있는 것이다. 대한민국이 인류와 세상의 미래를 올바른 방향으로 설정하며 이를 전 세계로 확산하고 공유해 나갈 수 있도록 선도하는 역할을 담당해야 한다. 이런 관점에서 세계 미래 지식을 발표하고 세계가 나아갈 미래 방향을 논의하고 선도하는 '세계미래대회'의 한국 개최와 '세계미래 AI메타도서관' 구축을 범국가적 관점에서 적극 추진할 필요가 있다.

이를 통해 대한민국은 세계의 미래 허브로 부상할 수 있고 전 세계 최고의 미래 연구 결과를 공유하게 되어 대한민국의 미래 발전에 큰 기여를 하게 되며 세계의 미래 발전이 인류의 존엄과 행복 및 지구의 지속 가능을 위한 방향으로 리더할 수 있게 되어 인류공영에 기여할 수 있게 된다. 이로 인해 대한민국의 국격과 위상이 높아지고 미래 산업이 활성화되며 국민들의 자부심과 청년들의 미래와 글로벌 역량이 높아지게 되어 새로운 기회가 펼쳐질 것이다.

미래는 동전의 양면과 같다. 미래학자 피터 슈워츠의 '준비하지 않는 국가, 기업, 개인에게 미래란 없다. 미래는 준비하는 자의 것이고, 성공은 실천하는 자의 것이다'라는 경구처럼 대한민국이 새로운 미래를 준비하고 리더해 나갈 때 우리는 밝고 희망찬 새로운 미래를 함께 만들어 갈 수 있을 것이다.

"미래는 변화에 도전하는 자에게 기회를 준다"

— 안종배 국제미래학회 회장 —

부록

1. 국제미래학회 소개

국제미래학회는 세계적인 미래학자 30명이 직접 방한 참석하여 제롬글렌 밀레니엄 프로젝트 회장과 김영길 한동대 총장이 초대 공동회장을 맡고 국내외 전문영역별 미래학자 100여 명이 함께 참여하여 2007년 10월 국내에 본부를 두고 설립된 국제적인 학회이다. 2011년부터 제2대 총장으로 이남식 서울예술대 총장이 회장을 맡았고 2019년 안종배 한세대학교 교수(미래창의캠퍼스 이사장)가 제3대 회장으로 취임하였다.

국제미래학회는 '미래의 다변화 사회에 대응하기 위하여 사회 전반을 아우르는 과학·기술·정치·경제·인문·사회·환경·ICT·미디어·문화·예술·교육·직업 등 제 분야에 대한 미래예측 및 변화에 대한 연구와 미래교육을 수행함으로써 미래 사회를 대비하고 지속적인 성장과 발전에 기여함'을 목표로 삼고 있다.

국제미래학회는 제롬 글렌, 티모시 맥, 짐 데이토, 호세 코르데이로, 피터 비숍, 조나단 트렌트, 토마스 프레이, 시르카 하이노넨, 브룩 힌즈만 등 해외의 세계적인 미래학자 60여 명이 함께 동참하고 있으며 이들을 국내에 초청하여 미래학과 미래연구의 확산을 위한 노력을 경주해 왔다. 또한 100여 회에 걸쳐 국제미래학 학술포럼과 콘퍼런스를 개최하여 주요 영역별 미래 예측과 미래 발전 전략을 발표해 왔다.

국제미래학회는 현재 60여 명의 국내·국제자문위원, 그리고 학술위원회를 포함한 8개의 직무위원회와 70여 개의 전문영역별 연구위원회로 구성되어 있고 국내외의 저명한 학자와 전문가 500여 명이 함께 하고 있다.

국제미래학회는 학회 위원들이 공동 저술하여 국내 최초의 26개 영역별 글로벌 미래예측 연구 결과로서 "미래가 보인다, 글로벌 2030"(박영사)을 출간하였고 40여 개의 "전략적 미래예측방법론 바이블"을 연구하고 저술하여 문화체육관광부 우수학술도서로 선정되었다. 또한 한국의 미래를 예측하고 미래 발전 방안을 제시한 "대한민국 미래보고서"를 출간해 2016년 문체부 추천 우수교양도서로 선정되었다. 또한, 57명의 석학들이 미래 대응을 위한 교육혁신 방안을 연구하여 "대한민국 미래교육보고서"를 2017년 저술하여 문화체육관광부 우수학술도서로 선정되었고, 2018년엔 "대한민국 4차산업혁명 마스터플랜", 2019년엔 "4차산업혁명 대한민국 미래성공전략", 2020년엔 국내 최초의 미래학 기본서 "미래학원론(박영사)", 2021년엔 "인공지능이 바꾸는 미래세상과 메타버스", 2022년엔 '인공지능 메타버스 시대 미래전략'을 저술하여 개인, 기업, 국가의 미래 대응 방안과 미래전략 방안을 제시하였다.

2023년엔 국내 최초의 챗GPT-4 인공지능 활용법 안내서인 "챗GPT-4 인공지능 미래세상", 2024년엔 인류의 새로운 문명사적 변화를 담은 "인류혁명 문명대변혁"(박영사)을 저술, 인류와 지구의 지속가능한 미래 발전 방안을 제시하였다.

또한 국내 최초 미래형 오픈캠퍼스 교육기관인 <미래창의캠퍼스>를 전국 주요 지역과 온라인에 개설 '4차산업·미래전략 최고지도자 과정', '인공지능 메타버스 미래 최고위과정', 'ESG 미래전략 콜로키움', '미래대학 콜로키엄', '미래지도사' 자격과정, '미래예측전략전문가' 자격과정, '스마트 메타버스 전문가' 자격과정, '챗GPT 인공지능 활용법' 과정을 포함한 70여 개의 미래형 교육과정을 진행하고 있다.

2024년부터 제주도에 '탐나라공화국 미래창의대학'을 개설하였고 전국적으로 국내 유일의 '챗GPT 인공지능 지도사' 자격 과정으로 챗GPT와 인공지능 활용 전문가와 지도자를 양성하고 있다.

한편 급변하는 미래 환경에서 지속가능한 국가 발전을 위한 국가미래전략을 입안하여 국민의 미래 일자리 창출과 행복한 삶의 질을 높이는 데 기여하기 위한 '국가미래발전 기본법'을 입안, 발의하였고 제정을 위해 노력하고 있다. 그리고 대한민국 인공지능메타버스포럼을 결성하여 매월 1회 '인공지능 메타버스 미래사랑방'을 개최하여 석학들이 국가와 인공지능과 메타버스의 건강한 발전을 위한 지혜를 나누고 있다.

또한 2022년에 미래학과 미래전략 연구 중심기관으로 <미래창의연구원>을 제주도 애월 해변에 개원하여 국내와 해외의 주요 미래 연구기관과 연계하고 협력하면서 인공지능 메타버스로 급변하는 세계와 대한민국 및 지역의 미래 발전을 위한 미래 연구를 진행하고 있다.

국제미래학회는 전 세계 미래학자와 미래연구기관의 미래 연구 발표 축제인 '세계미래대회' 개최와 '세계미래 AI메타 도서관'을 적극 추진하고 있다.

세계미래대회(World Futures Congress)는 2025년부터 국내에 전 세계 미래학자와 각국의 미래 싱크탱크의 수장, 세계의 유수 대학 총장과 미래문화예술가 및 미래세대 리더들을 초청하여 매년 미래 연구 결과를 발표하고 토의하며 인류와 세계의 주요 미래 어젠다를 바람직한 방향으로 해결할 수 있는 미래 전략 방안을 모색하여 제안하는 글로벌미래콘퍼런스와 미래첨단기술과 제품을 최초로 시연하는 미래첨단전시회와 미래문화예술 공연으로 구성된다.

우수한 미래 연구 결과와 미래 기술 및 미래 제품과 문화예술 발표와 바람직한 인류와 세계의 미래 전략 방안에 공헌한 미래학자와 미래연구자, 미래예술가, 미래 리더 및 싱크탱크를 모든 참여자의 투표로 선정하여 매년 세계미래대상으로 포상한다. 세계미래대회 발표 내용과 의제 결과 및 세계 각국의 미래연구기관 미래 연구 결과를 '세계미래AI메타도서관'에서 시공을 초월하여 지속적으로 공유한다.

국제미래학회 사무국:

서울시 종로구 삼봉로 81(수송동) 두산위브파빌리온 1126호

02-501-7234, future@cleancontents.org, www.gfuturestudy.org

미래창의연구원:

제주시 애월읍 고내리 884-1. 101-503

탐나라공화국 미래창의대학:

제주시 한림읍 한창로 897 탐나라공화국

국제미래학회 임원 조직도

국제미래학회 / Global Futures Studies Association

<미래연구위원회>

미래미디어위원장 안종배(한세대학교 교수)
미래디자인위원장 이순종(서울대 미대 명예교수)
미래국토계획위원장 김창석(서울시립대 명예교수)
미래IT위원장 임주환(고려대 초빙교수)
미래의료과학위원장 엄창섭(고려대 의대 교수)
미래첨단스케어위원장 강건욱(서울대 의대 교수)
미래예술위원장 노소영(나비아트센터 관장)
미래방송위원장 안동수(유비콘미디어콘텐츠연합 부총재)
미래ESG법제위원장 고문현(전 한국헌법학회 회장, 숭실대 교수)
미래득분석위원장 김형준(배재대 석좌교수)
미래방송정책위원장 김광호(서울과학기술대 교수)
미래인문학위원장 이상규(경북대 명예교수)
미래블록체인위원장 박수용(서강대 교수)
미래경영예측위원장 김진화(서강대 교수)
미래경영컨설팅위원장 김경준(딜로이트컨설팅 부회장)
미래주거환경위원장 이언숙(연세대 명예교수)
미래핵에너지정책위원장 황일순(서울대 명예교수)
미래평생교육위원장 최운실(아주대 명예교수)
미래과학기술정책위원장 이주연(아주대 교수)
미래경영위원장 임길청(경기대 명예교수)
미래디지털경영위원장 이창원(한양대 교수)
미래기상예측위원장 조석준(9대 기상청장)
미래패치칭위원장 권위태(한국기후학회 고문)
미래과학기술위원장 김재능(연세대 교수)
미래과학기술위원장 차원용(아스펙미래기술경영연구소 소장)
미래의류위원장 남윤자(서울대 교수)
미래지식서비스위원장 주형근(한성대 교수)
미래공간지리위원장 박수진(서울대 교수)
미래정보분석위원장 문영호(KISTI 부원장)
미래트렌드예측위원장 김경훈(한국트렌드연구소 소장)
미래게임정책위원장 이재홍(숭실대 교수, 게임물관리위원회 위원장)
미래게임위원장 위정현(중앙대교수, 한국게임학회 회장)
미래컴퓨터위원장 신용태(숭실대 교수)
미래창의교육위원장 이경화(숭실대 명예교수)
미래인류문화위원장 박장순(홍익대 교수)
미래지속가능학위원장 문형남(숙명여대 교수)
미래기술가치위원장 조성복(전 KVA 평생교육원 원장)
미래휴먼컴위원장 김광옥(전 방송학회회장)
미래경제체제위원장 최용식(아시아미래인재연구소장)
미래경제분석위원장 이동규(대구카톨릭대 교수)
미래기업홍보위원장 김종기(한국사진협회 회장)
미래콘텐츠재산권위원장 조태봉(문화콘텐츠라이선싱협회 회장)
미래인터넷윤리위원장 최종원(숙명여대 교수)
미래혁신정책위원장 박병원(과학기술정책연구원 미래센터장)
미래인구예측위원장 서용석(카이스트 교수)
미래광고위원장 김병회(서원대 교수)
미래에너지솔루션위원장 정욱형(CEO에너지 대표)
미래융합위원장 소재학(한원정미래학회 회장)
미래IT기술분석위원장 김들을(IT뉴스 대표)
미래드론위원장 장문기(한국드론협동조합 이사장)
미래드론교육위원장 박장환(건국대교수)
미래잡지위원장 조성수(한국잡지연구소 소장)
미래문화산업위원장 강종진(울산문화산업개발원 원장)
미래에듀테크위원장 이형세(테크빌교육 대표이사)
미래관광위원장 김세원(한국문화관광연구소 전 원장)
미래AI윤리위원장 조월휘(과학기술정책연구원 전 원장)
미래AI과학위원장 김영주(서울여대 교수)
미래국토융위원장 이용우(국토연구원 교수)
미래실버유유인성위원장 차경복(실버브레인건강관리협회 대표)
미래전통문화위원장 김시범(한동대 문화산업대학원장)
미래캠페인위원장 박종라(더깰라커뮤니케이션 대표)
미래출판위원장 김갑술(친한M&B 대표)
미래체험위원장 장영규(국가미래전략원 대표)
4차산업법정위원장 박인동(김&장 법률사무소 변호사)
4차산업혁명법제위원장 김동섭(UNIST 교수, 한국석유공사 사장)
미래엠키식스위원장 양승화(법무법인 하정 대표 변호사)
미래리역법제위원장 한상우(삼일회계법인 고문)
미래사피엔스위원장 최재봉(성균관대 부총장)
미래복지정책위원장 김준경(남서울대 교수)
미래융합산업위원장 최민범(한국융합산업협회 회장)
미래대학경쟁력위원장 최효섭(한국대학경쟁력연구원 원장)
미래기독신학위원장 김성원(서울신학대 교수)

임원

초대회장 김영길(한동대학교 초대 총장)

명예회장 이남식(재능대학교 총장)

회장 안종배(미래창의캠퍼스 이사장)
　　 제롬글렌(밀레니엄 프로젝트 회장)

수석부회장 김용근(한국경영자총협회 부회장)

운영이사 학술위원회 위원장
　　　　 편집출판위원회 위원장
　　　　 총무위원회 위원장
　　　　 미디어홍보위원장
　　　　 미래인재위원장
　　　　 사무총장

집행이사 학술위원장
　　　　 연구위원장
　　　　 국제위원장
　　　　 자문위원장
　　　　 후원회장

자문위원

조완규 (서울대 명예교수, 전 교육부 장관)
진대제 (전 정보통신부 장관)
이주호 (교육과학기술부 장관)
이희범 (전 산업부 장관)
김광두 (국가미래연구원 원장)
곽병선 (인천대 석좌교수)
이경숙 (전 아산나눔재단 이사장)
이영탁 (세계미래포럼 이사장)
김명자 (한국과학기술단체총연합회 명예회장)
박진 (전 외교부 장관)
김태희 (경기도 교육감)
이현청 (한양대 석좌교수, 전 상명대 총장)
오세정 (서울대학교 전 총장)
장순흥 (부산외국어대 총장)
신성철 (카이스트 16대 총장)
이광형 (카이스트 총장)
조동성 (산업정책연구원 이사장)
이상훈 (세한대학교 총장)
김진형 (인공지능연구원 초대 원장)
김태련 (서울과학종합대학원 대학교 전 총장)
김경성 (전 서울교육대학교 총장)
이재희 (국제영어대학교 대학교 총장)
안양옥 (전 한국장학재단 이사장)
한석수 (전 한국교육학술정보원 원장)
김재춘 (전 한국교육개발원 원장)
이용순 (전 한국직업능력개발원 원장)
권호열 (전 정보통신정책연구원 원장)
윤은기 (한국협업진흥협회 회장)
이단형 (한국SW기술진흥협회 회장)
안종미 (박영사 회장)
박성범 (한국방송예술진흥원 총장)
백순진 (함께하는저작인협회 이사장)
민경찬 (연세대 명예교수)
주영섭 (서울대 석좌교수, 전 중소기업청장)
이정문 (미래 만화 화백)
권대욱 (휴넷 전 회장)

국제자문위원

위원장 Theodor Gordon
(미.the FUTURE GROUP 창립자)

Arhur B.Shostak (미 Drexel Unlv)
Timothy C.Mack (미,전 WFS 회장)
Jose Cordeiro (미, 싱귤레러티대 교수)
Fadienne Goux-Baudiment (불 WFSF 회장)
Rohit Talwar (영 Fast Future Research)
K Eric Drexler (미, Foresight Institute)
Pera Wells) (오.WFUNA 사무총장)
Paul J. Webos (미, SRI International)
Frank Catanzaro (미, WFUNA MP)
Raymond Kurzweil (미, Kurzwil Alnet)
Gregor Wolbring (캐, Calgary Univ.교수)
William E. Halal (미, 조지워싱턴대학교교수)
Jim Dator (미, Hawaii Univ 명예교수)
Sohail Inayatullah (Tamkang Univ.교수)
Eero Paloheimo (핀란드, 미래상임위원회)
Dennis R. Morgan (미, WFUNA MP)
Pierre Alain-shieb (불, OECD 미래포럼)
Sirkka Heinonen(핀란드,Turku University 교수)
Matti Heinoinen (핀란드, ICB 본부장)
Thomas Frey (미,다빈치연구소 소장)
Jonathan Trent (미,NASA 오메가연구소 소장)
브록 힌즈만(미,Brock Hinzman 실리콘벨리)

국제협력위원회 공동위원장
박영숙 유엔미래포럼 대표
임마누엘 이만열 경희대 교수
아이한 카디르 한국외대 교수

학술위원회 위원장
이창원(한양대 교수)
문형남(숙명여대 교수)
김병회(서원대 교수)

편집출판위원회 공동위원장
김갑술 (친한M&B 대표)
박정태(광문각 회장)
안상준(한뜻사 대표)

사무총장
심현수(클린콘텐츠국민운동본부 대표)

총무위원장
이민영(시사앤피플 대표)

디지털교육위원회 위원장
조성수 (한국골프미디어협회 회장)

지역위원회
대전본부장 김용채 (리예종 대표.박사)
유럽지역 김지애(오트쿠튀르 대표)
아세안지역 유진숙 (한-아세안센터 부장)

인성교육위원회 위원장
차경환(한국실버브레인협회 회장)

미래인재위원회 공동위원장
박영애(색동회 고문)
안남섭 미래준비 이사장

미디어·홍보위원회 공동위원장
강병준(전자신문 사장)
조진래(브릿지경제 대표)
전예준(세herald 대표)

대외협력위원회 공동위원장
한상우(삼일회계법인 고문)
장현국(스칼IT V 대표)
조영관(사단법인 도전한국인 대표)

◀ 국제미래학회 저술 소개 ▶

◀ 국제미래학회 최근 활동 소개 ▶

UNN 한국대학신문

국제미래학회, '챗GPT 인공지능 지도사' 자격 취득 과정 진행
'챗GPT 인공지능 사용 윤리 10계명' 발표, 수료생들 '챗GPT 인공지능 지도사' 2급 자격증 취득

국제미래학회가 '챗GPT 인공지능 지도사' 자격 취득 과정을 진행했다.

[한국대학신문] 국제미래학회와 대한민국 인공지능메타버스포럼(회장 안종배)은 지난 30일 '챗GPT 인공지능 지도사' 자격 취득 과정을 진행했다.(국제미래학회:www.gfuturestudy.org) 국제미래학회는 이날 '챗GPT 인공지능 사용 윤리 10계명'을 발표했다. 이 10계명은 국제미래학회와 인공지능메타버스포럼 인공지능 윤리 위원 30명이 3년간 연구·논의해 만들어졌다. '챗GPT 인공지능 사용 윤리 10계명'은 △어떤 상황에서도 인간이 주체가 되고 인류의 행복이 목적이 된다. △인간의 존엄성과 인류 보편의 가치 존중을 기반해 사용한다. △모든 인간의 권리와 자유를 침해하지 않는다. △타인의 개인정보와 사생활을 침해하지 않는다. △다양성을 인정하고 거짓 및 편향과 차별을 적극적으로 필터링한다. △인간에게 직간접적으로 해를 입히는 목적으로 절대 사용하지 않는다. △개인의 이익보다 사회적 공공성 증진과 인류의 공동 이익을 우선해 사용한다. △인공지능은 인간의 통제권 내에서 개발되고 사용돼야 한다. △인간지능과 협업하되 인간의 개성과 특성이 반영된 독창적인 산출물을 사용한다. △인공지능의 산출물을 그대로 사용할 경우 인공지능 제작임을 명시한다.

교육생들은 이번 교육 과정에서 △인류혁명 시대 챗GPT 인공지능 활용과 윤리 △챗GPT 인공지능 가입과 음성으로 사용하기 △챗GPT 인공지능 시 작품 만들기 △챗GPT 인공지능 그림 그리기, 이미지 움직이는 영상 만들기 △챗GPT 인공지능 자신의 아바타 만들기 △챗GPT 인공지능 작사, 작곡하기 △챗GPT 인공지능 동영상 시나리오 만들기 △챗GPT 인공지능 활용 동영상 만들기 △챗GPT 인공지능 아바타 음성 더빙하기 △챗GPT 인공지능 아바타 영상 제작하기 △챗GPT 인공지능 데이터 코딩으로 엑셀 만들기 △챗GPT 인공지능 PPT 만들기 △챗GPT 인공지능 활용 블로그와 인스타그램 마케팅 △챗GPT 인공지능 활용 브랜드와 로고 디자인 만들기 △챗GPT 인공지능 지도사 역할과 지도 방법 등 챗GPT를 다양하게 활용하는 역량을 강화하고 지도할 수 있는 방안을 익혔다.

이 과정을 이수한 수료생들은 '챗GPT 인공지능 지도사' 2급 자격증을 취득했다.

이 등록민간자격의 주무부처는 과학기술정보통신부이며 주관기관은 국제미래학회다.

(문의:02-501 7234. future@cleancontents.org)

세부 목차

---
principle of Futures Studies

12개 챕터로 배우는 국내 최초 미래연구·미래전략의 핵심 입문 필독서인 안종배 교수의 【미래학원론】이 박영사에서 출간되었다. 15년간 해외 및 국내 미래학 석학과의 교류와 미래학 학술대회를 주관했던 안종배 교수는 15년 전부터 짐 데이토, 제롬 글렌, 티모스 맥, 존 나이비스트 등 미래학자들과 교류하며 2007년엔 한국에 전 세계 미래학자들을 초빙하여 국제미래학회를 국내에 본부를 두고 설립하였고, 국내에 미래학과 미래예측연구방법을 소개해왔다. 안종배 교수는 국내 미래학의 초석이 될 미래학원론을 집필해야겠다고 결심하고 그동안 미래학 관련 다양한 자료수집과 국내의 미래학자들과 교류를 통한 미래연구, 미래전략 방법과 통찰력을 익혀 왔다. 마침 2019년 연구년을 맞아 그동안 수집한 방대한 자료와 연구결과를 토대로 1년 동안 미래학원론을 집중하여 집필하였고 이제 11년간 노력의 결실로 2020년 국내 최초의 『미래학원론』인 미래연구·미래전략입문서를 출간하게 되었다.

안종배(Ahn Jong Bae)
국제미래학회 회장/한세대학교 교수

2. 챗GPT 인공지능 사용 윤리 10계명

< 인공지능 사용 윤리 10계명 >

국제미래학회 제정 발표(2024.3.30.)

첫째, 어떤 상황에서도 인간이 주체가 되고 인류의 행복이 목적이 된다.

둘째, 인간의 존엄성과 인류 보편의 가치 존중을 기반하여 사용한다.

셋째, 모든 인간의 권리와 자유를 침해하지 않는다.

넷째, 타인의 개인정보와 사생활을 침해하지 않는다.

다섯째, 다양성을 인정하고 거짓 및 편향과 차별을 적극적으로 필터링한다.

여섯째, 인간에게 직간접적으로 해를 입히는 목적으로 절대 사용하지 않는다.

일곱째, 개인의 이익보다 사회적 공공성 증진과 인류의 공동 이익을 우선하여 사용한다.

여덟째, 인공지능은 인간의 통제권 내에서 개발되고 사용되어야 한다.

아홉째, 인간지능과 협업하되 인간의 개성과 특성이 반영된 독창적인 산출물을 사용한다.

열번째, 인공지능의 산출물을 그대로 사용할 경우 인공지능 제작임을 명시한다.

인공지능 사용 윤리 10계명은 인공지능을 사용함에 있어 인류에게 유해하지 않고 유익하게만 활용되도록 하고, 인간의 존엄성과 가치를 최우선으로 하여 인공지능의 발전이 사회적 공익과 인류의 행복에 기여하게 하는 지침이 된다.

국제미래학회 Global Future Studies Association

〈챗GPT 인공지능 지도사〉 자격 실전 과정

1. 국내 유일의 '챗GPT 인공지능 지도사' 자격 취득 실전 과정

■ 주관: 국제미래학회 Global Future Studies Association / 미래창의캠퍼스 / 대한민국 인공지능메타버스포럼
　(국제미래학회: 과학기술정보통신부 선정 챗GPT 인공지능 지도사 자격 과정 주관기관)
■ 교육 문의 및 접수: **국제미래학회 02-501-7234**
　future@cleancontents.org
■ 교육 장소: 미래창의캠퍼스
■ 교육 일시: 미래창의캠퍼스 오후1시 ~ 오후6시 30분
■ 교육 대상: 챗GPT를 사용하고 계신분 중 활용도를 높이거나 강의할분(정원:선착순 30명)
■ 교육 비용: 25만원(강의교재, 수강료 및 수료증, 다과)
■ 준비물: 노트북, 노트북용 이어폰, 스마트폰, 구글 아이디와 패스워드
■ 혜택:과정 수료자 챗GPT 인공지능 지도사 2급 자격증 50% 할인 취득 가능(10만원-)5만원)
　(본자격 주무부처: 과학기술정보통신부, 주관기관: 국제미래학회)

2. 교수진 소개

■ 안종배 국제미래학회 회장/ 대한민국 인공지능메타버스포럼 회장
■ 심현수 국제미래학회 사무총장/탐나라공화국 미래창의대학 교수
■ 조성수 국제미래학회 디지털매거진위원장/탐나라공화국 미래창의대학 교수
■ 차경환 국제미래학회 인성교육위원장/탐나라공화국 미래창의대학 교수

3. 교육 프로그램 세부 내용

진행: 차경환 국제미래학회 인성교육위원장

시간	세 부 내 용	비 고
12:30~13:00	○ 접수 및 준비	
13:00~13:50	○ 인류혁명 시대 챗GPT 인공지능 활용과 윤리 ○ 챗GPT 인공지능 가입 및 음성으로 사용하기 　- 챗GPT 인공지능 가입하고 음성으로 사용하기(PC & 모바일) 　- 챗GPT 인공지능 시 작품 만들기	안종배 국제미래학회 회장 대한민국 인공지능메타버스포럼 회장
14:00~14:50	○ 챗GPT 인공지능 그림, 아바타 제작및 작곡하기 　- 챗GPT 인공지능 그림 작품 만들기 　- 챗GPT 인공지능 자신의 아바타 만들기 　- 챗GPT 인공지능 작사 · 작곡 하기	조성수 국제미래학회 디지털매거진위원장 탐나라공화국 미래창의대학 교수
15:00~16:20	○ 챗GPT 인공지능 동영상과 아바타 영상 만들기 　- 챗GPT 인공지능 동영상 시나리오 만들기 　- 챗GPT 인공지능 동영상 만들기 　- 챗GPT 인공지능 아바타 음성 더빙하기 　- 챗GPT 인공지능 아바타 영상 제작하기	안종배 국제미래학회 회장 대한민국 인공지능메타버스포럼 회장
16:30~17:10	○ 챗GPT 인공지능 코딩하여 만들기 　- 챗GPT 인공지능 엑셀 코딩으로 만들기 　- 챗GPT 인공지능 데이터 도표 코딩으로 만들기 　- 챗GPT 인공지능 PPT 만들기	심현수 국제미래학회 사무총장 탐나라공화국 미래창의대학 교수
17:20~18:00	○ 챗GPT 인공지능 활용 SNS 마케팅 　- 챗GPT 인공지능 활용 블로그와 인스타그램 마케팅 　- 챗GPT 인공지능 유틸리티 활용 마케팅	조성수 국제미래학회 디지털매거진위원장 탐나라공화국 미래창의대학 교수
18:00~18:30	○ 챗GPT 인공지능 지도사 역할 및 지도 방법 ○ 수료식 및 기념촬영	안종배 국제미래학회 회장

3-2. '챗GPT 인공지능 지도사' 1급 자격 실전 과정

국제미래학회   탐나라공화국 미래창의대학

〈챗GPT 인공지능 지도사〉 1급 자격 실전 과정

1. AI 활용 역량 함양과 자격 과정 개설 권한 제공받는 '챗GPT 인공지능 지도사' 1급 과정

☐ 주관 : 국제미래학회, 대한민국 인공지능메타버스포럼, 탐나라공화국 미래창의대학
☐ 교육 일시 : 2일간 (총12시간)
☐ 교육 대상 : 챗GPT와 인공지능 활용도를 높이거나 강의 또는 자격 과정을 개설하여 진행할 분 (정원 : 선착순 30명)
☐ 교육 비용 : 60만원 (강의교재, 수강비, 수료증, 1급 자격증, 유료AI영상 1개월 사용료 제공, 다과 포함)
☐ 준비물 : 노트북, 노트북용 이어폰, 스마트폰, 구글 아이디와 패스워드, MS 아이디와 패스워드
☐ 혜택 : 과정 수료자 챗GPT 인공지능 지도사 1급 자격증 제공 및 본 자격 2급 과정 개설 권한 제공
    (등록민간자격 주무부처 : 과학기술정보통신부, 주관기관 : 국제미래학회)

2. 교수진 소개

○ 안종배 국제미래학회 회장/ 대한민국 인공지능메타버스포럼 회장
○ 심현수 국제미래학회 사무총장/탐나라공화국 미래창의대학 교수
○ 조성수 국제미래학회 디지털매거진위원장/탐나라공화국 미래창의대학 교수
○ 차경환 국제미래학회 인성교육위원장/탐나라공화국 미래창의대학 교수

3. 교육 프로그램 세부 내용

진행 : 차경환 국제미래학회 인성교육위원장

시간	세부내용	비고
첫째날 12:30~13:00	o 팀별 접수 및 소개	
13:00~13:50	o 인류혁명 시대 챗GPT 인공지능 활용, 윤리 지도하기 o 주요 챗GPT 인공지능 사용법 익히고 지도하기 - 챗GPT, MS CoPilot, 리튼AI 사용법 익혀 지도하기 (PC & 모바일)	안종배 국제미래학회 회장 대한민국 인공지능메타버스포럼 회장
14:00~14:30	o 챗GPT 인공지능 그림, 아바타 제작 및 지도하기 - 챗GPT 인공지능 그림 작품 및 아바타 만들고 지도하기	안종배 국제미래학회 회장 대한민국 인공지능메타버스포럼 회장
14:30~15:00	o 챗GPT 인공지능 작사, 작곡 및 지도하기 - 챗GPT 인공지능 작사 · 작곡 하고 지도하기	심현수 국제미래학회 사무총장 탐나라공화국 미래창의대학 교수
15:10~16:00	o 챗GPT 인공지능 동영상 만들기 및 지도하기 - 챗GPT 인공지능 동영상 시나리오 만들기 - 챗GPT 인공지능 그림을 움직이게 만들기 - 챗GPT 인공지능 동영상 만들기 및 지도하기	안종배 국제미래학회 회장 대한민국 인공지능메타버스포럼 회장
16:10~17:00	o 챗GPT 인공지능 아바타 영상 만들기 및 지도 - 챗GPT 인공지능 아바타 음성 더빙하기 - 챗GPT 인공지능 아바타 영상 제작하기 및 지도하기	안종배 국제미래학회 회장 대한민국 인공지능메타버스포럼 회장
17:10~18:00	o 챗GPT 인공지능 엑셀과 멀티미디어 PPT 제작및 지도 - 챗GPT 인공지능 엑셀 코딩으로 만들기 - 챗GPT 인공지능 멀티미디어 PPT 만들기 및 지도하기	심현수 국제미래학회 사무총장 탐나라공화국 미래창의대학 교수
18:10~18:30	o 챗GPT 인공지능 지도사 역할 및 지도 방법	안종배 국제미래학회 회장 대한민국 인공지능메타버스포럼 회장
둘째날 12:30~13:00	o 팀별 모임 및 준비	
13:00~13:40	o 챗GPT 인공지능 고급프롬프트(Prompt) 작성 및 지도 - 챗GPT 인공지능 효과적인 고급프롬프트 작성법 및 지도하기	조성수 국제미래학회 디지털매거진위원장 탐나라공화국 미래창의대학 교수
13:40~14:50	o 챗GPT 인공지능 브랜드 로고, 고급 유틸리티 및 지도 - 챗GPT 인공지능 브랜드와 로고 제작 및 지도하기 - 챗GPT 인공지능 고급 유틸리티 사용법 및 지도하기	조성수 국제미래학회 디지털매거진위원장 탐나라공화국 미래창의대학 교수
15:00~15:50	o 챗GPT 인공지능 챗봇, 마케팅 카피 제작 및 지도하기 - 챗GPT 인공지능 활용 마케팅 카피 만들기 및 지도하기 - 챗GPT 인공지능 챗봇 만들기 및 지도하기	심현수 국제미래학회 사무총장 탐나라공화국 미래창의대학 교수
16:00~16:50	o 챗GPT 인공지능 영상 합성 작품 만들기 및 지도하기 - 챗GPT 인공지능 영상 자막 만들기 및 지도하기 - 챗GPT 인공지능 합성 영상 만들기 및 지도하기	조성수 국제미래학회 디지털매거진위원장 탐나라공화국 미래창의대학 교수
17:00~18:00	o 챗GPT 인공지능 활용 팀별 과제 수업 진행 지도하기 - 챗GPT 인공지능 활용 팀별 과제 수업 진행 - 챗GPT 인공지능 활용 팀별 과제 수업 결과 발표	안종배 국제미래학회 회장 대한민국 인공지능메타버스포럼 회장
18:10~18:30	o 챗GPT 인공지능 지도사 수료증 및 1급 자격증 수여	안종배 국제미래학회 회장 대한민국 인공지능메타버스포럼 회장

챗GPT 인공지능 지도사 1급 자격증
ChatGPT Artificial Intelligence Instructor First Level Certificate

 홍길동(Gil Dong, Hong)

생년월일 : 19**. **. **
등록번호 : KRIVET 2023-005996
자격번호 : AI 1 Leader **-0000*호

상기인은 '챗GPT 인공지능 지도사' 1급 교육과정을 이수
하고 자격 검정에 통과하여 본 증서를 수여합니다.

*The person above has completed the 'ChatGPT Artificial Intelligence
Instructor' First Level course and passed the qualification test to receive
this certificate.*

20**. **. **

 국제미래학회 회장
Global Futures Studies Association

4. 인류혁명 시대 대비해야 한다(전자신문)

2024년 2월 21일 수요일 전자신문

ET단상

안 종 배
국제미래학회장·
대한민국 인공지능메타버스포럼 회장
daniel@cleancontents.org

인류 역사는 끊임없는 변화의 역사다. 아널드 토인비는 인류 역사를 도전과 응전의 역사로 보고 인류 역사에서 새로운 문명이 생성·발전하기 위해서는 동인으로 도전과 그에 대한 성공적인 응전이 필요하다고 했다. 코로나19 팬데믹은 전 인류에게 도전으로 다가왔다. 코로나19라는 도전에 우리 인류는 혼란을 겪었지만 서서히 응전하며 새로운 문명적 변화를 인식하기 시작했다. 4차 산업혁명이 가속화하고 휴머니즘이 강조되는 디지털 대변혁을 인류는

이제 인류는 자기초월 욕구가 구현되고 인성과 영성이 강화돼 휴머니즘 및 인간의 존엄성이 지속되도록 해야 하는 '인류혁명'이라는 문명 대변혁을 맞고 있다. 인류혁명 시대엔 '휴머니즘 테크놀로지'가 중요한 역할을 한다. 초지능·초연결·초실감으로 시공을 초월해 원하는 것이 구현되는 유비쿼터스 사회가 AI를 위시한 과학기술에 의해 실현된다. 과학기술과 인류 공동체 윤리·예술·문화 등이 융합한 르네상스 신문명 세계가 펼쳐지는 것이다.

현재 인류의 미래를 위해 중요한 기로에 있다. 현재 우리의 결정이 인류의 미래를 결정하는 시점이다. 인간다움을 유지하고 인류가 주체가 되어 지구의 주인으로 지속 가능하게 되기 위해 현재 우리의 선택과 대비가 중요하다.

인류혁명 시대에는 더욱 인간의 존엄성을 중시하고 인간다움을 유지하는 인성과 인류 공동체

인류혁명 시대 대비해야 한다

급속히 경험하게 됐다. 또 챗GPT 인공지능(AI)의 등장으로 새로운 문명 대변혁의 미래에 인류는 등 떠밀리듯 들어왔다.

챗GPT AI와 기후변화로 세상의 변화는 급가속하고 있다. 그동안 자본주의 경제 체제의 핵심 동력이던 도구 혁신을 통한 생산성 향상과 효율화는 AI에 의해 극대화되지만 잘못되면 인류가 퇴출되고 부의 양극화는 더욱 심해지게 된다. 이제 인류의 존엄성을 지키는 한편 인류가 공영하고 지구를 지속 가능하게 하기 위해 인간의 역량과 가치가 혁신되는 인류혁명 시대가 도래하고 있다.

미래학자 레이 커즈와일의 예측과 같이 챗GPT AI의 공개 이후 AI는 발전 속도가 급가속하고 있다.

인류가 AI가 범람하는 시대에도 지구의 주인으로 남고 지속 가능하기 위해서는 인간의 역량이 확장되고 가치를 혁신해야 한다. 과학기술 발전이 인간의 확장을 통한 인류의 행복을 증진할 수 있도록 새로운 문명 대변혁 대비가 필요하다.

가치를 추구하는 영성이 더욱 중요하게 된다. 인류혁명 시대는 따스한 휴머니즘이 인류의 미래를 위해 부각되는 르네상스 문명대변혁 시대가 돼야 한다.

대한민국은 인류혁명의 기반이 되는 인적·물적·통신 디지털 인프라 및 과학기술 역량을 갖추고 있고 한국인은 창의성과 도덕성, 인성과 감성 및 '홍익인간'이라는 인류 공동체 가치를 지향하는 휴머니즘에서 강점이 있다. 이런 점에서 대한민국은 서양의 테크놀로지와 동양의 휴머니즘을 융합, 인류혁명 시대를 주도할 수 있다. 이를 위해 가장 좋은 방법이 대한민국에서 인류와 세상의 미래를 나누고 방향을 설정하며, 이를 전 세계로 확산하고 공유해 나가는 것이다. 이런 관점에서 세계 미래 지식을 발표하고 세계가 나아갈 미래 방향을 논의하고 선도하는 미래 리더 국가로서 영향력이 있는 대한민국을 함께 구현하도록 '세계미래대회' 국내 개최와 '세계미래AI메타도서관' 구축을 적극 추진할 필요가 있다.

5. 국제미래학회: 탐나라공화국 미래창의대학 개설

국제미래학회, '탐나라공화국 미래창의대학' 개설

대한민국 대표 미래학술기관인 국제미래학회(www.gfuturestudy.org)는 제주 3만여평 부지의 탐나라공화국과 함께 국내 최초로 '탐나라공화국 미래창의대학'을 개설하고 현판식과 기념식을 2월 1일 오후5시 탐나라공화국 미래창의학습관에서 개최하였다. '탐나라공화국 미래창의대학'은 국제미래학회와 탐나라공화국, 클린콘텐츠국민운동본부가 주관하고 국제미래학회와 탐나라공화국의 50여 개의 협력 단체와 함께 협업하여 60여 개 미래창의과정을 진행하였다.

안종배 국제미래학회 회장(좌)과 탐나라공화국 강우현 대표(우)의 '미래창의대학' 현판식

특성에 맞게 맞춤형 미래창의 과정으로 진행

미래창의과정은 인류혁명 시대 대응 미래창의 전략 과정, 미래 휴머니즘 자본주의 과정, 미래예측전략 과정, 미래창의 아이디어 발상 과정, 미래창의 혁신 리더십 과정, 인성 창의 과정, 미래 음악 예술 체험 과정, 챗GPT 실전 과정, 챗GPT 인공지능 지도사 과정, 인공지능 메타버스 미래전략 과정, 미래지도사 과정, 미래직업 및 진로 과정, 스토리텔링 창의 과정, 스마트 멀티미디어 창작 과정, 시니어건강코칭 과정, 미래 ESG 전략 과정, 미래 환경 비즈니스 전략 과정, 기후변화 사업전략 과정 등을 포함하고 있다. 대상은 초·중·고 대학생, 교사와 교육기관 임직원, 대학 교수와 총장, 기업과 기관의 최고경영자 및 공무원으로 대상의 특성에 맞게 맞춤형 미래창의 과정으로 진행된다.

'탐나라공화국 미래창의대학' 현판식에는 안종배 국제미래학회 회장과 강우현 탐나라공화국 회장을 비롯하여 국제미래학회와 탐나라공화국 및 클린콘텐츠국민운동본부 임원들이 함께 참석하였다. 심현수 클린콘텐츠국민운동본부 대표, 조태봉 한국문화콘텐츠라이센싱협회 회장, 차경환 BM브레인건강협회 회장, 윤혁진 아르텔 필하모니 오케스트라 예술감독, 장현덕 스쿨아이티비 대표와 장준덕 본부장, 오종숙 티비미디어 대표, 박호래 클린콘텐츠국민운동본부 제주본부 회장, 김동호 국제미래학회 제주본부 대표, 고현준 제주환경일보 대표, 송두열 여행누리 대표, 장수익 서귀포방송 대표 등이 직접 참석하여 축하하였다.

국제미래학회 위원기관 협약 with 탐나라공화국

Go where you want to go.
Be what you want to be. See what you want to see.
You have only one life and one chance to do all.

Moldiv

문명대변혁 인류혁명 시대에 미래 사회의 다양한 이슈와 도전에 대한 창의적이고 지속 가능한 해결책을 모색

국제미래학회 안종배 회장은 인사말에서 국내를 대표하는 미래기관인 국제미래학회가 국내 최고의 창의학습 터전인 탐나라공화국과 함께 "탐나라공화국 미래창의대학을 개설하고 현판식을 개최하여 매우 기쁘다며 문명 대변혁 인류혁명 시대에 미래 사회의 다양한 이슈와 도전에 대한 창의적이고 지속 가능한 해결책을 모색하고 미래창의 역량을 강화하는 데 도움을 주는 과정을 진행할 것이다. '탐나라공화국 미래창의대학' 개설은 급변하는 미래 사회에 대응할 수 있는 미래 전략과 창의적인 혁신에 대한 새로운 지평을 열어주는 의미있는 순간이며 이를 통해 미래 학문 분야와 창의 혁신의 국제적인 협업도 강화하여 인류와 지구의 지속 가능을 위한 미래의 도전에 대비하는 데 기여하겠다"고 포부를 밝혔다.

대한민국의 미래 발전과 미래 세대를 위한 지속 가능한 교육의 중요한 시작이다

탐나라공화국 강우현 회장은 "탐나라공화국 미래창의대학의 개설은 대한민국이 급변하는 시대에 미래에 대한 비전을 개발하고 선도하는 데 큰 도움이 될 것으로 기대한다. 국제미래학회 및 클린콘텐츠국민운동본부와의 협력을 통해 환경 친화적이고 혁신적인 미래 창의성을 증진시키는 미래창의과정으로 우리 국민들의 미래 경쟁력을 향상시킬 것이다. 이는 대한민국의 미래 발전과 미래 세대를 위한 지속 가능한 교육의 중요한 시작이다"며 의미를 밝혔다.

    문명대변혁 격변의 시대에 미래 준비와 창의 혁신은 선택이 아니라 필수가 되었고 전 세계는 이를 중심으로 주도권 전쟁에 돌입하였다. 국제미래학회가 이번에 개설한 '탐나라공화국 미래창의대학'이 미래를 밝혀주는 미래 등불과 같은 역할을 하기를 기대한다.

Future Creative University

탐나라공화국
미래창의대학

 국제미래학회   클린콘텐츠국민운동본부
 탐나라공화국   대한민국 인공지능메타버스포럼

www.gfuturestudy.org   future@cleancontents.org

참고 문헌

■ 국내 문헌

국제미래학회, <인공지능 메타버스 미래전략>, 박영사, 2022

국제미래학회, <대한민국 4차 산업혁명 마스터플랜>, 광문각, 2017

국제미래학회·한국교육학술정보원, <대한민국 미래교육보고서>, 광문각, 2017

국제미래학회, <대한민국 미래보고서>, 교보문고, 2015

국제미래학회, <전략적미래예측방법론 바이블>, 두남, 2014

국제미래학회, <글로벌 2030 미래가 보인다>, 박영사, 2013

자크 아탈리, <미래 대예측>, 세종연구원, 2018

김재필, <2024 IT 메가 트렌드>, 한스미디어, 2023

최윤식, <2024 IT 메가 트렌드>, 김영사, 2023

KOTA, <2024 한국이 열광할 세계 트렌드>, 알키, 2023

류덕현 외 6인, <2024 한국경제 대전망>, 21세기북스, 2023

카이스트 미래전략연구센터, <카이스트 미래전략 2024>, 2023

김영기 외 13, <AI시대 ESG 경영전략>, 브레인플랫폼, 2023

김영광, <챗GPT로 만나는 내:일>, 풀빛, 2023

김재인, <AI 빅뱅>, 동아시아, 2023

반병현, <챗GPT : 마침내 찾아온 특이점>, 생능북스, 2023

김윤정, 유병은, '인공지능 기술 발전이 가져올 미래 사회 변화', R&D INL, KISTE
    P. 2020

임홍순, 곽병권, 박재훈, <인공지능 인사이트>, 한국금융연수원, 2020

조영임, <4차산업혁명시대 인공지능 핵심 기술>, 홍를, 2020

박찬, 조현승, 이가현, 장유림, 주예지, <인공지능과 함께 미래교실>, 다빈치books,
    2022

한선관, 류미영, 김태령, <AI사고를 위한 인공지능교육>, 성안당, 2021

문택주, 정동임, <바로 쓰는 인공지능 수업>, 시대인, 2022

윤인성, <혼자 공부하는 파이썬>, 한빛미디어, 2022

장문철, <만들면서 파이썬과 40개작품>, 앤써북, 2022

장성배, <메타버스 사역을 확장하라>, KMC, 2022

황안밍, 옌사오펑, <메타버스 세상을 선점하라>, 북스토리지, 2022

한국지능정보사회진흥원, <세계가 주목하는 인공지능 스타트업>, IT & Future
    Strategy, 2020

임언, 안재영, 권희경, <인공지능(AI) 시대의 직업 환경과 직업교육>, 한국직업능
　　력개발원, 2017
김윤정, 유병은, '인공지능 기술 발전이 가져올 미래 사회 변화', R&D INL, KISTE
　　P. 2020
KCA, '방송산업의 인공지능(AI) 활용 사례 및 전망', Media Issue & Trend, 2017
이근영, '국내외 로보어드바이저(RoboAdvisor) 동향 및 현황 분석', 금융보안원, 2016
박영준, '인공지능을 활용한 몰입형 경험(Immersive Experience)', ETRI Insight, 2019
마이크로소프트, <인공지능으로 변화될 미래>, Microsoft, 2018
이주열, '인공지능 이미지 인식 기술 동향', TTA저널, 2020
김상윤, '기업은 어떻게 AI를 도입하는가?', 포스코경영연구원, 2019
김호인, '스마트팩토리, 인공지능으로 날개를 달다', 포스코경영연구원, 2017
소프트웨어정책연구소, 'AI를 활용해 영화산업의 변화를 노리는 할리우드' SPRI AI
　　BRIEF, 2020
양희태 외, <인공지능 기술 전망과 혁신정책 방향>, 과학기술정책연구원, 2018
장희선, '인공지능 기술을 활용한 미래 유통 서비스', 정보통신기획평가원, 2019
변진호, '핀테크 혁신의 현황과 전망', 신산업경영저널 Vol. 51, 2018
국경완, '인공지능 기술 및 산업 분야별 적용 사례', IITP ICT신기술 리포트, 2019
과학기술정보통신부, 'I-Korea 4.0 실현을 위한 인공지능(AI) R&D 전략', 2018. 5
과학기술기획평가원, '트럼프 정부 첨단산업 육성 정책 동향', 과학기술 & ICT 동
　　향, 2019.3.15
금융보안원 보고서, '설명 가능한 인공지능(eXplainable AI, XAI) 소개', 2018.3.23.
이길영, <홀로그램(Hologram) 기술의 이해와 서비스 사례>, 정보통신산업진흥
　　원, 2019
전수남, <스마트공장의 끝판왕, "AI공장" 중소기업이 어떻게?>, 정보통신산업진
　　흥원, 2019
이진서, <5G 시대의 실감미디어 콘텐츠 유통환경 및 제작기술 변화>, 정보통신
　　산업진흥원, 2019
정은주, 윤재영, 'OTT 인공지능 큐레이션 서비스에 대한 사용자 경험 연구', 기초
　　조형학연구, 2020
차영란, '광고 및 미디어 산업 분야의 인공지능(AI) 활용 전략', 한국콘텐츠학회논
　　문지, 2018
활명화, <스마트 국토 도시 관리를 위한 인공지능기술 도입 방안 연구, 국토연구
　　원, 2018
과학기술일자리진흥원, <인공지능(빅데이터) 시장 및 기술 동향>, 2019
한경수, 정훈, '드론 물류 배송 서비스 동향', ETRI, 2020
정한민, 황미녕, '인공지능 기반 로보어드바이저 운용 및 기술 동향', 정보통신기획

평가원, 2020

미래창조과학부, '대한민국 미래 일자리의 길을 찾다', 지식공감, 2017

이상엽, 박성규, '스마트팜 다부처 패키지 혁신기술개발', 한국과학기술기획평가원, 2019

윤재연, '인공지능 시대, 광고와 이데올로기', 담화인지언어학회 발표논문집, 2019

임홍순, 곽병권, 박재훈, <인공지능 인사이트>, 한국금융연수원, 2020

조영임, <4차산업혁명시대 인공지능 핵심 기술>, 홍릉, 2020

정용균, <인공지능과 인간의 협업 시대가 왔다>, 율곡출판사, 2020

변순용, 이연희, <인공지능 윤리하다>, 어문학사, 2020

김영기 외, <4차 산업혁명 시대 AI 블록체인과 브레인경영>, 브레인플랫폼, 2020

NEWTON, <뉴턴 하이라이트 121 인공 지능> 뉴턴, 2018

노구치 류지, <AI 시대, 문과생은 이렇게 일합니다>, 시그마북스, 2020

용왕식, 장철, 배인호, 안창호, 유기봉, <헬스케어 인공지능>, 북스타, 2020

김진형, <AI 최강의 수업>, 매일경제신문사, 2020

조동성, '인공지능이 묻고 인간이 답한다', 대한민국 인공지능포럼, 2021

박진, '인공지능과 민주 정치', 대한민국 인공지능포럼, 2021

한국과학창의재단, <100세 시대, 스마트 헬스케어와 미래직업>, 교육부, 2018

한지아, 김은정, <스마트 헬스케어>, 한국과학기술기획평가원, 2020

박정우, '인공지능 헬스케어', KISTI 마켓리포트, 2016

중소기업기술정보진흥원, <중소기업전략기업 로드맵, 스마트팜>, 중소벤처기업부, 2019

김광호외, <AI시대의 미디어>, 북스타, 2020

김형철외, 'ICT R&D 기술로드맵 2023 -인공지능.빅데이터-', IITP, 2020

김성민·정선화·정성영, <세상을 바꾸는 AI미디어>, ETRI, 2018

KAKAO AI REPORT, '카카오의 인공지능 윤리', 카카오, 2018

김들풀, 'FLI 착한 인공지능 개발하자!', IT뉴스, 2017.2.4

김성원, '지능정보사회의 도래와 법·윤리적 과제', NIPA 이슈리포트 2017-제21호

대외경제정책연구원, 주요국의 4차 산업혁명과 한국의 성장전략, 2017.11

문성욱, 4차 산업혁명을 이끌 양자컴퓨팅 기술, 융합Weekly TIP, 2018.04

세계경제포럼, 'Top 10 Emerging Technologies', 2018

유발 하라리 지음, 조현욱 옮김, <사피엔스>, 김영사 (2015)

한국지능정보사회진흥원, <세계가 주목하는 인공지능 스타트업>, IT & Future Strategy, 2020

임 언, 안재영, 권희경, <인공지능(AI) 시대의 직업 환경과 직업교육>, 한국직업능력개발원, 2017

김윤정, 유병은, '인공지능 기술 발전이 가져올 미래 사회 변화', R&D INL, KISTE

P. 2020

KCA, '방송산업의 인공지능(AI) 활용 사례 및 전망', Media Issue & Trend, 2017

이근영, '국내외 로보어드바이저(RoboAdvisor) 동향 및 현황 분석', 금융보안원, 2016

박영준, '인공지능을 활용한 몰입형 경험(Immersive Experience)', ETRI Insight, 2019

마이크로소프트, <인공지능으로 변화될 미래>, Microsoft, 2018

이주열, '인공지능 이미지 인식 기술 동향', TTA저널, 2020

김상윤, '기업은 어떻게 AI를 도입하는가?', 포스코경영연구원, 2019

김호인, '스마트팩토리, 인공지능으로 날개를 달다', 포스코경영연구원, 2017

소프트웨어정책연구소, 'AI를 활용해 영화산업의 변화를 노리는 할리우드' SPRI AI BRIEF, 2020

양희태외, <인공지능 기술 전망과 혁신정책 방향>, 과학기술정책연구원, 2018

장희선, '인공지능 기술을 활용한 미래 유통 서비스', 정보통신기획평가원, 2019

변진호, '핀테크 혁신의 현황과 전망', 신산업경영저널 Vol. 51, 2018

국경완, '인공지능 기술 및 산업 분야별 적용 사례', IITP ICT신기술 리포트, 2019

과학기술정보통신부, 'I-Korea 4.0 실현을 위한 인공지능(AI) R&D 전략', 2018. 5

과학기술기획평가원, '트럼프 정부 첨단산업 육성 정책 동향', 과학기술 & ICT 동향, 2019.3.15

금융보안원 보고서, '설명 가능한 인공지능(eXplainable AI, XAI) 소개', 2018.3.23.

이길영, <홀로그램(Hologram) 기술의 이해와 서비스 사례>, 정보통신산업진흥원, 2019

전수남, <스마트공장의 끝판왕, "AI공장" 중소기업이 어떻게?>, 정보통신산업진흥원, 2019

이진서, <5G 시대의 실감미디어 콘텐츠 유통환경 및 제작기술 변화>, 정보통신산업진흥원, 2019

정은주, 윤재영, 'OTT 인공지능 큐레이션 서비스에 대한 사용자 경험 연구', 기초조형학연구, 2020

차영란, '광고 및 미디어 산업 분야의 인공지능(AI) 활용 전략', 한국콘텐츠학회논문지, 2018

활명화, <스마트 국토 도시 관리를 위한 인공지능기술 도입 방안 연구, 국토연구원, 2018

과학기술일자리진흥원, <인공지능(빅데이터) 시장 및 기술 동향>, 2019

한경수, 정훈, '드론 물류 배송 서비스 동향', ETRI, 2020

정한민, 황미녕, '인공지능 기반 로보어드바이저 운용 및 기술 동향', 정보통신기획평가원, 2020

미래창조과학부, '대한민국 미래 일자리의 길을 찾다', 지식공감, 2017

이상엽, 박성규, '스마트팜 다부처 패키지 혁신기술개발', 한국과학기술기획평가원,

2019

윤재연, '인공지능 시대, 광고와 이데올로기', 담화인지언어학회 발표논문집, 2019

임홍순, 곽병권, 박재훈, <인공지능 인사이트>, 한국금융연수원, 2020

조영임, <4차산업혁명시대 인공지능 핵심 기술>, 홍릉, 2020

정용균, <인공지능과 인간의 협업 시대가 왔다>, 율곡출판사, 2020

변순용, 이연희, <인공지능 윤리하다>, 어문학사, 2020

김영기 외, <4차 산업혁명 시대 AI 블록체인과 브레인경영>, 브레인플랫폼, 2020

NEWTON, <뉴턴 하이라이트 121 인공 지능> 뉴턴, 2018

노구치 류지, <AI 시대, 문과생은 이렇게 일합니다>, 시그마북스, 2020

용왕식, 장철, 배인호, 안창호, 유기봉, <헬스케어 인공지능>, 북스타, 2020

김진형, <AI 최강의 수업>, 매일경제신문사, 2020

조동성, '인공지능이 묻고 인간이 답한다', 대한민국 인공지능포럼, 2021

박진, '인공지능과 민주 정치', 대한민국 인공지능포럼, 2021

한국과학창의재단, <100세 시대, 스마트 헬스케어와 미래직업>, 교육부, 2018

한지아, 김은정, <스마트 헬스케어>, 한국과학기술기획평가원, 2020

박정우, '인공지능 헬스케어', KISTI 마켓리포트, 2016

중소기업기술정보진흥원, <중소기업전략기업 로드맵, 스마트팜>, 중소벤처기업
    부, 2019

김광호외, <AI시대의 미디어>, 북스타, 2020

김형철외, 'ICT R&D 기술로드맵 2023 −인공지능.빅데이터−', IITP, 2020

김성민·정선화·정성영, <세상을 바꾸는 AI미디어>, ETRI, 2018

KAKAO AI REPORT, '카카오의 인공지능 윤리', 카카오, 2018

김들풀, 'FLI 착한 인공지능 개발하자!', IT뉴스, 2017.2.4

김성원, '지능정보사회의 도래와 법·윤리적 과제', NIPA 이슈리포트 2017−제21호

대외경제정책연구원, 주요국의 4차 산업혁명과 한국의 성장전략, 2017.11

문성욱, 4차 산업혁명을 이끌 양자컴퓨팅 기술, 융합Weekly TIP, 2018.04

세계경제포럼, 'Top 10 Emerging Technologies', 2018

유발 하라리 지음, 조현욱 옮김, <사피엔스>, 김영사 (2015)

안종배, <챗GPT−4 인공지능 미래세상>, 광문각, 2023

안종배, <인공지능이 바꾸는 미래세상과 메타버스>, 광문각, 2021

안종배, <미래학원론>, 박영사, 2020

안종배, '4차 산업혁명에서의 교육 패러다임의 변화', EBS (2017)

안종배, <스마트시대 콘텐츠마케팅론>, 박영사, 2012

안종배, <스마트미디어시대 방송통신 정책과 기술의 미래>, 진한M&B, 2012

안종배, 미래 미디어 발전 로드맵과 기술, ETRI, 2007

안종배·장영권, <대한민국 4차산업혁명 성공전략>, 광문각, 2018

안종배·노규성, <퓨처어젠다, 미래예측2030>, 광문각, 2019

안종배, '4차산업혁명 인공지능시대 차세대 교육의 과제와 전망', 미래목회포럼, 2020

안종배, '미디어의 미래', 국제미래학회 창립기념 국회 심포지엄, 2007

중앙선데이, '짐 데이토의 미래학 이야기', 2011. 1. 8

아이작 아시모프, <로봇과 제국(Robost & Empire)>, 1985

오춘호, 'AI가 '가격담합'했다는데…법적 책임은 누가?', 한국경제, 2017.4.3

이승훈, '최근 인공지능 개발 트렌드와 미래의 진화방향', LG경제연구원, 2017.12

이원태, '4차산업혁명과 지능정보사회의 규범 재정립' KISDI Premium Report, 201
    7-10

임채린, '인공지능과 트롤리 딜레마', Right Brain Lab 블로그, 2018.7.20

정성훈, '4차 산업혁명시대, 미래 유망직업', 뉴스핌, 2019.4.4

정원영, '4차산업혁명 시대의 직업 전망 7대 트렌드', 로봇신문, 2017.4.25

존 나이스빗(John Naisbitt), <메가트렌트>(Megatrend), 1982

존 나이스빗(John Naisbitt), <메가트렌트 2000>(Megatrend 2000), 2000

차원용, '생체인터넷(IoB) 기술개발과 전략 시리즈', IT뉴스, 2016

커즈와일, <특이점이 오고 있다(Singularity is near)>, 2005

클린콘텐츠국민운동본부, '인성 클린콘텐츠 스마트쉼 UCC 공모전', 2019

프랑스 전략연구소(France Strategie), '인공지능의 경제적, 사회적 영향 전망', 2017

한국고용원정보원, '4차산업혁명 미래일자리 전망', 2017.12

한국정보화진흥원, '지능정보사회 윤리 가이드라인', 2018

한국직업능력개발원, '제4차산업혁명시대 미래직업가이드북', 2018.12

황원식, '사물인터넷(IoT)이 가져올 미래의 산업변화 전망', KIET 산업경제, 2016.03

KIAT, '유럽 로봇산업 정책 및 기술 동향', GT 심층분석보고서, 2017.8.1

카카오 정책지원팀, 미국 백악관의 AI특별보고서 요약, 2016

한국정보화진흥원, '2030년, 인공지능과 생활', 2016

한국정보화진흥원, '인공지능 발전이 가져올 2030년의 삶', NIA Special Report,
    2016.4.

레이 커즈와일 저, 장시형·김명남 역, <특이점이 온다>, 김영사, 2007

엘빈 토플러·하이디 토플러 저, 김중웅 역, <부의 미래>, 청림출판, 2006

엘빈 토플러, <누구를 위한 미래인가>, 청림출판, 2012

토마스 프레이 저, 이지민 역, <에피파니 Z>, 구민사, 2017

토마스 프레이 저, 이미숙 역, <미래와의 대화>, 북스토리, 2016

존 나이스비트 저, 김홍기 역, <메가트렌드 2000>, 한국경제신문사, 1997

존 나이스비트 저, 이창혁 역, <메가트렌드>, 21세기북스, 1988

피터 트러커 저, 이재규 역, <Next Society>, 한국경제신문사, 2002

니콜라스 네그로폰테, <디지털이다>, 커뮤니케이션북스, 1995

마샬 맥루한 저 박정규 역, <미디어의 이해>, 커뮤니케이션북스, 1999

다니엘 핑크 저, 김명철 역, <새로운 미래가 온다>, 한국경제신문사, 2013

제롬 글렌, '국가미래전략기구 추세', 국제미래학회 창립기념 국회 심포지엄, 2007

호세 코르데이로, '로봇산업의 미래', 국제미래학회 국제 미래학 학술포럼, 2011

제롬 글렌, '스마트 ICT의 미래', 국제미래학회 국제 미래학 학술포럼, 2012

조나단 트렌트, 'IT와 BT 융합 혁신산업의 미래와 역할', 국제미래학회 국제 미래학
　　학술포럼, 2013

호세 코르데이로, '세상을 움직이는 미래 기술', 국제미래학회 국제 미래학 학술포
　　럼, 2013

토마스 프레이, '미래 기술 메가트렌드', 국제미래학회 국제 미래학 학술포럼, 2013

안종배, '대한민국 미래 변화 동인', 국제미래학회 미래 메가컨퍼런스, 2016

김경훈, '대한민국 미래 메가트렌드', 국제미래학회 미래 메가컨퍼런스, 2016

문영호, '대한민국 미래 핵심기술', 국제미래학회 미래 메가컨퍼런스, 2016

이형희, '대한민국 사물인터넷의 미래', 국제미래학회 미래 메가컨퍼런스, 2016

남윤자, '대한민국 옷의 미래와 라이프', 국제미래학회 미래 메가컨퍼런스, 2016

이주연, '대한민국 미래 융합산업', 국제미래학회 미래 메가컨퍼런스, 2016

엄길청, '대한민국 미래 경영과 사회', 국제미래학회 미래 메가컨퍼런스, 2016

이재홍, '대한민국 미래 스토리텔링', 국제미래학회 미래 메가컨퍼런스, 2016

최양희, '4차산업혁명 대한민국 미래 대응정책', 국제미래학회 대한민국 4차산업혁
　　명 컨퍼런스, 2017

이상훈, '4차산업혁명 대한민국 ICT기술의 미래', 국제미래학회 대한민국 4차산업
　　혁명 컨퍼런스, 2017

박주헌, '4차산업혁명 대한민국 에너지산업 미래', 국제미래학회 대한민국 4차산업
　　혁명 컨퍼런스, 2017

이재홍, '4차산업혁명 대한민국 콘텐츠산업 미래', 국제미래학회 대한민국 4차산업
　　혁명 컨퍼런스, 2017

김용근, '4차산업혁명 대한민국 자동차산업 미래', 국제미래학회 대한민국 4차산업
　　혁명 컨퍼런스, 2017

서정선, '4차산업혁명 대한민국 바이오산업 미래', 국제미래학회 대한민국 4차산업
　　혁명 컨퍼런스, 2017

한석수, '4차산업혁명 대한민국 교육의 미래', 국제미래학회 대한민국 4차산업혁명
　　컨퍼런스, 2017

안종배, '대한민국 4차산업혁명 마스터플랜', 국제미래학회 4차산업혁명 정책세미
　　나, 2018

안종배, '4차산업혁명시대 교육 패러다임 변화', 국제미래학회 대한민국 미래교육
　　정책세미나, 2017

조동성, '대학은 어떻게 바뀌어야 하나', 국제미래학회 대한민국 미래교육 정책세미나, 2017

오세정, '4차산업혁명시대, 교육 혁신 방안', 국제미래학회 대한민국 미래교육 정책세미나, 2017

민경찬, '미래교육 정책 거버넌스', 국제미래학회 대한민국 미래교육 정책세미나, 2017

차원용, '4차산업혁명 국가 R&D 전략', 국제미래학회 4차산업혁명 정책세미나, 2018

진대제, '대한민국 4차산업혁명 제대로 하고 있나', 국제미래학회 4차산업혁명 정책세미나, 2018

김동섭, '대한민국 4차산업혁명 현황과 미래', 국제미래학회 미래사랑방 토론회, 2019

이남식, '대한민국 위기현황과 미래', 국제미래학회·한국생산성학회 공동 학술대회, 2019

박수용, '4차산업혁명시대 블록체인과 가상화폐', 국제미래학회 미래전략 최고위과정 강의안, 2019

박장환, '4차산업혁명시대 드론 비즈니스 미래', 국제미래학회 미래전략 최고위과정 강의안, 2019

김경훈, '미래 핫트렌드와 비즈니스 전략', 국제미래학회 미래전략 최고위과정 강의안, 2019

김흥남, '4차산업혁명과 미래비즈니스와 인재', 국제미래학회 미래전략 최고위과정 강의안, 2019

심현수, '4차산업혁명 스마트폰 비즈니스 활용', 국제미래학회 미래전략 최고위과정 강의안, 2019

차경환, '4차산업혁명시대 두뇌건강 마음건강', 국제미래학회 미래전략 최고위과정 강의안, 2019

엄길청, '4차산업혁명시대 강소기업 경영학', 국제미래학회 미래전략 최고위과정 강의안, 2019

윤은기, '4차산업혁명시대 협업으로 혁신하라', 국제미래학회 미래전략 최고위과정 강의안, 2019

조석준, '4차산업혁명 기상기후 변화와 비즈니스', 국제미래학회 미래전략 최고위과정 강의안, 2019

김희수, '한국형 4차산업혁명과 5G의 미래', 국제미래학회 미래전략 최고위과정 강의안, 2019

이상훈, '4차산업혁명과 미래 기술', 국제미래학회 미래전략 최고위과정 강의안, 2019

이재관, '자율주행자동차 동향과 미래비즈니스', 국제미래학회 미래전략 최고위과정 강의안, 2019

이영탁, '4차산업혁명과 미래사회', 국제미래학회 미래전략 최고위과정 강의안, 2019

이상민, '4차산업혁명 대응 전략', 국제미래학회 미래전략 최고위과정 강의안, 2019

신용현, '4차산업혁명 미래 발전 전략', 국제미래학회 미래전략 최고위과정 강의안,

2019

최희윤, '슈퍼컴퓨터와 과학데이터의 비즈니스 활용', 국제미래학회 미래전략 최고
　　위과정 강의안, 2019

장문기, '드론이 바꾸는 산업과 비즈니스 미래', 국제미래학회 미래전략 최고위과정
　　강의안, 2019

■ 해외 문헌

Humanizing Tech, 'Amazon's Secret Self—Driving Car Project', Borg, 12 Jan 2017

IBM, 'Innovations that will change our lives in the next five years', The 5 in 5,
　　05 Jan 2017

Intel, 'Intel's New Self—Learning Chip Promises to Accelerate Artificial Intelligen
　　ce', 25 Sep 2017

VoiceBot.ai, 'Amazon Alexa Smart Speaker Market Share Dips Below 70% In U.
　　S., Google Rises to 25%', 10 Jan 2018

Intel, 'Intel's New Self—Learning Chip Promises to Accelerate Artificial Intelligen
　　ce', 25 Sep 2017

John Launchbury, 'A DARPA Perspective on Artificial Intelligence', DARPA, 2017

McKinsey & Company, 'The Connected Home Market', 2017

McKinsey Global Institute, 'Artificial Intelligence—The Next Digital Frontier?', 2017

MIT Technical Review, *5 Big Predictions for Artificial Intelligence in 2017* (2017)

National Science and Technology Council, 'The National Artificial Intelligence R
　　esearch and Development Strategic Plans'(2016)

EC, 'The Knowledge Future : Intelligent policy choices for Europe 2050' (2015)

OECD, 'Science, Technology and Innovation Outlook 2016' (2016)

Stanford University, 'Artificial Intelligence and Life in 2030' (2016)

The Economist Intelligence Unit, 'Long—term macroeconomic forecasts . Key tr
　　ends to 2050' (2015)

Bishop, Peter C & Andy Hines, *Teaching about the future*, Palgrave Macmillan,
　　2012

Lum,Richard A.K, *4 Steps to the Future*, FutureScribe, 2016

Voros, Joseph, 'The Future Cone, use and history', The Voroscope, 2017

Dator, James. 'Teaching Futures Studies: Some lessons learned' Tamkang Univse
　　rsity, 2002

Kurzweil, R. *The Singularity is Near*, Viking, 2005

■ 사이트

https://chat.openai.com/chat
http://www.openai.com
https://openai.com/dall-e-2
http://www.gfuturestudy.org
http://www.cleancontents.org
http://www.altfutures.org
https://futureoflife.org/ai-principles
http://www.kisdi.re.kr
http://www.kdi.re.kr
http://www.altfutures.org
http://www.cleancontents.org
https://www.gfuturestudy.org
http://www.ibm.com
http://www.irobotnews.com
http://foresightstrategiesgroup.com
http://www.futures.hawaii.edu
http://future.tku.edu.tw
https://futures.kaist.ac.kr
http://www.futureoflife.org
https://futureoflife.org/ai-principles
http://www.houstonfutures.org
https://news.samsung.com
http://www.wfs.org
http://www.kisa.or.kr
http://www.nia.or.kr
http://www.sciencetimes.co.kr
http://www.wfsf.org
http://www.millenium-project.org/millenium
http://www.foresight-platform.eu
http://www.stepi.re.kr
http://www.foresight.kr
http://www.koreafutures.net
http://www.korea2050.net
http://www.kisdi.re.kr
http://www.kdi.re.kr
http://futures.hawaii.edu
http://www.unu.edu
http://www.worldfuture.org

저자 소개

안 종 배

국제미래학회 회장/대한민국 인공지능메타버스포럼 회장/한세대학교 교수

주요 연구 영역
미래학, 인공지능, 메타버스, 4차산업혁명, 미래윤리
미래 교육, 미래 콘텐츠, 미래 목회선교, 디지털마케팅

학 력: Ph.D(디지털 박사)
서울대학교 졸업, 연세대 언론홍보대학원1기,
경기대 대학원, 미시건주립대 대학원 졸업, UCLA 디지털미디어콘텐츠 Post과정 수료

현 직
국제미래학회 회장/대한민국 인공지능메타버스포럼 회장
한세대학교 미디어영상학부 교수
클린콘텐츠국민운동본부 회장
미래창의캠퍼스 이사장/미래창의연구원/탐나라공화국 미래창의대학 이사장
국회미래정책연구회 운영위원장
국민권익위원회 자문위원
전국기독교수연합회 공동회장
미래목회포럼 정책자문위원

경 력
호서대 벤처대학원 교수
대통령직속 4차산업혁명위 2기 혁신위원
대한적십자사 대의원 및 자문위원
언론중재위원회 중재위원

포 상
2019 서울과학종합대학원 4T 최고위 올해의 자랑스런 동문상
2015 국무총리상 포상, 자랑스런 한세인상 수상
2014 아시아 태평양 스티비상 대상 수상
2013 대한민국 인물 대상(한국언론인총연대, 미주한인언론인연합회)
2013 대한민국학술원 우수학술 저술(스마트시대 콘텐츠마케팅론)
2011 대한민국 커뮤니케이션 대상 여성가족부 장관상
2011 정보문화 대상 행정안전부 장관상

주요 저서
인류혁명 문명대변혁(박영사) 2024년
챗GPT-4 인공지능 미래세상(광문각) 2023년
인공지능 메타버스 시대 미래전략(박영사) 2022년, 대한민국 명품도서 대상
인공지능이 바꾸는 미래 세상과 메타버스(광문각) 2021년
미래학원론(박영사) 2020년
퓨처 어젠다, 미래예측 2030(광문각) 2019년
4차산업혁명시대 대한민국 미래 성공전략(광문각) 2018년
대한민국 4차산업혁명 마스터플랜(광문각) 2017년
제4차산업혁명시대 대한민국 미래교육보고서(광문각), 2017년 문체부 세종도서 선정
대한민국 미래보고서(교보문고) 2016년 문체부 세종도서 선정
전략적 미래예측방법론 바이블(도서출판 두남) 2015년 문화체육관광부 우수학술도서
스마트폰 마이스터 되기-스마트폰 200% 활용법(진한 M&B) 2014년
건강한 UCC 제작과 SNS 사용법(진한 M&B) 2013년
미래가 보인다, 글로벌 미래 2030(박영사) 2012년
스마트시대 콘텐츠 마케팅론(박영사) 2013년 대한민국 학술원 우수학술도서 선정
스마트시대 양방향방송광고 기획과 제작(학현사) 2009년
나비효과 디지털마케팅 2004년/나비효과 블루오션 마케팅(미래의 창) 2005년

이메일 연락처: daniel@cleancontents.org

인류혁명 문명대변혁

초판발행	2024년 5월 15일
지은이	안종배
펴낸이	안종만 · 안상준
편 집	배근하
기획/마케팅	김한유
표지디자인	이수빈
제 작	고철민 · 조영환
펴낸곳	(주) **박영사**
	서울특별시 금천구 가산디지털2로 53, 210호(가산동, 한라시그마밸리)
	등록 1959. 3. 11. 제300-1959-1호(倫)
전 화	02)733-6771
f a x	02)736-4818
e-mail	pys@pybook.co.kr
homepage	www.pybook.co.kr
ISBN	979-11-303-2018-2 03300

* 파본은 구입하신 곳에서 교환해 드립니다. 본서의 무단복제행위를 금합니다.

정 가   23,000원